当代社科研究文库

票商与近代中国

史若民◎著

中国言实出版社

图书在版编目（CIP）数据

票商与近代中国 / 史若民著 . -- 北京：中国言实
出版社，2014.4

ISBN 978-7-5171-0376-9

Ⅰ.①票… Ⅱ.①史… Ⅲ.①票号—经济史—中国—
文集 Ⅳ.①F832.9-53

中国版本图书馆 CIP 数据核字（2014）第 063103 号

责任编辑：李　生

出版发行　中国言实出版社
　　　　　地　　址：北京市朝阳区北苑路 180 号加利大厦 5 号楼 105 室
　　　　　邮　　编：100101
　　　　　编辑部：北京市西城区百万庄大街甲 16 号五层
　　　　　邮　　编：100037
　　　　　电　　话：64924853（总编室）64924716（发行部）
　　　　　网　　址：www. zgyscbs. cn
　　　　　E-mail：zgyscbs@263. net
经　　销　新华书店
印　　刷　北京天正元印务有限公司
版　　次　2014 年 6 月第 1 版　2014 年 6 月第 1 次印刷
规　　格　710 毫米×1000 毫米　1/16　17.5 印张
字　　数　252 千字
定　　价　52.00 元　　ISBN 978-7-5171-0376-9

前　言

　　票商，作为土生土长的民族资本银行业，它诞生于鸦片战争前，发达于鸦片战争后，是中国社会商品经济发展的产物。在其诞生之后，也必然要促进中国社会经济的发展变化。事实上，从它诞生之日起，此后的一个多世纪，正是中国进入近代之多变的一个世纪，外有列强各国接二连三发动的侵华战争，内有太平天国起义和义和团运动。清朝统治集团内部也在发生分化，一会儿，洋务派主张中学为体，西学为用，师夷之长技以制夷。一会儿，改良派又主张君主立宪，为顽固派所不容。在眼花缭乱的变化中，这时的中国，渐次出现了新式企业。票商们不仅为19世纪渐次出现的中国民族资本商业服务，也为渐次出现并正在成长的民族资本工业服务。不仅为当时的一般民用企业服务，也为清政府主持的官办或官督商办企业服务。不仅为一般城镇中的生意人服务，也自觉不自觉地为保卫祖国的边疆和海防效力。比如，陕甘总督左宗棠收复新疆，在军费的挪借方面，颇赖票号周转之功。为此，左宗棠1880年从新疆回京述职，途中专程到祁县乔家堡拜访大德通票号东家乔致庸，并应乔之请，给乔家万寿图题联。又如，清廷总理兼北洋大臣李鸿章为感谢票号东家为建设北洋海军捐银，也给乔家大门题联，都正是这一情况的说明。

　　在19世纪末20世纪初，随着帝国主义列强在中国掀起的瓜分狂潮，为挽救民族危机，中国民族资产阶级发起了以保矿、保路为中心的维护利权运动。票商们于1904年在北京带头集议，成立山西保晋矿务公司与英国福公司进行了坚决的斗争，终于收回了矿权，对当时的爱国运动起了有力的推动作用。同时，票商还在各大商阜为当时拟修建的各条铁路干线招股集资，为商办民族资本企业的发展也贡献了力量。凡此种种，可以说票商在近代中国社会转型期，上自矿山、铁路，下至工商铺户，甚至远渡重洋，到国外开办银行，虽以追逐利益为目的，然其维护国家利权，培育国人爱国情操，外争国格，内争人格，在树立新的社会风尚，支持国人积极投资新式企业，发展中国的生产力，促进中国社会向近代化迈进方面，都做了巨大的努力，堪称近代中国民族资本企业的助产婆，是中国社会转型期民间资本推动力的中坚。

　　当然，票商在其前期曾积极地揽办捐项，有些掌柜，为做生意方便，还曾为买官衔向朝廷作过捐纳。不少晋商大户和票号东家都曾身不由己地向清王朝进行过捐输。对于这些活动，一些论者往往把它作为与清政府的勾结联系起来，大谈其封建性。然而，却忽视了对近代以来，从揽办捐项，捐纳、捐输，到官而商，商而绅，官商相混，官商相维，绅商一体等社会流变现象的具体分析。事实上，这种变化是中国传统封建制度保护下的官本位体制，在自然经济基础破坏之后必然出现的一种社会现象。它有利于促进封建专制制度的解体，有利于中国民族资产阶级的成长，从辩证的观点看，都是应当予以肯定的。

　　票商的经营之道是中华民族宝贵的精神财富，票号的创新精神，更值得后人学习。要想建立一个公平竞争、合作共赢、和谐发展的社会，票商的资本组织、资本结构以及其经营管理模式，是中国经济发展、资本经营理应借鉴的一个榜样，也是人类世界和谐发展的美好前景。然而，这种资本结构及其经营模式却有悖于我们老祖宗的论述。按照马克思《资本论》揭示的，资本的本质以及由此而产生的阶级的对立与对抗是绝对的。因此，在当时西方资本主义社会里，资方与劳方，即资本持有者的资本家和没有资本的劳动者的关系，只能是一种消极的相互依存的关系。劳资双方不是消极对抗，便是对立斗争，动不动就罢工。至于当时东方的劳资关系，像大盛魁、日升昌这样一些在中国经营了大几十年的商号和票号，他们在国内外贸易方面的影响已经引起各国驻华领事的注意。然而，当时专门研究资本的马克思，对之却不甚了了。其实，东方的社会受儒家"和为贵"思想影响是很深的，各行各业都不例外。比如，明代商界的伙计制和发轫于农业的东伙合作制，都是资本所有权和资本经营权相分离而劳资两利的。到了清代，票商的资本组织和结构脱胎于东伙合作制，与当时西方有明显不同。它的资本构成不仅有资本所有者，即东家的资本股，即银股，也叫本金股，还有经理以及雇员的人力股，即身股。列账期按股分红。任何一个成员，只要努力干并干出了成绩，都有可能在结账时，获得顶身股的机会。到下一个账期，这个雇员的身股，即可参与与银股平等分红。这样，由东（即资本所有者的资本家，俗称东家）掌（即经理，俗称掌柜）协商制定的票号的契约，即合约和号规，就为进入票号的成员公平竞争、公平分红、劳资两利，提供了制度保证。已顶股者，固然是主人，未顶股者，可能是准主人。这就使票号里的成员，职位虽有高低之分，但不对立，股份虽有多少不同，但心理平等。平时有薪金，账期可分红，这就极大地调动了每个成员的积极性。这种办法，二次世界大战后，在美国的企业里普遍采用了。但它不叫人力股，而是叫内部职工持有股，持有的办法不一，有资本家赠与的，有由职工通过优惠办法购买的，等等。它不是直接从中国学来的，而是美国经济学家凯尔索的发明。可见，人同此心，心同此理，不谋而合，异曲同工。而这方面是中国人走到了前面。它在解决劳资关系方面，使雇员得以以主人翁的姿态对待自己的工作，确实是劳资关系发展方面的一大进步，是人类阶级关系发展的美好前程。从此，美国社会少见罢工。由此说明，资本来到世间，不是只会产生阶级以及阶级的对立与斗争，如果使用方法得当，同样可以和谐发展，共创双赢。而这方面，中国人把先贤创造的珍贵遗产当做垃圾，狠批阶级调和论，大骂阶级斗争熄灭论。同时，反其道而行之，大搞阶级斗争，使国家经济几乎到了"崩溃的边缘"。真是自毁前程，可惜啊，可惜！

对于票商在近代中国历史舞台上的所作所为，我曾利用先贤们的研究成果，结合自己在实地考察中发现和搜集到的许多第一手史料，写了一些东西，希图说明票号产生的背景及其在鸦片战争前后，为近代中国社会的发展做了些什么，起了什么作用，有哪些新的创造，怎么衰亡的。在近代中国传统社会，士农工商的阶层流变中，它们有什么作为以及它们这一群体的社会阶级属性。至于票号支持下的晋商，对三北地区（即华北东北西北）的文明发展和变迁等现象，也有文字涉及。现将十余篇拙文按内容分类排比，集成一册，取名《票商与近代中国》予以付梓，以期引起讨论。但限于水平，有些论述，很是肤浅，甚至还可能有错误，敬请中国近代史的同仁和对这方面有兴趣的同志批评指正。

史若民 2014 年 3 月 18 日

目 录
CONTENTS

中国近代经济史研究需要解决的几个认识问题

中国经济的近代化，是在鸦片战争后开始的。这种现象曾经迷惑过不少人。他们中，有一些人，认为中国经济近代化，是西方国家向中国输出其文明的结果；有的则说西方国家在侵略中国的过程中"充当了历史的不自觉的工具"，客观上促进了中国近代化。两说虽有不同，但均歧入"侵略"能"促进"的谬论。其共同点，不仅都忽视了中国政府、中国人民作为中国经济近代化的主体的自觉行为；而且也忽略了能为近代经济提供物质、资金、技术、市场基础的中国原有经济技术发展水平。这种对中国社会内部能动因素的置若罔闻，不仅不符合历史实际，而且在认识论方面，也违背了内因是依据，外因是条件的基本原理。为此，特撰此文，以供参考。

先看鸦片战争前中国经济发展的情况。

当西方殖民主义者的隆隆炮声炸开中国这个闭关自守的、古老的封建王国的大门时，中国社会经济，并不像以往我们所想象的那样：在对付顽固不化牧歌式的、自给自足的自然经济方面，无所作为。鸦片战争前，中国成长和发育着的商品经济，已经为资本主义生产关系的萌芽、成长、发展提供了一定的社会经济条件。比如，鸦片战争前的矿业、手工业生产发展情况，家庭手工业产品商品率的提高、商品经济作物种植面积的扩大、粮食生产商品化的进一步发展、社会分工的扩大与商品资本的活跃，城镇的发达与繁荣、具有近代银行性质的票号①等金融机构的出现等等，所有

---

① 史若民：《票商兴衰史》，中国经济出版社 1992 年第 1 版，第 375 页。

这些都说明中国在鸦片战争前，已经为近代经济的发展提供了物质、资金、技术与市场基础。尽管这些条件还十分幼弱，但其本质，则是属于资本主义的东西，它们正在对那些自给自足的自然经济，积极地进行瓦解，如果没有西方资本主义的入侵，中国也将缓慢地发展到资本主义社会。

战后，上述条件有过变化。比如，部分手工业由于遭到资本主义机器工业品的倾销受到排挤，有的不能发展，有的破产。但是，另外一部分西方资本主义工业品不能取代其地位的中国手工业产品，甚至在国外市场还有相当销路的产品，则继续发展，它们在参与资本主义世界市场的竞争方面，常常得到国内金融机构的有力支持。

鸦片战争前，在商品经济发展中诞生的票号，战后，随着国内外贸易的发展，更加活跃。它们在各个重要的商埠码头，为本国工商业的发展，提供便利条件。这一点，我们从汉口英国领事1869年所写的商务报告中就可以看到。报告说，太平天国起义前，"汉口是以一个完整的富裕的银钱体系而自豪的。"在这个体系中，"山西票号财富是数以几十万两计的"[1]，"至于汉口的商人与外埠的业务往来，多由富裕的山西票号占先。它的作用几乎与英国银行同样重要"[2]，"山西人差不多垄断了（汉口）所有的汇兑业务"。他们为中国商人在国内贸易方面提供了便利条件，致使这位领事不得不向其政府报告说："山西票号所带来的种种便利及对四川出售货物的长期信用，使外国与中国商人竞争时，会有很多困难。"[3] 在这里，山西票号的这种作用，仅仅是在1869年才有的吗？显然连报告的本人，都承认山西票号的这种作用，太平天国以前就已经有了。他在报告中所说太平天国占领汉口之前，"汉口就已经形成了一个完整而富裕的银钱体系"就已经说明了这一点。事实上票号在汉口、天津、北京、库伦、河口、归化、广州、苏州等地建立分号，还是鸦片战争前的事情。这就说明中国这

---

① 姚贤镐：《中国近代对外贸易史资料》，中华书局1962年11月第三册，第1575 – 1576页。

② 姚贤镐：《中国近代对外贸易史资料》，中华书局1962年11月版第三册，第1575 – 1576页。

③ 姚贤镐：《中国近代对外贸易史资料》，中华书局1962年11月版第三册，第1575 – 1576页。

样的市场基础，是西方资本主义入侵前就已经奠定了的，并非侵略者带来的。

撇开19世纪60年代以前的工商业不说，19世纪70年代以后，随着近代中国民族资本主义机器工业的产生，票号在为民族资本主义筹集资金，招商集股、经收股本方面，可以说是近代民族资本主义工商企业的助产婆①

然而，在以往经济史教科书中，这方面的研究则很少。使人们看不到中国近代经济发生发展过程中，来自中国人民内部的、能动的因素。我想，这是我们研究近代中国经济史应该认识到的一个方面。

另一方面，则是应对近代工业化过程中一些重大事件的主观动机，要有一个客观公正的认识。

中国政府，中国政府的官员，在近代化过程中有没有能动的内因？他们在中国近代化经济发生发展过程中，有没有主动的自觉行为？这是我们研究中国近代经济史能否深入的一个重要方面。

清王朝是腐朽的，没落的，在腐朽没落的王朝中，不乏腐败人物。然而在民族危机加深，面对外国侵略的严重威胁，清朝统治集团不发生变化，则是不正常的。也非历史的实际。以往许多人，认为中国工业近代化以军事工业为起点，其主要原因是为了镇压人民起义的需要。这种看法正是没有注意到在民族危机的情况下，统治集团内部会发生变化的反映。

第二次鸦片战争后，清政府统治集团中，关于学习西方科学技术引发的一场论战，正是这种变化的反映。在论战中，主张以办洋务为国策的思想，曾遭到顽固守旧势力的强烈反对，为此，他们著书立说，使其主张逐步明确，并带有一定理论色彩。在他们周围聚集了一批科技人员、管理人才和舆论工作者，渐次形成一个洋务派。其代表人物是奕䜣、曾国藩、李鸿章、郭嵩涛、左宗棠、刘铭传、张之洞等人，他们以实际行动，将师夷之长技付诸实践，揭开了中国工业近代化的序幕。所以说，这一时期中国的近代化，不是外国侵略者带来的，不是西方国家的恩赐，而是中国政

---

① 史若民：《票商兴衰史》中国经济出版社1992年第1版，第234－286页。

府、官员、士人、商民，在西方国家侵入，中国面临生死存亡紧急关头的情势下，奋发图强，在爱国主义与民族精神推动下的产物。至于中国工业近代化以军事工业为其端，则是客观形势的需要。首先，在第一次鸦片战争后总结教训时，就已经提出了"夷之长技有三，一战舰、二火器、三养兵练兵之法"，要"师夷之长技以制夷"，"不善师外夷者，外夷制之"。这是当时能提出的进步的思想。所以说，洋务派从军事工业入手，不是太平天国起义后才想到的，而在太平天国起义前，第一次鸦片战争失败后，当时先进的中国人，都认为应该如此。第二次鸦片战争结束后，1860年10月英法侵略军陆续撤离北京，从此，西方在获及更多特权的有利条件下，其势力从东南沿海扩张到华北地区和长江中游，对清王朝形成更大威胁，在这种形势下，加强防御是要着重考虑的问题。清政府中的决策人恭亲王奕䜣，明确地提出加强国防的紧迫性。他说："探源之策，在于自强，自强之术，必先练兵，现在款夷虽成（指北京条约的签订）而国威未振，宜力图振兴，使该夷顺则可以相安，逆则可以有备，以期经久无患。"① 1862年李鸿章也说："长江通商以来，中国利权操之外夷，弊端百出，无可禁阻……我能自强，则彼族不至再生觊觎，否则，后患不可思议。""目前之患在内寇，长久之患在西人。"② 这些都说明其工业化由军事工业开始的主观动机，主要方面在"防夷"。听其言而观其行，是中国人考察问题的传统思路。洋务派的实践同样证明了他们办军事工业的目的。

从1861年冬创办安庆军械所到1865年中国第一家机器工厂——江南制造局的成立来看，中国的工业化是从造船业起步的。这时，清军已把太平天国的水师打败，控制了长江的水道。其他起义均在内陆，镇压他们并不需要轮船军舰。从20世纪60年代到90年代，国内阶级矛盾趋于缓和，清政府却在1865年到1894年间兴办了21个军事工厂。其中江南制造局（1865年）和福州船政局（1866年）的主要任务是制造远洋军舰，显然不是用来对付内陆上手持大刀长矛的起义军，而是为了对付来自外洋的侵略者。至于张之洞在武汉所办的湖北枪炮厂，其动因则是1884年1885年中

---

① 中国近代史资料丛刊《洋务运动》（三），第441页。
② 吴汝纶编《李文忠公全书》《朋僚函稿》卷曲，第13、19页；卷4，第17页。

法战争中形成的。抗法战争中，张之洞作为两广总督，为筹集军械，曾煞费苦心。1888 年，他在总结中法战争的教训时，向清政府上奏，提出"制器械"的迫切性："自法人启衅以来，历考各处战事，非将帅之不力，兵勇之不多，亦非中国之力，不能制胜外洋，其不免受制于敌者，实因水师之无人，枪炮之不具。"① 因此，他产生了一定要建立大型枪炮厂的想法，并在两广总督任上筹建。1889 年后，他调任湖广总督，就将在广东订购枪炮厂机器，移至湖北汉阳建厂，他提出："机宜新式，钢贵自炼"，"器必求精求新"。"唯子药钢料贵能自制，无一外购，方符本意"。在这种思想指导下，他不仅建成规模最大、设备最先进的军事兵工厂——湖北枪炮厂，还酝酿着建造为湖北枪炮厂提供钢材、化工原料的其他企业。他一生所办企业，其目的在于巩固国防、抵御外寇，自强自立，都是很明显的。

另外，落后的国家在进行近代化的过程中，几乎都是从国防近代化起步的。埃及的穆罕默德·阿里在 19 世纪初实行改革，就是始于举办军工企业及其配套工厂。他们建立了开罗兵工厂、亚历山大造船厂等大型近代军事工厂，还训练并建立了新式军队。日本在明治维新前就创办近代军事工业。1855 年德川幕府在江户汤岛铸造炮场，制造洋炮洋枪，在长崎设海军传习所。1864 年设横须贺造船所，修理并建造军舰，训练近代海军。中国的近代史是从反侵略开始的。中国的近代化第一步首先考虑国防需要，建立以抵御外侮为中心的近代化工业体系，则是顺理成章的，合乎后进国家工业化的一般规律的。如果硬要坚持把洋务运动说成是地主阶级的自救运动，予以否定。那就等于事实上否定了中华民族传统文化中具有自强不息生存因子的光辉思想。因为数千年前就已产生的"天行健，君子以自强不息"② 不是哪个阶级的专利，而是中华民族每个成员都应具备的优良品格。"天下兴亡，匹夫有责"，正是对这一光辉思想的又一种表述，面对外部的入侵，在当时，无论哪个个人，哪个群体，只要提出有利于中华民族生存抗争的变革主张，都是应该给予肯定的。所谓阶级，只不过是后来的人为

---

① 《张文襄公全集》卷125，第15页。
② 《易经·乾卦》。

了说明政权的更迭，才出现的一种社会学的名词而已。用这种说法评价洋务运动，这不仅不符合历史实际，而且对我们今天的社会主义现代化建设，也不可能提供有益的借鉴，反而有伤于先贤们的一片爱国热忱。

（本文发表于山西省教委主管、山西师大主办：《山西老师培训》1996年第三期）

从平、祁、太留存碑刻看其经济社会变迁

近年来，我在山西省太原盆地的平遥、祁县、太谷一带收集抄录了一些碑刻，并选录了部分比较完整的收入拙编著《平祁太经济社会史料与研究》一书。现就这些碑刻的内容，对平、祁、太一带的经济社会变迁，予以说明，请专家们指正。

一、从正德年间说起

明朝正德年间（1506 年—1521 年），平、祁、太一带社会阶级矛盾非常尖锐。当时在平遥知县事的惠宾，考虑到"世事之颓迁"，唯恐"萧墙之祸起"，所以，下车伊始，就在平遥大修城池，训练士卒，以防止流民起义。不久，情况的发展，一如所料。正德五年冬月（1510 年 11 月）夜，平遥知县的办公大堂被人放火焚烧，"屑木俱成灰烬"。次年（1511 年）夏，又有五流贼渐聚，大肆猖獗，凡所过者，攻陷殆尽，杀戮无遗，惨刻万状。幸亏知县惠宾允"乡民预期入城"，并亲自登城指挥，防守城池，"五流贼"才"骇愕相引遁去"。①"五流贼"何许人也，我们且不去管他，但该碑文所说的正德五六年间，平遥城内竟然有人敢于放火烧县太爷的办公大堂，"流贼"竟敢横扫平遥城外，进而企图入城，平遥当时的社会治安如何，是可想而知的。祁、太两县为毗邻县份，同在一个平原上，相距

---

① 见史若民编著：《平祁太经济社会史料与研究》，《史料部分》山西古籍出版社 2002 年版，第 299 页（1513 年）平遥县敬神委民之记。

不过百余里，它们那里的治安状况如何，恐怕也好不了多少。

明武宗的正德时代，就是在这样一个闹嚷嚷、乱哄哄的情况下，没有多少年就寿终正寝了。接踵而来的是嘉靖时期。尽管史书上对嘉靖皇帝朱厚熜的评价并不高，说他在位期间，"将疲于边，贼讧于内，而崇祀道教，享祀弗经，堂建繁兴，府藏告匮，百余年富庶治平之业，因以渐替"，最多也只是个"中材之主"。然而，在其登基之初，却也能够"力除一切弊政，天下翕然称治"。① 平、祁、太一带，正是在这个时期经济开始复苏。其显著的标志，就是从这时起，社会上作为货币使用的银两开始普遍。其普及的程度，可以从平遥南神庙、太谷净信寺等处碑刻的布施窥见一斑。

南神庙位于平遥县城南 1.5 公里的干坑村北，系佛祖释迦牟尼之母——摩耶夫人庙，古人曾误以为耶律夫人庙，何时创建，不见记载。现存重修最早的碑刻为明正德五年（1510 年）和嘉靖四十一年（1562 年）各一通。前者为信士李进发起，化缘捐资，所记简略；后者为白尧顺等发起，郭教本等化缘，得到平遥知县张嵇古的支持，在本年碑刻记载的 75 位布施者名单中，其中 32 人布施的是小米，最多的为六斗，最少者为一斗，还有一人布施的是一根木头。其余 42 人布施的是铜钱和现银。② 使用货币布施的人数，占到全部布施人数的 56%，而实物布施者只占 44%，这是封建农业经济社会实物地租即将发展到货币地租阶段的一种社会现象。这种多数人在布施中使用货币的现象，不仅反映了当时当地商品经济发展和商业活跃的程度，同时，也为我们了解当时、当地的经济社会状况，提供了最为原始的依据。

净信寺位于太谷县阳邑镇的西南隅。在明正德年间也曾由乡耆杜甫、杜文等倡导捐资重修。碑刻中布施的名单也与平遥一样，未见留存。至于其后直至明亡以前的屡次补修、重修，其布施情况，就货币使用的情形而言，又较平遥南神庙嘉靖年间的布施更为普遍，而且出现了商人集资捐助

---

① 《明史·世宗本纪》，中华书局标点本，第 2 册，1974 年版，第 250 – 251 页。
② 均见史若民编著：《平祁太经济社会史料与研究》，《史料部分》山西古籍出版社 2002 年版，第 299 页、300 – 302 页、380 – 392 页、362 页、162 页、194 页、241 页。

的情况。这就说明，从嘉靖末年到隆庆末年（即 1566 年—1572 年）的短短 6 年之后，进入万历年间这一带的商人活跃了，货币使用普遍了。现将太谷阳邑镇净信寺明亡以前的四次布施，列表如下：

净信寺明末补修布施情况表①

年代	布施人总数	布施人		货币		实物		力役		役物不明		商人纠首	备注
		男	女	男	女	男	女	男	女	男	女		
1617	358	203	155	175	121			28	34				
1622	753	701	52	654	36	1		39		7	16		
1623	116	108		108								8	8 位会银纠首共会银32.7 两
1630	127	101	26	40	4					61	22		

资料来源：据（1617 年）补修阳邑镇净信寺碑记、（1622 年）大明天启 2 年所立碑、（1623 年）阳邑寺新建膳亭乐亭砖天王殿墙记、（1630 年）画冥阳大陆记四碑编制。

上述四次补修、重修净信寺的布施情况中所列项目，其中之实物是指一位信士捐献的石碑两块，力役是指施工期间，自愿为工匠提供饭食者，或提供施工所需的车、牛等（有些既提供过车、牛，还提供燃灯等，力役与实物难以分清，表中特作注明），除此之外，所有布施，全部都是货币。可见，从隆庆末年以迄明末 70 多年间，平遥、太谷一带货币流通的普遍。而与货币流通紧密相关的商品经济、商业活动也可从中窥测一斑。而其商业活跃的程度，也被其中的一个情况所证实。这就是阳邑镇在重修净信寺时，商人有汇银给寺庙，以助重修之资的。

1623 年，阳邑镇净信寺新建膳厅、乐亭时，其时有本村酒商杜希礼等谒庙，遇到正在主持修庙的纠首杜金疊，问其何以不把天王殿墙也砌上砖？杜答以乡人乐善好施，为修建该庙已捐 200 金，还拟募集 30 金，以砖

① 见史若民编著：《平祁太经济社会史料与研究》，《史料部分》山西古籍出版社 2002 年版，第 380 – 392 页。

砌天王殿，可是，由于连年大旱，收成不好，不忍加重乡民负担，因而将砖砌天王殿墙事往后推延，以待将来。杜等听后，立即慨然承担，愿从本村在保安州（今河北省涿鹿县）经商的商人中募集30金，以助修建费用。后来，果然从保安州汇来白银32两7钱以作砖砌天王殿墙之资。为此，该寺至今留存有《阳邑寺新建膳厅、乐亭并砖天王殿墙记》的石碑一通。而保安州会银纠首杜希礼、杜一道、杜邦弼、杜秉道、王金满、杜体敬、王国卿、等被列名石碑。就当时的情况而言，在一个地方，一个村镇，同一个时期经商者们能推出8位纠首为建庙集资，其商人和商号也绝不仅仅只代表8户。就所捐献的32两7钱银子而言，在十七世纪初期的太谷，也绝不是8户商号捐资的总和。因为这一时期商号的布施数量单位，一般多以"钱"计。就以本镇1630年《画冥阳水陆记》中，有明确身份是经商的杜希礼而言，他的捐资也是只有陆钱而已。其余还有8人的捐资数量为一两的，但其身份不明。姑且我们把保安州会银商人，每户会银都以一两计，那么，30多两银子的捐会总数，其捐资商号或商人总数应当有30多户，这在当时直隶宣府境内一个小城（今河北涿鹿县）应是一个不算小的商号群体。它是沿长城一线内侧各城镇商业繁荣发达的一个缩影。

　　对于这种情况，这里有必要予以说明。

　　明元交替之际。元蒙虽说是退出长城以北，内部又陷于四分五裂，但元代蒙古族与中原人民已经形成的血肉关系，并未因政治局势的变化而中断。在其退出长城之后，仍然迫切需要与明朝进行贸易交流。以获取必需的生活资料、粮食和布匹。因而，常常抄袭明边。明政府为安抚蒙古各部，在长城附近的大同等地设立马市，以便与蒙古各部进行贸易。然而，这种马市，往往由于蒙古各部的掠夺抄袭，时停时开，有时甚至酿成更大规模的战争。嘉靖二十一年（1542年），蒙古鞑靼部俺答汗派使者石天爵到大同塞下求贡市，被大同巡抚诱捕，运到北京处死。俺答大怒，于是纠集鞑靼各部入寇山西。战骑南向，一直深入到霍州的韩信岭，汾、太一带之祁县、太谷、平遥、介休、乃至更远的沁州、襄垣、长子等州县，都受到抄掠，大同马市遂停。后来，明世宗再次接受建议，又于嘉靖三十年（1551年）下诏复大同、宣府马市。并以侍郎史道总理其事，给白金10

万，作为费用。然而，俺答汗并未因此停止抄袭。往往是大同市而寇宣府，宣府市而寇大同，甚或朝市暮寇。明世宗后悔不已。遂于嘉靖三十一年（1552 年）下诏再罢大同、宣府马市。并定制："复言开市者斩。"① 这对蒙汉之间的沿边贸易，无疑是个沉重的打击。在这种情况下，要想沿长城一线出现一支蓬勃的经营蒙汉贸易的商业队伍是不可能的。

相对的，稳定与和平是边塞商人队伍发展的基本条件。和平是在一次偶发的事件中，由于当局处理得当，终于使连绵不断的掠夺战争得以停息。

事情是这样的。

明穆宗隆庆四年（1570 年），俺答汗的孙子把汉那吉由于家庭不和，离家出走，直奔大同，归附明廷。时任宣、大总督的王崇古和大同巡抚方逢时因势利导，厚遇把汉，以便以把汉为人质，使俺答就范。俺答自思与明朝为仇五十年，其孙既到仇者之手，绝无生还之理。其妻一克屯哈朝夕啼哭，俺答束手无策，及至其使者到大同，看到把汉"绯袍金带"，当了明朝的指挥使。俺答得知后大喜。遂向宣大总督和大同巡抚表示，只要放归把汉，他将永远与明修好，并要求与明互市。对此，王崇古上奏朝廷，提出了"封俺答、定朝贡、通互市"等八条奏议。鉴于以往的教训，朝议经过激烈的争论后，王崇古的奏议才被接受。

隆庆五年（1571 年）春，明朝封俺答为顺义王，统管蒙古各部，除重开大同、宣府马市外，此后还相继新开得胜堡、新平堡、守口堡、水泉营、张家口、延绥镇红山边墙仆门、宁夏之清水营、中卫、左浪、高沟寨和铧尖墩以及甘肃洪水堡、扁都口等多处马市。这就为汉蒙贸易的发展提供了广阔的活动舞台。出生于蒲州大商人家族的王崇古等更是利用这一机会，"广召商贩，听令贸易"，一时间，"布帛、菽粟、皮革，远自江淮、湖广，辐辏塞下"，明政府"因收其税以充犒赏"。② 从此以后数十年，塞上无兵戈抢掠之苦，边城现贸易繁荣景象。向来兵戈蹂躏之首冲，从此变为汉蒙贸易之前驱。上述之保安州 1623 年有太谷商人数十户，慨然汇银至

---

① 《明史·王崇古传》，中华书局标点本，第 19 册，第 5841－5842 页。

② 《明史·王崇古传》，中华书局标点本，第 19 册，第 5841－5842 页。

家乡阳邑，支持净信寺的重修，正是由于有明末隆庆五年以后，数十年长城一带各镇边塞商人的和平发展和成长而出现的。它为入清以后平祁太商人在蒙古地方的发展奠定了基础。

净信寺碑刻中所显现的这一商人群体，不仅说明明末太谷阳邑镇在长城一带各城镇从事贸易的商人为数不少，而且，更为重要的是，这个群体所产生的会银纠首，雄辩地说明北方早在明末，随着蒙汉贸易的发达繁荣，在货币流通领域，商人之间汇兑银两，已比较普遍。它为我们研究票号何以首先出现于平祁太一带的平遥，提供了最为有力的背景依据。

我们知道，在我们研究票号起源的时候，曾列举过一些论述汇票与具体汇兑银两的实例，甚至还引证了康熙二十二年1683年至二十五年1686年安徽休宁谢氏家庭所藏的曾经用过的汇票，说明汇兑制度的发展，曾经经历了一个由个人经营到商号兼营的发展阶段。① 仔细分析那些例证中的汇票论述，汇银实例以及发现曾经用过的现存汇票，有一个共同的特征，那就是：这些实例都是指南方各地与京师之间发生汇兑的事情。比如，在顺治年间写《论钱币》的陆世仪，他是江苏太仓人，所写汇票也是指京师与南方地区的汇兑；又比如，康熙末年的京官何焯，由其堂弟何煌从苏州往京师给他汇去银子。还有嘉庆年间的江苏仪征人张晓岚，曾在京师借款捐官，其后以汇票来家兑还等。就连文学作品《红楼梦》中叙述的汇兑，也多是指京师与南方省区的事例。至于北方，尽管票号诞生于平遥，第一家专营汇兑业务的金融机构，票号日昇昌是由雷履泰创办的。然而，在北方除京师而外，此前却未曾发现有汇银的实例。难怪有人对票号诞生于北方的平遥有过怀疑。而明天启三年（1623年），太谷县《阳邑寺新建膳厅、乐亭并砖天王殿墙记》石碑，确是北方留存最早的关于票号诞生前北方商人汇银的实例。它不仅在我国汇兑制度史上有重要的史料价值，更为重要的是，它反映了北方当时的金融流通方式中，个人经营汇兑或商号兼营汇兑普及的水平。另外，前述之南方汇兑，几乎全都是江苏、安徽等省区与京师之间的汇兑，而净信寺这一通碑刻反映的却是一个偏远的城镇与

---

① 见史若民著：《票商兴衰史》，中国经济出版社1992年第1版，第55页。

山西太谷县阳邑镇之间的银两汇兑关系。可见，汇兑在当时北方一些普通城镇中普及的程度。也可见山西当时商业金融流通发展的水平。因此，建议山西省人民政府应对这一珍贵文物予以妥善保存并上报中央将其作为国家级文物予以保护。

然而，明清之际的战争，使这一地区的商业发展受到了限制。

二、入清后平、祁、太一带商业的发展

从明朝天启三年（1623 年）太谷阳邑镇酒商杜希礼等纠首慷慨汇银重修净信寺天王殿一事看，如果不是遇到特别的障碍，则北方各城镇的工商业，在此基础上会加速发展的。可是，从 1623 年以后，到平遥杜村贸易纠首高玉龙等捐资重修该村之玉皇大帝庙前一年，即清康熙五十三年（1714 年），历史整整度过了 91 个春秋。在这 91 年中，除了阳邑镇净信寺康熙二十六年（1687 年）重修时，有过一个叫永兴铺的工商户布施了捌钱银子外，这个时段里的所有碑刻中，再也没有见到工商铺户在寺庙建设或其他公益事业建设中列名布施了。显然这一时期，这一带工商业的发展是不怎么景气的。如前所述，其第一个原因，当是明清之际的战争所致。第二个原因则与清初在蒙古地方实行的民族政策有关。

入清以后，随着国家的统一，草原地区的蒙古牧民和中原农耕区的汉民以及其他民族的物资交流，就成为十分迫切的大事。过去，说得具体点，就是明朝隆庆五年（1571 年）以前，蒙古牧民往往是通过战争掠夺才能获得的日常生活用品，如布匹、粮食、铁锅、烟草、茶叶等。隆庆五年（1571 年）以后，由于俺答汗接受明朝册封，上述生活用品不仅可以通过马市交易中获得，而且沿长城一带之汉族商人越过长城到蒙古牧区进行贸易的，也所在多有。明朝政府对此虽有禁而不力，顺义王及其后继者对这些私自越界而来的汉族商人，则非常欢迎，而不予干涉。这种蒙、汉之间的互通有无，相互依存的关系，在明后期变得更为密切了。

清初，为了恢复经济，稳定社会秩序，一般地说，清政府实行的都是

有利于手工业和商业发展的扶商与恤商政策。① 然而，在蒙古地方，满洲贵族为了巩固其在国内的民族统治地位，却制定了一系列不利于汉蒙民族关系融合发展的"则例"。它一方面强调满、蒙之间的联姻关系以强化满、蒙军事同盟，从而加强满洲贵族对汉族以及其他民族的统治；一方面为防止汉、蒙之间民族融合的发展，进而影响其在国内各民族中的统治地位，对于蒙古牧区和中原地区商业贸易以及汉族商人、手工业者，进入蒙古地方贸易以及从事文化教育等方面的活动，做了许多十分严格的限制性规定。顺治至康熙初年，严禁中原从事边塞贸易的商人私越长城与蒙古贸易。康熙曾说："黄（甫）川与蒙古接壤，仅隔一边，出塞贸易，本朝久有严禁。②"为此，清政府在沿长城一线之各关隘与塞外各通道道口，都派有重兵守卫，不许汉族商人随意越界。至于蒙古各部到中原地区贸易商人也有限制。在康熙二十二年（1683 年）前，由于商队人数过多，康熙在给噶尔丹敕书中就说："嗣后尔处所遣贡使，有印验者，限二百名以内。其余俱令在张家口、归化等处贸易，其向来不用尔处印验，另行纳贡之额鲁特噶尔玛、岱青和硕齐、和硕特之博洛库济台吉、杜尔伯特之阿尔达尔台吉、图尔古特（杜尔扈特）之阿玉奇台吉等所遣贡使放入边关者，亦不许超过二百人。③"这就使得在明末已经繁荣起来的长城沿线马市贸易，不仅不能在原来的基础上迅速发展，反而呈现萎缩状态。至于明代隆庆五年（1571 年）以后逐渐形成和发展的私越长城到蒙地贸易的这部分商人的贸易活动，几乎陷于停顿。这不仅严重地影响着蒙民的日常生活，而且也直接影响了与蒙古毗邻的山西商人向蒙古地区的进一步发展。上述 91 年来，平、祁、太一带寺庙建设或其他公益事业建设所立碑刻及其布施名单很少见有工商铺户布施列名其中，正是这一情况在碑刻布施中的反映。

　　1691 年（康熙三十年），康熙召集漠北喀尔喀蒙古三部和漠南蒙古 49 旗王公以及寺院上层胡图克图喇嘛在多伦诺尔会盟时，蒙古各部王公与喇嘛一致要求康熙放宽对中原和蒙古地方经济物资交流的限制，允许中原内

---

① 见史若民著：《票商兴衰史》，中国经济出版社 1992 年第 1 版，第 55 页、第 6 页。

② 康熙《静乐县志》卷 10，《杂记》。

③ 《清圣祖实录》卷 112 康熙二十二年，九月癸末。

地商人到蒙古地方贸易。康熙考虑到噶尔丹骚乱平定后，喀尔喀三部已经归附，于是答应允许中原内地商人可以出长城到塞外蒙古各地从事贸易，但仍然有许多限制。比如，凡赴蒙地商人，仅一年为限。一年后如还不返内地，则不仅商人本身要受到处罚，就连包庇不归汉商的蒙古人也要受到处罚。另外，《理藩院则例》中，还规定了一些不允许赴蒙商人在蒙地建设店铺、不许汉族商人与蒙女通婚等诸多限制条款。① 但是，既已允许汉族商人可以进入蒙地经商，就很难阻碍蒙、汉人民之间的经济、文化、教育等方面进一步深入地交流了。也正因为如此，从此，地处蒙古草原与中原农耕区之间的山西商人，尤其是汾太一带的商人，他们利用先前在蒙地经商积累起来的经验，抓住这一有利时机，承担起南北物资交流的中介人。在短短20多年的时间里就崭露头角。这在平、祁、太寺庙建设以及一些公益事业建设的捐资布施中，工商铺户表露的最为明显。他们的积极布施打破了此前80多年来的沉寂。康熙五十四年（1715年）平遥县杜村玉皇大帝庙重修时，全村纠首共80人，其中贸易纠首就有39人，几乎占全村纠首的百分之五十。可见，这时杜村商人力量发展的状况和势力之大了。这种由商人募集资金的情况，在此后的碑刻中屡见不鲜。如乾隆四十八年（1783年）年杜村《重修北门碑记》，在谈到资金来源时，就说："本村捐资三百余金，而村人之作贾他乡者，竭力经营，所得又将四百金。"商人捐资占全村捐资总数的57%。光绪十八年（1892年）杜村《重修北门关帝楼并集圪塔东楼碑记》谈及集资情况也说：北门旧有关帝楼年远日深，风雨剥蚀，"村人绅士等目击伤心，思欲补葺，与村人士作贾他乡者谋之，莫不踊跃来从。于是在外广为募化，得捐资三百余金。"② 这种募资方式，不仅仅存在平遥之杜村，而祁县张庄、太谷阳邑，终清一代，乃至民国时期，也还是如此。这种方式不仅解决了当地寺庙建设以及公益事业建设的资金问题。同时，所留存的碑刻及其布施花名，也为我们了解当时平、祁、太一带工商业的发展概况，社会变迁，风俗文化之发展演变，提供了原始依据。

---

① 《理藩院则例》卷34，《边禁》。

② 平遥县政协编：《平遥古城现存历代碑记辑录》第130页、第133页。

以平遥、太谷为例，比如康熙前期（以康熙三十年为界），寺庙建设所留碑刻大多数看不到工商铺户的布施。其原因并不是那时的行政官员或当事者没有或不愿意向工商铺户筹集资金，无意请工商业者捐资贡献。实际上，是当时工商界的力量非常有限。如太谷之大观楼（原名鼓楼），还是明末万历四十三年（1615年）年知县杨呈秀任内所创建。入清，到郭风起在太谷任知县时，已70余年。风雨剥蚀，摧落殆甚，急需重修。郭风起也认为："如其时不修，其后将不可为。"然而，由于太谷当时的经济力量太差，"弗能举也"。直到康熙二十一年（1682年）才开始动工。其资金来源，据郭风起所撰碑文说："是役也，瓴甓枅栌之属，酬与物当，匠石墁圬之工，计日凭佣，皆取官秩之禄以给，而不烦于四人"①。这就说明此次重修考虑到太谷的士农工商还在休养生息之际，力量有限得很，当局未敢向其筹集。

平遥的市楼重修，晚太谷六年，是在康熙廿七年（1688年），虽未留下碑刻，然其时平遥的经济实力以及工商实力与太谷大致相当，甚至还不如太谷。这一点，我们在其后乾隆二十三年（1758年）《重修金井楼（即市楼）记》的追忆中，可以窥测其情。该碑记说："乾隆二十一年（1756年）知县李在田到任时"，平遥的胜迹半就荒凉，就连名刹清虚观内的松柏树，也被人偷砍一空。李在田虽"叹斯楼（即平遥市楼）将倾欲兴之"，然而，摆在他面前的首要任务，则是如何为平遥百姓"谋富"，而非花钱修楼以"伤"民力。从1688年平遥知县黄汝钰在入清以后第一次修市楼到1756年另一位平遥知县李在田到任68年过去了，平遥城内的状况竟如此糟糕，那么，68年以前平遥的工商实力如何，不是显而易见了吗？

所以说，清代康熙三十年（1691年）以前，即康熙允许内地商人可以赴蒙地贸易前，平、祁、太一带的工商经济，在明末繁荣的基础上确实是萎缩了，或者说是暂时地衰落了。1691年以后，随着内地商人可以进入蒙古牧区贸易，平祁太一带商人的实力迅速复苏。在经过短短24年的复苏期，就迅速地投入到当地寺庙以及公益建设事业的行列中，标志着复苏阶

---

① 见史若民编著：《平祁太经济社会史料与研究》，《史料部分》山西古籍出版社2002年版，362页，（1862年）太谷重修鼓楼记。

段的结束，发展阶段的到来。如前所述，1715 年平遥杜村重修玉皇庙，正是这一带商人实力从复苏向发展阶段转变的一个标志。

康熙五十四年（1715 年）以后，平祁太一带的工商业经济开始进入发展阶段。就碑刻反映的情况，此后大体可以分为发展阶段（1715 年—1758 年）、大发展阶段（1758 年—1840 年）和金融业在全国的垄断阶段（1840 年—1914 年）等三个时期。其中后两个时期碑刻显示的最为明确。

乾隆二十三年（1758 年），重修市楼是在知县李在田倡议并带头捐资的情况下，全城 138 户经营各种货行的商号，捐资 400 两。到了嘉庆十六年（1811 年）再次重修时，则是在城工商业者自发捐资的。据碑记说："前岁辛未（1811 年），近市者拟欲振葺（指市楼），翕然同声。各竭力捐资有差……一时登疏者贰仟余金。"这就说明此次重修并非知县倡导，而是由商民发起，所捐资金是 1758 年全城捐资总数的 4 倍。另外，本次除城内各商号捐资外，平遥商人在外地所设商号及其分号也都踊跃捐资。碑刻分两次登录，一次是嘉庆十七年（1812 年），一次是嘉庆十八年（1813 年），部分字号两次都捐了资，显示了本次重修商民捐资的热情。这二年，又捐资 3,000 余两。从 1811 年拟修市楼到 1813 年修完，三年共捐资总计 5,000 余两，是 1758 年重修市楼捐资 400 两的 12 倍。正如碑记所说："近来商贩云集，居奇罗珍、增前数十倍"。① 这就说明平遥在 1758 年到 1813 年的 55 年中，工商业实力大大地增强了。遗憾的是，1811 年城内商号布施名单，已漫漶不清，不能确切地说明城内当时商号的具体数字。但时隔 7 年之后，1820 年平遥重修城内三官庙时，其商户布施名单的碑刻却基本完好。除脱字不清的 30 户外，能够确认是商号的共 173 户，此外，还有以阛行、阛社等 16 个集体户名义布施的。其工商铺户当不下 300 家之多。较 1758 年增加了一半。到 1837 年，即鸦片战争前夕，平遥城内有字号的工商户为 222 家。另外，以阛行、阛社名义捐资的集体户 14 家。如每个集体户以 10 家计，还应有 140 多家小商店未计入内。其时平遥城内商店大小总在 360 多家之谱。太谷城内商家，据《重修大观楼记》道光二十年（1840

---

① 见史若民编著：《平祁太经济社会史料与研究》，《史料部分》山西古籍出版社 2002 年版，第 162 页，（1813 年）平遥重修市楼碑记。

年）10月前列名布施的，有571家。

除上述平遥、太谷城内工商铺户外，该地商人还在城外各乡镇以及县外的全国各商埠码头设有商号和分号。

据平遥1812年—1813年重修市楼布施花名统计，核除重复布施的商号，实际布施商号1035户。其中当铺为91户（另有三个地方的当铺以集体名义登疏，如宁夏当商、平罗当商、宁朔当商等）。若每地以5户计，还应有15户属于平遥人开设的当商未计入内，这应是当时平遥商人在县城以外的全国各地所设商号及其分号的总数。

太谷商人在县城以外所设的商号及其分号，据1826年重修净信寺布施碑刻统计，来自全国46个城镇共1410户，其中当铺239户。

祁县由于碑刻阙如，不能计算，但也绝不会少于平遥。

以上这些数字可以充分说明乾隆二十三年（1758年）到道光二十年（1840年）为平、祁、太工商铺户大发展阶段。

同时，我们通过其中遍布全国各地的银钱业（即典当、银号、账局、钱庄等）数字，可以看出在这个大发展阶段的晚期（1813年—1820年），已经为平、祁、太金融业在全国率先发展，并能创立像日昇昌那样"汇通天下"的专营汇兑机构，奠定了广泛的地域基础和雄厚的资金基础。从而为1824年诞生山西票号，进而迅速发展，到19世纪六七十年代，在近代中国十四个通商口岸及各主要城镇商埠码头之间垄断汇兑创造了极为有利的条件。难怪同治九年（1870年）重修市楼碑记中自豪地说："凡通都大邑，无不熙来攘往，人所同也。而兑此汇彼，即各省名区，无不代输转受，我所独也。"① 这种在近代中国第一家银行，即1897年成立的中国通商银行诞生之前70年，就在中国承担了理应由近代银行业承担的存款、放款、汇兑、贴现、发行银票等一系列业务，在近代中国的金融业领域处于垄断地位是无可置疑的。即使在近代中国银行诞生之后的十多年时间里，它仍然左右着各地的金融业及金融行市的情况，也是信而有征的。② 因此

---

① 见史若民编著：《平祁太经济社会史料与研究》，《史料部分》山西古籍出版社2002年版，第194页（1870年）整修平遥市楼碑记。

② 见史若民著：《票商兴衰史》，中国经济出版社1992年第1版，第251–256页。

说在近代中国（即 1840 年到 1914 年），平、祁、太的金融业，在全国有过一个处于垄断地位的阶段，并不过分。

三、简短的结论

平、祁、太一带商业在隆庆五年（1571 年）以后，直至明朝灭亡前夕，曾经有过一段蓬勃发展的阶段。具体表现是，各主要城镇之间商人的银两汇兑，虽然还处于个人或商号兼营阶段，但以汇兑方式输送银两，已比较普遍。入清以后，本应在此基础上加速发展，但是，由于明清之际的战争，使平、祁、太一带的商业发展受到了影响，一度萎缩。特别是由于清初严禁汉族商人私越长城到牧区贸易，使明末已经有相当规模的汉族边塞商人到蒙古地方贸易队伍的发展受到挫折。这一点，对于与蒙地毗邻的山西商人尤其显著。

康熙三十年（1691 年）后，随着康熙允许汉族商人可以赴蒙地贸易政策的颁布和实施，尽管其中仍有许多的限制，但它已经不能阻止平、祁、太一带商人赴蒙地贸易的热情了。从此，平、祁、太一带商人与商号连年增加（其数字已如上述）。绝大部分都是经营绸缎、茶叶、烟丝、六陈以及日用百货等蒙古以及俄罗斯西伯利亚一带人们需要的各种商品，和为了经营这些商品批发，所需资金调拨的账局、票号、银号、钱庄等。而平、祁、太一带的社会也因此成为全国最富庶的地区之一。太平天国起义后，为解决财政困难，清政府拟向富户勒捐，为此，曾对全国富户做过调查。咸丰三年（1853 年）四月十一日《和硕惠亲王等奏折》说："伏思天下之广，不乏富庶之人，而富庶者，莫过广东、山西为最。"① 接着福建道监察御史宋延春又于六月二十九日向咸丰皇帝呈报了在京师的富商大贾名单 53 家。其中有据可查并通过平、祁、太碑刻布施花名核对，属于平遥的有：日昇昌、天成亨、蔚泰厚、蔚丰厚、新泰厚、义兴永、隆盛晋、德成永、聚发源、万成和、昌裕和、德合长（成）、润生公（润生明、润生久）、宽

---

① 《和硕惠亲王等奏折》，咸丰三年四月十一日《军机处录副奏折》以下简称《军录》，革命运动类，卷号 477 - 4。

裕义（永）等 14 户；属于太谷的有：敦义裕、永锡号（局）、锦（晋）玉成、永春玉、承光庆、志一堂、聚盛堂、庆元堂、恒义乾（谦）、庆和堂、永义成、永春（信）、德新号（顺）等 13 户；祁县由于碑刻毁坏殆尽，我们只知捐资档案中的巨兴和属于祁县。仅就确认的上述 28 户，已占全国当时在京师富商 53 户的 52.8%。

广西道监察御史章嗣衡于十月十三日，就他目击的全国富户奏报说："浙江慈溪之候选道冯云濠、议叙运同衔冯云祥昆弟二人富约五六百万，内阁中书冯本怀昆弟三人，富约三四百万，山西太谷之孙姓富约两千余万，曹姓、贾姓富约三四百万，榆次之许姓、王姓聚族而居，计阖族家资各千万。介休县百万之家以十计，祁县百万之家以数十计。"① 以上列出姓氏三百万两以上的富户，全国计有 7 户，平、祁、太就占了 5 户。占全国富户总数的 71.4%。就其资本数而言，平、祁、太占了绝对多数。至于山西富户中的介休富户，所创票号之总号均设在平遥，榆次富户所创票号均在太谷或平遥设立总号，所以说，上列山西富户的财富，基本上都汇集于平、祁、太三县之中。

这些财富除了通过帐局、票号贷出货入、汇此兑彼，投资于全国各地的工商铺户而外，在平、祁、太一带则大兴土木，今天我们在平、祁、太一带看到的乔家大院、渠家大院、三多堂、何家大院、颉家大院、长裕川茶庄、渠本翘故居、大德通票号旧址、大德恒票号旧址、三晋源票号旧址、日昇昌票号旧址、日昇昌掌柜侯殿元七间七檩抱厦厅、百川通旧址、蔚泰厚旧址、孔祥熙旧居等，就是他们的杰作。而特别需要指出的是被联合国教科文组织批准列为世界文化遗产的平遥古城，正是从 1851 年到 1856 年由平遥绅商共同修建的。如果我们浏览一下《平遥县筑城开河记》②，就会发现管理本次城工总局账簿的，正是当时平遥城内最大的 24 家商号：协庆义、新泰厚、万盛和、大兴厚、蔚盛长、日新中、恒长盛、福泰永、蔚泰厚、万长和、义兴永、增庆公、永王庆、王福义、蔚丰厚、

---

① 《广西道监察御史章嗣衡奏折》咸丰三年十月十一日《军录》，卷号 1217 - 28。
② 见史若民编著：《平祁太经济社会史料与研究》，《史料部分》山西古籍出版社 2002 年版，第 238 - 241 页（1856 年）平遥县筑城开河记。

光泰永、天成亨、聚发源、富美成、恒兴昌、日昇昌、恒玉庆、世隆福、隆盛长等。其中捐输最多的是李箴视 5,600 两，其伯父李大元 4,000 两，都是日昇昌票号的财东。加上日昇昌票号本身捐资 400 两，日昇昌票号一户就捐资总计 10,000 两。由于他们的慷慨解囊，不仅为世界文化留下了一份珍贵的有形遗产，同时，他们在 19 世纪到 20 世纪诚信经营的道德风范，也为中国人民和世界人民留下的一份弥足珍贵的无形精神财富。

（2003 年 9 月 15 日初稿，10 月 1 日修改稿。11 月 1 日在山西区域社会史学术讨论会宣读交流。后收入史若民著《晋商刍议》中，中央文献出版社于 2006 年出版。）

票商在近代中国社会转型中的作用

所谓近代中国社会转型，是指鸦片战后中国向半殖民地半封建社会沉沦的过程中，中国人民力图走出封建社会并向现代社会的转型。具体地说，就是鸦片战争后中国由农业国向工业国的转型。本文拟从票号商在社会转型中的作用说起。

一、从票商入手的理由

当西方殖民主义者的隆隆炮声炸开这个闭关自守的古老的封建王国的大门时，中国的社会经济并不像以往我们所想象的那样：在对付顽固不化的、牧歌式的、自给自足的自然经济方面无所作为。鸦片战前各地成长着和发育着的商品经济已经为资本主义生产关系的萌芽，为发展提供了一定的社会经济条件。它们正在对那些自给自足的自然经济进行着瓦解。如果没有西方资本主义的入侵，中国也将缓慢地发展到资本主义社会。

但是，历史是不允许假设的。

严酷的现实是：鸦片战争爆发了，中国战败了。战后，这种缓慢地自我发展到资本主义社会阶段的过程被打乱了。从此，中国社会不是沿着由封建社会直接进入资本主义社会这一发展模式的轨迹前进，而是在西方殖民主义者的侵略和奴役下，逐步地沦为半殖民地、半封建社会乃至殖民地。中国社会中原来有希望向最初形态的早期资产阶级转化的手工业作坊主、商人等，战后发生了变化。

随着西方资本主义国家的商品源源不断地输入，中国传统的手工业，其产品凡属洋货可以代替的，纷纷破产，无力发展；凡属洋货一时无法代替的，国外市场还需要的产品，则继续发展。于是，原有的手工业作坊主部分地采用机器，开始成为制造家、工厂主，在这个领域里先后成长起来的中国早期资本家，尽管为数不多，但已承担了一份中国社会向近代化转型的任务。

然而，这批资本家的成长远后于通商口岸的一批买办商人。原来在通商口岸与外商打交道的行商们，随着五口通商口岸的开辟、外国洋行在这些口岸的设立，适应这一形势的需要，纷纷变成外国洋行的买办。出现了我国近代史上称之为买办的资产阶级群体。他们也不自觉地承担了中国社会转型的任务。

此外，随着西方机器工业品的输入，社会上出现了一批从事洋货贩卖的洋货商。他们与过去受清政府委托垄断洋货生意的"十三行"不同，他们在各个通商口岸自由地经营洋货生意。事实上他们在推销西方工业品方面承担的任务与西方商人推销西方工业品的任务一样。不同的是，西方商人推销的大多为其本国产品，为其民族工业开拓市场，而中国这部分商人推销的则是外国产品，其结果压迫和排斥中国的手工业产品市场。这种纯商品推销，对中国封建自给自足的自然经济的瓦解而言，实际上也在进行着一份中国社会转型的工作。如果说西方那些贩运工业品的商人是商业资产阶级的话，那么，我们可否以同样理由和原因，判定哪些与西方商人承担同样任务的中国洋货商就是早期的中国商业资产阶级？与上述这一批最初形态上的中国早期资产阶级同时活跃于中国社会经济舞台上的近代中国银行业的先导——票号商，构成了近代中国早期资产阶级的又一侧面，即金融资产阶级。它们在各自不同的领域，以不同的音韵，奏出了早期中国社会转型的协奏曲。

鉴于西方资本主义的入侵是在鸦片战争后中国开始向半殖民地沉沦的情况下发生的，最初，刚刚出世的中国资本家为了发展自己，保护自身利益，就不得不在当时的环境下以各种方式与封建统治者和西方殖民主义者建立联系。由商而绅的演变，是商人寻求官权或封建政权的保护以扩张自己、发展自己业务的一种形式；利用洋行旗号，托庇于某国洋行旗号之下，是商人寻求外国势力和利用外国势力以保护、发展自己利益的又一种形式；由官而商利用官权为自己捞取财富，则是在重商主义思想影响下，官商相混的又一种形式。总之，鸦片战争后，在西方殖民主义者的隆隆炮声中，进入近代门槛的中国以及承担中国社会转型任务的上述各色人等，诸如洋货商，买办，手工业作坊主，票号商人等，不得不在封建主义和西方殖民主义的双重压迫下，度过这一段中国半殖民地、半封建社会特有的社会转型期。

票号商，作为近代中国银行业的先导，诞生于鸦片战争前夕的19世纪20年代初，衰落于20世纪二三十年代，在长达一个多世纪里，由于其经营异地银两汇兑这一关键性业务的缘故，它与各行各业的经济往来发生着密切的联系。同时，在特殊的情形下，又与清政府及其官吏建立了联系。所以，它在这一个多世纪的中国社会转型过程中，既是社会转型的积极参与者，又是社会转型过程中具有最广泛、最直接的经济社会转型的见证者。正是出于这样的原因，我们在研究近代中国社会转型时期，把注意力集中到票号商这个不大的群体。

二、票商在新的条件下的自我转型

晚清重商主义，既是清代，在事实上执行护商、恤商政策的产物，也是近代"千古变局"冲击效应的反映。它从根本上体现了近代社会变革的方向。

票商原本是清代商品经济发展的产物。作为借贷双方的中介人，作为以汇兑为主要业务，为埠际间货币流通服务的金融机构，它的兴旺发达取决于工商业的繁荣与否，与清政府的关系本来不大。当我们研究票商的自我变化时，本可以不予提及。然而，由于中国官本位有着几千年的历史，尽管官员多数出身于科举，但在封建社会的历史长河中，以钱买官的现象确是代有创新；形成制度。正因为如此，所以在票号诞生之后，就出现了这样一种情况：一方面由于清政府坚持官款装鞘起解，禁止官款由商汇兑，使专营汇兑的票号商难以与清政府财政挂钩；一方面又由于清政府推行捐纳制度，使票号在诞生之后，不得不争先恐后地揽办捐项。而揽办捐项则使票商与封建政权的部分后备力量建立了联系。太平天国起义后，清政府强迫捐输则是票商由商而绅的催进剂。这是票号商人自我转型的第一个阶梯。

1851 年太平天国起义后，清政府财政枯竭，为筹集军饷，拟对商人进行罗掘。于是"申谕晋、陕、川、广各督抚"，劝令捐助军饷，许以"优加奖励"。许多山西商人由于捐输获得官衔，侧身绅商之列，其地位较过去高了许多，许多票号东家、经理大多都成为有官衔的绅商。这种由商而绅的渗透，经过此次战争之后，范围更广，数量更大。事实上已经成为当时全国的一种普遍现象。咸丰十一年（1861 年）御史裘德俊上疏说："近来捐例频开，流品几不可问，吏治因之废弛……臣愚以为急宜查禁者，莫如商人为最要……并闻有众夥捐，一人出名输官，众人随同牟利。"① 光绪九年（1883 年）《申报》11 月 3 日的一篇文章说："目前'由商而官者不胜枚举，某局某总办家资数十万，某官由候补候选道也，而其出身固不失为生意中人。"正是这种情况的写照。

票商以及其他行业的商人之所以竞相解囊捐纳，渗入绅士阶层，固然与清政府强行勒捐有关，但也有出于对绅士社会地位的企羡，很想分润一点，以及为着保护自身的经营活动，取得同官府打交道的有利资格。清初，顾炎武就说过，一旦从布衣成为生员，"则免于编氓之役，不受侵于里胥；齿于衣冠，得以礼见官长，而无垂楚之辱。故今之愿为生员者，非必慕其功名也，保身家而已。"② 自汉代抑商政策以来，规定商人不能穿绫罗绸缎的衣服，不能出仕做官，不能带自己的武器，不能乘车骑马，不能享有田宅权，此后，虽具体规定有所不同，但商人的地位始终处于低层。至明清之际，法律上依然歧视商人。如《明史·舆服》洪武十四年规定："令农衣绸、纱、绢、布，商贾止衣绢布。农家有一人为商者，亦不得衣绸、纱。"《大清会典》中也有"崇本抑末，著为常经"。可见，清代中叶

---

① 《皇朝道咸同光奏议》，"治法通论"转引自许大龄：《清代捐纳制度》哈佛燕京学社 1950 年版，第 140 页。

② 顾炎武：《天下郡国利病书》。

以前，商人在法律上并没有取得与自由民平等的地位。尽管其在经济地位、物质生活方面远较一般农民为优；甚至连士阶层也比不上，但其社会地位很低。不仅在伦理道德上遭受贬斥。而且在法律、政治和社会生活中都遭受歧视。这种传统"四民"等级社会秩序，自西汉确立，下迄清初，两千余年，一脉相承，成为东方农本社会典型，是为大一统封建社会的基本形态。所谓"国有四民，各修其业，不由四民之业，谓之奸民。奸民不生，王道乃成"。① 这种情况，清代中期开始改变，特别是鸦片战争后，随着欧风美雨的冲击，晚清重商主义的抬头，太平天国的起义，清政府吏治与财政的恶性循环，给手中握有钱财的商人洞开了进入上流社会的门户。票商除由1853年的这次捐输使许多人具有官衔，使其与政府打交道增加方便外，1862年的"觅商汇兑"，则是票商由商而绅、由商而官、官商相混的关键事件。

　　1862年以前，不论票商在事实上有无官款汇兑，但在清政府的上谕中，则是严禁官款汇兑的。太平天国后期，由于山东、河南、安徽等地捻军活动，切断了清政府财政来源的南北渠道，广东、福建、浙江等省关，应解京饷不能按期上交，致使咸丰十一年（1861年）各省上解京饷700万两，由于交通断绝，直到当年阴历八月，北京户部才收到京饷100万两。京饷的严重短缺，危及政局和京师重地，这时顽固的清政府不得不利用票号汇兑以解燃眉之急了。同治元年（1862年）10月，清政府终于批准户部由商汇兑京饷的请求。从此，票号的业务增加了一项新的重要内容。尽管清政府此后在允许官款汇兑上的态度仍时有反复，但是清政府的地方督抚大员们，都觉得有必要与票号建立密切的关系。这一方面是由于汇兑较装鞘解现方便安全，更重要的是，收解京饷期限极严，而当地之税收往往不能按时收讫。这时票号能否给予垫汇就成为关系地方督抚前程命运的大事。所以，各地督抚以及海关监督们，都尽力拉好与票号经理的关系，有钱存入票号，需款由票号汇兑上解，不足时由票号垫汇。票号的经理从此既和清政府地方大员们如总督、巡抚、海关监督等高层次官僚保持了密切

---

① 荀悦：《汉记》卷10。

的联系。形成了这部分人中由商绅相混到官商相维的局面。这算是票商自身转型的第二个阶梯。

三、官商相维，票商借鸡下蛋资助民族资本

如果说绅商相混是中国传统"四民"社会秩序的一大变化，那么，官商相维则是中国传统社会向近代化社会转型的一个鲜明特色和重要阶段。这种官商相维的局面最明显地体现于 1862 年到 1893 年的上解京饷的垫汇过程。

这一时期，票号总共汇兑各省、关款项为 81,407,520 两。平均每年汇兑 2,543,985 两。由于京饷定限极严，往往解饷期限已到，税款尚未收讫，不得不由票号垫汇，在这 31 年中，票商为广东省、粤海关、福建省、闽海关、浙江省、浙海关以及淮安关垫汇过 12,999,803 两。这种垫汇在解决清政府地方财政困难方面确实起到了一定的作用。正由于如此，所以有人说票商在 60 年代承汇京、协各饷后，是"发了清政府的财"，是"暴发户"。如果说在开始时，票号是由于商品经济的发展而产生的，那么，此后的性质就变了。逐渐变成了以高利贷性质为主的一种金融机构。这种说法只看到问题的一面，而忽视其发展变化的更为重要的一面。

从 50 年代起的绅商相混到 60 年代及以后一段时期内的官商相维阶段，其间到底是票商（抑或是商人）改造了官僚，还是官僚改造了票商？是商人的地位影响到官员，还是官员的地位影响了商人？显然，社会思潮从官本位向商本位转化，不少有影响的官员投资近代企业，而不是官员影响票商，从商人走入官位，这种官本位的淡化和受到冲击，就是社会发展过程中官商相维发展的一个顺应历史潮流的积极结果。这仅是从社会思潮变化方面反映的官、商地位变化的情况来说的。如果我们从票商对民族资本主义经济发展的促进情况看，这种官商相维的积极结果则更加明显。

上述票号的垫汇各省、关京协各饷，是属于票号资本投向非生产性的一面。殊不知票号的这种垫支，其目的在于取得大量的公款存储，以便于更大规模地在全国市场进行金融汇兑，从而从中获得利益。诚如一些作者

经常引用的一些议论所说的那样,自此之后,"军饷丁粮,胥归汇兑,边
陲的协款,内地之赈抚,皆资票行以为挹注,一纸之信遥传,百万之款立
集"。正是 1862 年以来,官商相维的一个层面的反映。其真正的社会效
应,远非表面社会现象所能说明和了解的。让我们来看看票号商在接收大
量官款存储后,它们利用这些官款做了些什么。

从科举制度出身的官员,大多只会"子曰诗云",对社会的经济活动
几乎是一无所知,所谓"三年清知府。十万雪花银",说的只是他们利用
官权搜刮地皮的情况,至于他们如何利用这些搜刮来的银子去发展生产
力,增殖财富,把经济搞上去,对于他们来说,无异于缘木求鱼。然而,
确有一些人在科考场中名落孙山,但在经济场上,却游刃有余。他们善于
"酌盈济虚,抽疲转快",能够"变死宝为活宝,化腐朽为神奇",使沉睡
在皇帝府库中的金银财宝,一转移间,就能为整个金融市场的资金融通
服务。

首先,我们从上海金融市场看,在票商承汇京、协各饷以后作用的
变化。

票号在承汇京、协各饷之前,由于没有能够大量吸收公款存贮,资金
有限,所以,在上海市场上,一般来说,只做汇兑生意,很少贷款给工商
铺户以资助其资金周转的。但到太平天国起义后期,60 年代情况就发生了
很大变化。在上海金融市场,票号不仅是全国各埠之间金融汇兑的唯一承
担者,而且由于承汇京、协各饷后与官府有了合法的往来,能够吸收大量
官方存款,所以在经营汇兑之外,还可有大量剩余资金在上海市场通过钱
庄贷放给工商铺户。这一点确是过去人们在评论票号时,往往被忽视了的
一个方面。而这也正是票商在近代中国社会转型期所起的重要作用的一个
方面。1884 年,一份十分注意上海金融发展的《字林沪报》,对于票号结
交官吏、承汇官款与支持工商铺户的关系说得非常明确,现征引如下:

> 上海钱业之盛,盛于票号、银行放银于庄……当承平(即太平天
> 国起义前)时,西帮票号荟萃苏垣,其分号设于沪地者,不过数家。
> 资本无此时之巨,专以汇兑为交易,而不放长期,故钱庄并不恃以为

挹注。银行始初仅通洋行，以外洋往来的先令汇票为宗，存银概不放息，故钱庄更不恃为通融。军兴（指太平天国起义）后，上海商埠日盛，票号聚集愈多，而号商收存官场之银（指承汇京协各饷以及吸收湘、淮军将领的存款）亦日富，于是稍稍放银于庄，此票号放款之始也……此风一开，市面为之大廓，票号（放）长期多至二三百万。①

以上是太平天国起义前后，即票号承汇京、协各饷前后，上海票号业务变化的情况。所谓"不放长期"，这是上海金融界当时的一种习惯说法。它是针对钱庄的短期拆借而言的。钱庄资本少，同业间以及有往来的各行生意之间，多有短期借贷，一般期限为两天，有的甚至只有一天。相对于钱庄之间的短期借贷，票号向钱庄放款期限较长，有一个月的、三个月的、半年或一年的不等，所以习惯上把票号放款称为"长期"。不放长期，就是说此前票号只做汇兑生意，一般不向钱庄放款。承汇京、协各饷之后，由于吸收了大量的公款存储，所以开始向钱庄"广放长期"。钱庄当时在上海除经营银钱兑换以及由此而引起的各商行之间的存放款业务外，还发行庄票，成为上海市场各行生意的流通票据。钱庄之多寡，是为上海市场繁荣与否的标志。但钱庄一般资本少，只能量入为出，为各有业务往来的工商铺户提供短期拆借，不敢多放账面。其资本之融通主要靠票号和在上海开设的外国银行。所以说票号对上海钱庄的支持，实际上落脚点就在于票号通过钱庄对上海工商业者的金融支持。

自从票号承汇京、协各饷，在上海"广放长期"以后，钱庄也有了变化。当时上海几家报纸《字林沪报》、《申报》等都有反映。有的说："自票号、银行广放长期拆票以来，钱庄得此不竭之源，于是日开日多，庄伙认识银行、票号，不必仗东人资本，即可指挥阔绰。"② 有的说："自西帮于汇兑之外放出长期，庄伙（即钱庄人员）与之往来，应酬烦数。出必乘舆，衣必艳色，酒必招妓，朴素之风变而侈丽，非千金不能开销。③"这是

① 《论钱市之衰》、《字林沪报》1884 年 2 月 9 日。
② 《答暨阳居士采访沪市公司情形书》、《申报》1884 年 1 月 12 日。
③ 《书整顿钱业条规后》、《申报》1884 年 2 月 13 日。

票号收汇公款以后，将沉睡于户库的银两，投放上海市场，通过钱庄支持工商业者后，钱庄以及钱庄人员发生变化的情形。马克思指出："商人借货币是为了用这个货币牟取利润，是为了把它作为资本使用，也就是为了把它作为资本耗费。因此，即使在以前的社会形式内，贷款人对于商人的关系，也完全和他对于现代资本家的关系一样。"① 这时，"这种资本执行职能的条件已经变化，从而和贷款人相对立的借款人的面貌已经完全改变"。② 票号作为借款人，将其所借来的货币一是用于工商业者的汇兑；一是用于向工商铺户的放款，都是用来发挥"资本职能"作用的。所以，我们只要考察票号放款的对象主要是工商铺户就可以了。至于它所吸收的存款来自何方，我们可以不予过问。即使其存户都是地主、官僚、高利贷，一经票号借用就发挥了"资本职能"。为工商铺户、为商品经济、为手工业作坊主服务了。这就叫"变死宝为活宝，变窖藏为流通"，对于正在解体的封建自然经济，对于正在成长着的民族资本主义经济都是大有促进的。都应看作票商在近代中国社会转型中起到的积极作用的一个方面。

四、建立全国汇兑网，为民族资本发展提供便利

19 世纪 60 年代以后，票号为国内工商铺户的服务，不仅表现于营运资金的增多，在上海广放长期，还表现在活动范围的更加广泛。第二次鸦片战争后，中国对外通商口岸已达 18 处，从 19 世纪 70 年代到 90 年代之初，中国对外通商口岸又增加了宜昌、肃州（嘉峪关）、乌鲁木齐、重庆、亚东等 16 处。其所涉及省份，由 19 世纪 60 年代的 12 省扩大到 19 省，这和第一次鸦片战争前仅限于广州一口的局面大不相同了。并以对外贸易的主要港口为中心，形成了洋货进口和土货出口的集散地。从上海进口的洋货在华东地区销售，并沿长江向内地运输，汉口成为华中地区洋货的集散

---

① 《马克思恩格斯全集》（25）人民出版社 1974 年第 1 版，马克思：《资本论》第 3 卷，第 671 页。

② 《马克思恩格斯全集》（25）人民出版社 1974 年第 1 版，马克思：《资本论》第 3 卷，第 679 页。

地并转销到四川、湖南和陕西一带，运到重庆的洋货，除在四川各县销售外，还向云南边远地区推销；从广州进口的洋货，向广东、广西、云南和贵州等省转销；从天津进口的洋货主要在华北平原销售，也有部分销到西北地区的陕西；从营口进口的洋货主要销往东北各省。与此相应的是，这一时期中国进出口贸易货值也在增加，从 1864 年的 94,864,943 海关两，到 l894 年上升到 290,207,433 海关两，30 年间增加了三倍多。清政府在通商口岸的地方随之设立洋关，征收洋税（即海关税），这使清政府的财政收入有所增加，至光绪十六年（1891 年），洋税收入已达 18,207,000 两，占同年收入 89,684,800 两的 20%，成为仅次于地丁税收的第二大项收入。票号正是在通商口岸的加多，洋货大量进口，土货出口增多，洋税不断增加的情况下，由 60 年代的 14 家，发展到 19 世纪 90 年代的 28 家。其伸展趋向，除迅速向上海、杭州、福州、厦门等东南沿海城市辐射外，还向营口、南昌、梧州、贵阳、昆明、兰州、肃州、凉州、迪化、归绥等东北、西南、西北等许多边远地方发展，设分号的城镇由 19 世纪 60 年代的 27 个，增加到六七十个。其中上海在光绪元年（1875 年）有 24 家，此后又增加了 15 家；汉口光绪初年（1876 年）有 21 家，到光绪七年（1881 年）有 33 家；重庆票号从光绪八年（1882 年）到光绪十七年（1876 年）这一时期发展到 16 家，奉天在光绪十三年（1887 年）有票号 11 家，天津在光绪二十五年（1899 年）以前有票号 30 多家。其布局虽然东部远多于西部，但在众多分号与委托代办处密布于全国各地商埠城镇、水旱码头的情况下，可以说已经形成了一个与国内外贸易密切联系的金融汇兑网。

众所周知，从 19 世纪 60 年代到 1897 年中国通商银行成立前，正是中国近代机器工业的诞生期，正是中国民族资产阶级特别是工业资产阶级发生发展的历史时期。中国民族资本主义企业的发展、中国资产阶级的成长壮大，中国近代工业的一举一动，都离不开近代银行业的支持。而在中国大地上出现的西方殖民主义银行业并不是适应中国近代经济发展而出现的金融业，而是为掠夺中国的财富，支持其帝国主义在中国设立的洋行而出现的殖民金融机构。它们不会也不可能为中国的近代化建设服务，他们所做的一切都是要把中国推向殖民地的深渊。所有中国近代化建设中的金融融通的重担，实际上都由票号在全国设立的金融融通网络来承担的。即使在中国通商银行成立以后以及大清户部银行成立后的一段时期内，也是如此。所以说，票商们在近代中国民族资本主义发展方面所起的作用是不容忽视的。它在这一时期社会转型中的作用，突出地表现在支持民族资本，壮大民族经济实力，增强民族资本在与外国资本主义竞争过程中的活力方面。

对于票号在这方面的作用，我们从当时一些外国领事的商务报告以及当时一些外国经济间谍对中国一些重要城镇如汉口、上海、重庆等商埠码头金融活动的调查报告中就可以看得出来。英国驻汉口领事 1869 年—1871 年的商务报告说：太平天国起义前，"汉口是以一个完整而富裕的银钱体系而自豪的"。在这个体系中，"山西票号的财富是数以几十万两计"的。"至于汉口的商人与外埠的业务往来，多由富裕的山西票号占先。它的作用几乎与英国银行同样重要"。"几乎对中国任何地方都签发或出售汇票"。① 19 世纪 70 年代中期英国的商务报告又说"由于很多山西票号在上海都设有支店，它们的信用很高"，据说有力量买卖中国任何地方的汇票，所以"与内地各省的汇兑业务，以及中国对通商口岸交易所签发的票据，全都经过山西票号"。② 19 世纪 80 年代末，还是英国领事的报告说："钱庄也在办理在中国这一部分的几个贸易中心的汇兑业务，但这并不是钱庄的主要业务。而是分号或代理人遍布全国的山西票号的业务③。"除汇兑而外，还在通商大埠发放贷款，支持工商业活动，其利息不仅低于高利贷，而且也低于与工商业有密切联系的钱庄。在重庆，"普通商人之间的借贷，月利一分至一分五厘不等"，而"票号之利息，每较低于钱铺的利息，其差异在 2 厘至 4 厘不等④"，不仅殷实的钱铺可以得到票号放款的支持，就

---

① 姚贤镐：《中国近代对外贸易史资料》中华书局 1962 年 11 月版，第三册，第 1575 – 1576 页。
② 姚贤镐：《中国近代对外贸易史资料》中华书局 1962 年 11 月版，第三册，第 1566 页。
③ 姚贤镐：《中国近代对外贸易史资料》中华书局 1962 年 11 月版，第三册，第 1568 – 1569 页。
④ 潘长锷：《中国之金融》下册，第 6 – 7 页。

是第二流的商号，只要有钱铺的保证，也可以向票号通融资金。在汉口"票号放款的利率，也不高于英国的一般利率①"。至于这种业务对中国民族资本的发展，对于近代中国社会转型起什么作用，这些商务领事们在向其政府的报告中，也反映了部分实际。1869 年英国商务领事的报告中就说：这一时期，"山西人差不多垄断了（汉口）所有的汇兑业务"。"他们为中国商人在国内贸易方面提供了极为有利的条件"，以致这位领事不得不向其政府报告说："山西票号所带来的种种便利及对四川出售货物的长期信用，使外国与中国商人竞争时，会有很多困难。②"在这里，不仅山西票号的民族资本性格跃然纸上，而且票商在中国社会转型期所起的促进中国社会向近代化方向转化的作用，也是十分明显的。杨荫溥在本世纪 20 年代末论及票号、钱庄和外国银行在近代中国天津经济市场上的作用时说："自票号之兴，国内贸易日便，商业渐盛，而本地换钱铺，亦随以发展，开天津钱业之先河。至天津辟为商埠，中外贸易日繁，进口货于此分散，出口货于此集中，一方面国内汇兑之需要日增，而一方面本地金融调节之需要亦日迫，于是票号之营业日盛，而本地之银号亦渐为市场上不可少之营业。嗣后外国银行更因需要而渐次设立。惟其目的专为各本国商人金融上之辅助，彼时对于吾国商人及金融界既不加以辅助，与吾国市场上自无势力之可言。③"可见，近代中国社会转型期票号在各大商埠所处地位之重要。

五、票商是中国许多近代企业的助产婆

票商不仅通过其经营全国汇兑网以及兼营存放款，对近代中国民族资本的发展壮大起促进作用，而且利用其经济社会中的卓著信用为民族

① 姚贤镐：《中国近代对外贸易史资料》中华书局 1962 年 11 月版，第三册，第 1575 页。

② 姚贤镐：《中国近代对外贸易史资料》中华书局 1962 年 11 月版，第三册，第 1575 – 1576 页。

③ 杨荫溥：《中国金融通论》1913 年版，第 274 – 275 页。

工业招商集资，经收股本，是中国社会转型期，许多近代企业诞生的助产婆。

中国近代社会转型，突出地表现在创办近代工商企业方面。尤其突出地表现于商办的民族资本企业方面。然而，在这方面首先遇到的难题则是如何招商集股，筹措必要的启动资金。

中国第一家官督商办的棉纺织企业上海机器织布局，在绅商创办期间，招徕资本十分棘手。南通张謇初办大生纱厂时，也为招集资本伤透脑筋。这些创办者，虽曾饱读经书，但儒家典籍中却根本找不到经营近代企业的知识依据。至于巨额资本的筹措，预算的编制，成本的核算，员工的管理，市场的预测都是经书中从未有过的东西。所以，19 世纪 80 年代，许多莘莘学子不得不喟然而叹曰："三年出一个状元易，十年出一个经纪难"。其中，启动资本的筹措绝大部分商办企业都是票号为其排忧解难的。即使是官办企业，也有求助于票号的。现将我们掌握的与票号有关系的企业列表如下。

表 1 票商与近代中国铁路建设关系一览表

序号	铁路	年代	票号名称	关系内容	出处
1	关东铁路	1891	日昇昌、百川通、协同庆、蔚泰厚、蔚长厚、新泰厚、源丰润等九家票号	汇兑关东铁路经费 80 万两	《山西票号史料》山西人民出版社 1990 年版第 85 页—86 页
2	芦汉铁路	1899	协同庆等	汇兑24 万两	《贵州巡抚王毓藻奏折附片》光绪二十四年十一月二十五日，《硃批》，交通运输类，卷号 56 《湖南巡抚俞廉三奏折附片》光绪二十四年十月二十八日，《硃批》，财政类，卷号 38

续表

序号	铁路	年代	票号名称	关系内容	出处
3	川汉铁路	1905	天顺祥、协同庆、百川通等	经收川汉铁路股银，收存路银，至1907年总计收存，6,812,942两	《申报》1905.1.18
4	粤汉铁路	1906	新泰厚等	收存粤汉路股款50多万两	《两广总督袁树勋奏折》，宣统元年十月二日，《硃批》，交通运输类，卷号54
5	豫省铁路	1908	大德通、义善源	经收铁路银股	《大公报》1908.4.28
6	津浦铁路	1908	票号不明	认股近1万两	《大公报》1908.5.16
7	同浦铁路	1908	三晋源等山西票号全休	认购60万两	《大公报》1910.5.7
8	浙路公司		源丰润	投资6,126两	《山西票号史料》第347页
9	苏路公司		源丰润	投资37两	

表2 票商与近代中国轮船制造及商轮公司关系一览表

序号	企业名称	时间	票号名称	关系内容	出处
1	福州船政局	1874	福州某票号	由于流动资金不够，借福州某票号8万多两	《福州将军奏为闽省船厂工竣奉拨奖劳银两现已筹挪解应要需折》同治十二年十二月二十七日，《军录》洋务船厂类，卷号59
2	上海轮船招商局	1872	阜康	胡雪岩拥有股份	中村义《清末政治与官僚资本》，见《国外中国近代史研究》，中国社科出版社6期

续表

序号	企业名称	时间	票号名称	关系内容	出处
3	福州船政局	1898	新泰厚	因造江船需款，借新泰厚等票号银30万两	《闽浙总督松寿奏折》光绪三十四年四月二十日，《硃批》财政类，卷号42
4	中国商务轮船会社有限公司	1908	在省港的各票号	收存中国商务轮船会社的股银	《大公报》1908.5.12
5	宁绍商轮公司	1908	源丰润等	代收股款	《申报》1908.8.11
6	宁波海门商轮公司		源丰润	投资7400两	《山西票号史料》第347页

表3　票商与近代中国矿业建设的关系

序号	企业名称	时间	票号名称	关系内容	出处
1	英国福公司	1903	蔚长厚	福公司与蔚长厚签订由津向豫汇款的合同	《大公报》1903.2.12
2	平陆县矿务有限公司	1906	山西省绅士刑部主事狄海楼、即用知县刘绵训、许上林等联络商会（包括票号）	招集2000股，每股50两	《时报》1906.5.12
3	汉冶萍启矿公司	1907	源丰润	投资12,950两	《山西票号史料》第347页
4	保晋矿务公司	1907	三晋源等山西全体票号	先以275万两银子将山西矿产从英帝国主义福公司收回，又认购20万股，每股5两银	《大公报》1904.10.21又1908.1.26 1908.2.25

序号	企业名称	时间	票号名称	关系内容	出处
5	云南矿务招商局	1887	天顺祥	收存股金、发放股票、支取股息	唐炯《筹议云南矿务疏》光绪十三年《皇朝经世文世文续编》卷57，户政
6	肃州文殊山金矿	1877	阜康	捐助机器	秦翰才《左文襄在西北》1984年，岳麓书社印行，第232页
7	峄县中兴煤矿有限公司	1910	义善源等	在外埠代理招股	《大公报》1910.3.30

表4　票商与近代中国军事工业建设关系一览表

序号	企业名称①	时间	票号名称	关系内容	出处
1	天津北洋海防大臣衙门	1875	谦吉升三晋源	为江西汇兑海防经费5万两	《江西巡抚刘秉璋奏折附片》光绪元年八月二十八日，《军录》洋务运动，海军类，卷号18
2	天津北洋海防大臣衙门	1878	谦吉升	为江西汇兑海防经费1万两	《江西巡抚刘秉璋为汇解海防经费于南北洋大臣折片》光绪三年八月二十八日，《军录》洋务运动，海军类，卷号33
3	福建抚臣衙门	1878	三晋源	为江西汇兑海防经费1万两	同上
4	上海江海关道	1881	山西票号	汇海防经费60万两	《穆图善等筹款购买铁甲船银定期汇寄折》光绪六年四月初六日，《军录》洋务运动，海军类，卷号121
5	北洋海军大臣衙门	1882	山西在川各票号	由四川汇往天津北洋海军大臣衙门，海军经费30万两	《四川总督丁宝桢奏折附片》光绪七年七月十一日，《军录》洋务运动，海军类，卷号196

---

① 本表中企业名称栏所填之海防大臣衙门、海军事务衙门、福建抚臣衙门、上海江海关道等都不是企业名称，但当时海军建设、船舰建造之近代军事工业经费，都通过这些衙门分拨，故照此列入。

序号	企业名称	时间	票号名称	关系内容	出处
6	山东机器局	1880	新泰厚等	由四川汇往山东机器局1万两	《四川总督丁宝桢奏折附片》光绪五年三月初十，《军录》洋务运动，机器局，卷号22
7	海军事务衙门	1887	日昇昌等九家票号	由四川汇往海军事务衙门10万两	《暂行护理四川总督按察使游智为筹解海军衙门饷银折》光绪十二年四月九日，《军录》洋务运动，海军类，卷号442
8	海军事务衙门	1889	新泰厚等	汇兑24万两	《福州将军杨昌濬为汇解海军衙门银两奏折》，光绪十四年五月二十日，《军录》洋务运动，海军类，卷号491
9	海军事务衙门	1890	百川通	为两广垫汇海军经费5万两	《两广总督张子洞为汇解海军备用银款的奏折》光绪十五年三月二十八日，《军录》洋务运动，海军类，卷号528
10	湖北枪炮厂	1892	源丰润协同庆等	从广东汇解6万两	《两广总督李瀚章奏折附片》光绪十八年闰六月二十八日，《军录》洋务运动，机器局，卷号235
11	海军事务衙门	1892	协同庆等	由湖南汇交海军衙门19,802两	《湖南巡抚张煦奏折附片》光绪十八年二月二十七日《军录》洋务运动，海军类，卷号722
12	海军事务衙门	1893	蔚长厚	汇6439两	《闽浙总督谭钟麟奏片》光绪言十九年五月二十八日，《军录》洋务运动，海军类，卷830
13	海军事务衙门	1893	协同庆等	由湖南汇往海军衙门22,000两	《湖南巡抚吴大澂奏片》，光绪十九年正月二十五，军机处《录副》

表5　票商与近代中国工业、公用公司成立关系一览表

序号	企业名称	时间	票号名称	关系内容	出处
1	陕西义礼荣号火柴厂	1867后	山西某票号经理郭继荣	投资6000两	汪敬虞《唐廷枢研究》第139页
2	东生怡、昌平德机器榨油厂	1885	大德通	向该厂放款200多万两	《沪行协理席德辉来函》，《东盛和债案报告》卷15第34页
3	山西招商集股总局	1897	上海大德通、大德恒	为山西招商总局招股	《大公报》1897.10.13
4	宁波通久源榨花厂	1887	源丰润	投资50,000两	中国人民银行、山西省支行、山西财经学院编:《山西票号史料》山西人民出版社1990年版第347页
5	宁波通久源纱厂	1894	源丰润	投资30万两	
6	宁波通久源榨油厂	1894	源丰润	投资370万两	
7	宁波通久源面粉厂	1894	源丰润	投资2,220万两	
8	宁波光明机器厂		源丰润	投资2112万两	
9	宁波通利源油厂		源丰润	投资9000万两	
10	江西瓷业公司		源丰润	投资19000万两	
11	通州大生纱厂		源丰润	投资万两	
12	赣丰油厂		源丰润	投资万两	
13	海州海丰面粉公司		源丰润	投资万两	
14	祁县有益新电气织染公司	1897	大德通大德恒	大德通、大德恒在上海为山西招商集股总局创设机器冶炼、铁路、织呢工业招收股本	汪敬虞《中国近代工业史资料》第二辑，下册，第870页表中；《申报》1897.10.13

序号	企业名称	时间	票号名称	关系内容	出处
15	双福火柴公司	1902	大德通 三晋源	投资5000两	曹焕文《太原工业史料》第17页
16	汉口清华公司榨油厂水泥厂	1907	新泰厚、蔚泰厚等	数字不详	《时报》1907.6.23
17	禹州均窑瓷业有限公司	1904	大德通	在外埠为该公司招股	《东方杂志》第1卷第8期，第115页，1904年8月
18	彰德广益纺纱厂有限公司	1906	存义公、日昇昌、义善源、宝丰隆	经收股金，在外埠代理招股	1906.3.2《大公报》1910.4.30
19	天津万益机器造毡呢有限公司	1906	源丰润	经收股本，代理招股	《大公报》1906.9.18
20	天津和利地产实业有限公司	1908	晋益升	该公司向晋益升借款178,391两	《大公报》1908.11.28
21	上海旗昌丝厂	1905	义善源	向义善源借款10万两	《申报》1905.8.7
22	道口印刷厂	1908	蔚盛长	向蔚盛长借款4万两	《山西票号史料》第347页
23	河南南召县李青店桑场	1908	蔚盛长	息借蔚盛长9,000两开办	同上
24	重庆铜元局	1907	天顺祥、百川通、三晋源等	向天顺祥等票号借款50万两	《近代史资料》，1957年第6期第105页、106页
25	金陵自来水有限公司	1906	源丰润	在外埠代招股银	《大公报》1906.9.9
26	上海制帽有限公司	1910	源丰润	在天津、广东、汉口等地代理招收股银	《新闻报》1910.9.9

序号	企业名称	时间	票号名称	关系内容	出处
27	北京自来水有限公司	1910	百川通	在天津代招股银	《大公报》1910.2.27
28	成都四川造币厂、印花厂	1903	各票号	息借各票号1,227,712.369	《户部尚书陈璧考察各省铜币事竣折清单》《军录》，货币金融类。
29	直隶造币厂	1907	各票号	开办资金全是息借	《直隶总督袁世凯奏折附片》光绪卅三年七月三日，《军录》，财政类，卷号50
30	福建造币厂	1909	源丰润	开办时，借源丰润票号2万两	宣统元年十二月十九日《闽行许汝棻致大清总银行正监督张伯纳函》，《度支部档案》，卷号6080

表6　票商与近代中国银行成立关系一览表

序号	企业名称	时间	票号名称	关系内容	出处
1	中国通商银行	1897	源丰润	投资5万两。通商银行大码头，用洋人为总管，内地各省会用山西省票号人员为总管。如一时不得许多汾太好手，拟将两湖、川、陕、晋数省，专用西帮票号人员，挂通商银行招牌。	《公议中国银行大概章程》，《申报》1897.3.3《盛宣怀未刊信稿》中华书局1960年版第73页。
2	天津志成银行	1903	山西票号天津各分号	息借天津各票号资本10万两	《天津市面要议》，《中外日报》1903.10.9
3	四川濬川源银行	1905	宝丰隆	宝丰隆票号财东任四川濬川源银行经理	《乔英甫先生行状》

续表

序号	企业名称	时间	票号名称	关系内容	出处
4	蔚丰商业银行	1917	蔚丰厚	投资300万两	周保銮《中华银行史》第六编，第五章，商务印书馆1919年版，第10页—12页
5	日本合盛元银行	1907	合盛元	投资50万两	《大公报》1907.3.22
6	广西银行	1908		第一任经理王治臣是日昇昌票号桂林分号协理	《代行总行事务总理由沪来函粘稿备查》
7	上海四明商业银行	1908		总理陈薰原是源丰润票号总理	《度支部档案》金融货币类，卷号100、105
8	信茂银行	1904		该行《谨白》说它的业务"一切往来与票号相同。"	《大公报》1904.11.28
9	天津银行学堂	1905		直隶督饬谕汇商保送学徒。1906年，银行学堂第一批学生60名是从山西票号学徒中招收的	《大公报》1905.6.30；《开办银号学堂》《大公报》1906.1.11

表7 票商与近代中国盐业生产关系一览表

序号	企业名称	时间	票号名称	关系内容	出处
1	营口官盐局	1903.10.25	合盛元	因购池储盐采办苇包开办薪工费息借合盛元票号20万两	《增祺为试办营口督销官盐局奏折》光绪三十年十二月初九日奉硃批：户部议奏、单片并发。钦此。《度支部档案》事务文书类，卷号261

序号	企业名称	时间	票号名称	关系内容	出处
2	重庆长顺号	1908	日昇昌 存义公	息借 日昇昌 存义公 银6万两	《督宪批巴县职员仰日昇昌等词》,《四川官报》第25册,戊申年九月下旬,公牍7—8页
3	重庆大生厚 王广生两号	1900	各票号	息借各票号100万两	《四川总督奎俊为部议筹款六条分别办理的奏折》光绪二十六年正月十二日,《军录》财政经费类,卷号36
4	自流井 四友堂	1908	大德通 大德恒	息借96万两	《四川文史资料·第五辑》,第191页—200页
5	綦江大生美	1908	西帮票号	资本靠息借票号	《四川文史资料·第五辑第》191页—200页
6	仁怀协兴隆	1908	山西票号	资本靠票号接济	《四川文史资料·第五辑》第191–200页
7	长芦盐商	1903	各票号	息借各票号多者数万两少亦数千两	《直隶总督袁世凯为筹借洋款以资芦商奏折》光绪二十九年九月三十日,《军录》,《财政类》,卷宗号36
8	平和洋行	1894后	蔚丰厚	平和洋行包销宁夏花马池食盐,蔚丰厚为平和洋行承办天津到宁夏间的银两汇兑	《冯祥玉访问记录》转引山西票号史料山西人民出版社1990年版第337页

从以上五表来看,票商在近代中国社会转型期,上自铁路、矿山,下至工商铺户,虽以追逐利润为宗旨,然其维护国家权利,比如,敢于与英

帝国主义福公司斗争，培育票商的爱国情操；敢于克服重重阻力，赴日本创办合盛元银行，外争国格，内争人格，在树立新的社会风尚，支持国人积极投资于新式企业，发展中国的生产力，促进中国社会向近代化转化方面，都做出了巨大的努力。堪称近代中国民族资本企业的助产婆。是近代中国社会转型期民间推动力的中坚。

（本文为1996年山西晋商学术讨论会提交的论文发表于山西省文史研究馆主办、《中国方域》编辑部协办的《文史研究》1996年1－2期。）

票商与近代山西部分手工业变迁

山西手工业历史悠久，门类齐全，但多系农家副业性质，产量不大，销地不远，出省或出口产品，在国内外具有一定地位的仅有炼铁、铁器、制烟、制药、酿酒等数种。鸦片战后，有的受洋货排挤日趋衰退；有的随着商品经济的发展，票号的扶持，有所上升，有的由于西方殖民主义者对原料的掠夺，畸形繁荣；有的则是在原有手工业衰退后，票商介入，开始引进西方机械，建立新的手工业作坊，向近代化缓慢行进。研究它们的变迁，对于当代山西实现四个现代化不无意义。

一、受洋货排斥的炼铁、铁器、采煤诸业

1. 炼铁业　山西富有煤铁资源，炼铁业在鸦片战前就相当发达，形成了晋城、荫城（长治县属）、高平、阳城、沁水、平定、太原、盂县等近十个产铁中心。有关生、熟铁的年产量，依据西方殖民主义者出于觊觎的目的所作的估计：1870 年以前山西铁年产量的概数在 125，000 – 130，000 吨之间，[①] 而且："品质很高"，据德人李希霍芬说："若欧洲铁与土铁价值相等，中国人是愿意用用山西熟铁而不用进口的欧洲铁的[②]"。鸦片战后，经过近四十年的坎坷历程，光绪年间开始衰退。究其原因，可分为三。

一是由于洋铁的输入，土铁受到排挤。据李希霍芬调查说："在欧洲

---

① 彭泽益《中国近代手工业史资料》第 2 卷第 145 页。
② 彭泽益《中国近代手工业史资料》第 2 卷第 145 页。

的进口货（洋铁）入侵以前，足有几亿的人是从凤台（今晋城县）取得铁的供应的"①。由于中国土铁溶铸方法的原始以及铁矿开采的落后，使土铁在成本、价格、形状等方面都不能与洋铁作有利的竞争。以致其原有市场，被洋货挤占。例如，山东铁器制造业，1869 年以前使用的铁大部分来自山西泽州府（今晋城）②，此后，随着洋铁的输入以及洋铁的形状，便于铁匠使用，人们"遂弃土铁而用洋铁"，③ 山西铁业"深深感受到外国竞争的有害影响了"④。

与炼铁业紧密相连的铁器制作、铸锅、制针业、刀剪业等也都在洋铁倾销而被排挤渐趋衰落的。上述之李霍芬在其《旅华日记》和调查报告中承认："由于外国制成的铁器输入〈中国〉以后，……山西铁器的销售额和总产量便已大大地减少⑤，""象针这件细微的物品"，"在早先时节，几乎全国所需用的缝针都是由这里来供应"，"并且运销中亚一带"⑥。但到1870 年，由于"物美价廉的洋货（洋针）的输入，使得山西制针业，几乎已经绝迹了⑦"。

二是自然灾害的影响。据《中国实业志》调查人员分析山西铁业衰落的原因时，把自然灾害的影响作为主要方面，他们以晋城为例说："前清道光年间，全县共有熔炉千余座之多，光绪初年，民遭大侵，百业萧条，炉数顿减大半"⑧。光绪三、四（1877－1878）年间的大旱，固然加速了山西炼铁业的衰落，但它不是长期起作用的因素，仅为暂时起作用的条件。旱灾过后，山西炼铁业不仅未能恢复，而且日趋衰落，至民国十年（1921）以前晋城炼铁炉还有四百余座，民国二十（1931）年仅有一百余座，⑨ 这就是明显的证明。

---

① 彭泽益《中国近代手工业史资料》第 2 卷第 178 页。
② 彭泽益《中国近代手工业史资料》第 2 卷第 175 页。
③ 彭泽益《中国近代手工业史资料》第 2 卷第 174 页。
④ 彭泽益《中国近代手工业史资料》第 2 卷第 178 页。
⑤ 彭泽益《中国近代手工业史资料》第 2 卷第 178 页。
⑥ 彭泽益《中国近代手工业史资料》第 2 卷第 178、295 页。
⑦ 彭泽益《中国近代手工业史资料》第 2 卷第 178、295 页。
⑧ 《中国实业志》（山西省）第 171（丙）。
⑨ 《中国实业志》（山西省）第 172（丙）页。

长期起作用的因素除上述外国资本主义洋货的排挤而外，还有第三个方面的因素，即国内封建官吏、奸胥蠹役对炼铁业的朘削，亦是其衰落的重要原因之一。清末，慈禧垂帘，政治腐败，社会黑暗已极。贪官污吏们变着法儿榨取民财。山西炼铁业也是他们渔肉的对象。当时山西巡抚曾国荃在批复凤台知县赖昌期的上书时就指出炼铁不能复苏的原因是由于封建吏胥需索规费过多。他说："民间有利之事，必为奸胥蠹役之所唾涎，往往以稽查为名，假公济私，百计阻挠，诸多掣肘，故民间欲为之者，必须将衙门内外人等各予以年利规费，而后其事得行。迨其事行，而其利已无几矣。又复多为名目，横添枝节，俾规费年增一年，非但朘其脂膏，必使之削骨见髓，而犹噬吮之不已。小民歇业之由于此者，或亦不少"①。这是十分中肯的。可见，封建官府的奸胥蠹役对炉户的敲诈勒索，也是山西铁业衰落的重要原因。

2. 采煤业　尽管山西煤的储量丰富，但由于运输困难，近代以来，在铁路未通到山西以前，所有煤矿的开采，仅供本省使用，只有少部分与山西毗邻的省份如冀西、豫北、陕东一带有山西煤炭销售，所以，山西采煤业，在全国影响不大。其产量随着山西炼铁业的发展而浮沉。

19世纪六、七十年代，出于觊觎的目的，德人李霍芬对山西煤矿资源以及采煤业也做了调查。依据其调查记录——《旅华日记》，我们对当时山西采煤业以下四个方面的情况有所了解：一是手工工人的劳动生产率。以大同而论，每人每天采煤500斤，以洪洞的鄂山矿而论，每人每天采煤252—269斤。效率是十分低下的。二是工人所受剥削是沉重的。以大同计，剥削率几近百分之六十。② 三是生产工具极原始，除镢头、铁锹、辘轳、筐担外，无任何设备可言。四是工人劳动强度很大。无论坑内掘煤、运煤或坑口之转辘轳的，均是人力。抗道内既无支柱，也无通风设备，常发生事故③，工人安全毫无保证。

---

① 曾国荃《凤台县赖令禀遵官杞询各条由》《曾忠襄公批牍》卷四，5—6页。

② 彭泽益《中国近代手工业史资料》《李希霍芬所记各地煤矿简表》有关数字换算而来。

③ 山西师院阳泉矿务局编《阳泉煤矿简史》山西人民出版社1960年版第5页。

19 世纪末 20 世纪初，山西煤矿资源遭到帝国主义掠夺，激起了山西人民的反抗。在票号资本家渠本翘和商会会长刘笃敬的组织下，历经三年努力，1908 年 1 月终于从帝国主义手中赎回了矿权。并在争矿运动中，1907 年成立了山西商办全省保晋矿务有限总公司，举渠本翘为总理。从此，山西人民在极其困难的条件下，开始了近代采煤工业的建设。第一次世界大战爆发后，帝国帝国主义忙于相互撕杀，无暇东顾。山西采煤业有所发展。除保晋公司外，私人资本采煤业，在平定先后成立了广懋、富昌等公司，在大同先后成立了宝恒、同宝等公司。与保晋公司一样，部分地采用机械设备。到 1924 年山西煤炭产量达 201 万吨①，外运达 40 万吨②。此后，由于军阀混战，加之帝国主义对中国机器采煤业的控制，此时已占到全国机器采煤总量的 75%，占到全国产煤总量的 55%，国内煤炭市场基本上为帝国主义所控制，在此情形下，山西私人资本采煤业受到了严重的阻碍。抗日战争期间，山西采煤业更遭到日本帝国主义的摧残，奄奄一息。只有在解放后，山西采煤业才获得新生，飞速发展。

二、鸦片战后有所发展并一度繁荣的山西手工业主要有制烟、金铺、酿酒、制药等业

1. 近代山西制烟业　所谓制烟，主要是刨烟丝，属作坊手工业，始于元代，发达于清季中叶③。鸦片战后，随着通商口岸的开放以及国内商品经济发展的影响，山西境内的经济作物也随之发展起来，除棉花外，还有烟叶，种植于曲沃、永济、孝义、离石、长治、灵石等县，到 20 世纪初，达 10 万亩左右④。其中，曲沃产烟最盛。早在清末，曲沃烟草种植几达八万亩，占全省产烟面积的 4/5。一般年产量 900 万斤，最高年产可达 1400 万斤，此时，在曲沃建烟坊者与日俱增，远在晋中祁太平一带的工商业资

---

① 张正明《山西工商业史拾掇》第 60 页。
② 张正明《山西工商业史拾掇》第 48 页。
③《中国实业志》（山西省）第 310（已）页。
④《中国实业志》（山西省）第 344（丁）页。

本家纷纷投资于斯。一时,曲沃烟坊林立,大小百余家,生产生烟、皮烟、香料烟,其产品之销售、原料之购买,操纵着曲沃地区的经济命脉。他如票号、钱铺、杂货、麻绳、席店、油店等等,都得围着烟坊转,可谓一兴百兴,一废百废。其中,著名的烟丝有"郑世宽"、"月生定"、"东生烟"、"晋生定"、"日生定"、"奎生定"、"祥生定"、"魁泰皮"等数百种。"东生烟"在蒙古的库伦和俄国的恰克图、莫斯科、西伯利亚尤为畅销。苏联十月革命成功及外蒙的相继独立,双方政治、经济关系一度中断,俄国货币失去了兑换的条件,致使生产"东生烟"的"东谦亨"、"大德庆"等,烟坊倒闭。其他烟坊也随之处于半歇业状态,曲沃制烟手工业开始衰落①。

2. 近代山西金铺业 所谓金铺,既不卖金银首饰,也不卖现成金银。它是一种加工业,分飞金,皮金两种。飞金用于建筑物的装潢和医药用品,如庙宇里的金神像、金字扁额以及商店门口的金字招牌。建国后,人民大会堂山西厅的大字,就是用飞金贴的。飞金非山西特产,故不赘。皮金,在近代则属山西晋城之专营。全国皮金之供应,全赖晋城。其销路南到广州,北到呼市,西至陕西,东至沿海。其主要庄口有广庄、苏庄、川庄、汉庄。

皮金主要用于戏剧古装衣服和少数民族衣衫及儿童鞋帽所绣的各种花纹。其种类原料不同,名称各异。分"净黄"、"大黄金"、"条金"、"双黄金"、"银皮金"、"擦黄皮金"等。其中含金成色最高的是"净黄"。所谓"羊皮真金"是指"净黄"说的。皮金是把金或银锤成比薄纸还薄的金箔或银箔。再割切成各种规格的长方块,帖在特制的皮上。其操作过程主要有六道工序,即铸条、开叶、割切、贴金、压金。

山西之有皮金铺是从康熙四年(1665)晋城"义和庄"开始的。同治时,随着商品经济的发展,城市衣着的变化,皮金业便发展成为有"三义公"、"天昌久"等11家之多的大手工业行业了。光绪年间,仅广州一带每年可销"大黄金"三十余万张。"三义公"一家因此获利在七千两白银

---

① 段士朴《曲沃旱烟简史》,《山西文史资料》第24辑160页。

以上。民国以后至抗战爆发前，虽有军阀混战，对皮金业的发展不无影响，但总的来看，皮金业还趋于发展的势头。据调查民国 22 至 26（1933 - 1937）年，每年可销各种皮金 720 张①。在国内金银加工史上有很重要的地位。

3. 近代山西的酿酒业　山西酒产，素负盛名，酿酒原料在近代大别为三，一为高粱、小米；一为葡萄；一为柿子，均属本省特产。故本省一百余县中，几乎县县有烧坊。其种类繁多，不一而足。在国内外享有盛誉者，尤数汾酒与竹叶青。

汾州产酒，代有名品。史载较早者，有"汾清"、"羊羔"、"玉露"等。其中"汾清"距今 1500 余年。有人认为"汾清"即汾酒之滥觞。其实近代汾酒既非"汾清"的直接继承者，也不是与"汾清"毫无源渊。它是酒翁杨得龄于光绪八（1882）年在汾阳尽善村中明亭旧址创办的"宝泉益"酒作坊的名产之一。杨先生 14 岁到汾州城学艺，由于勤奋刻苦，18 岁即能领班作业。在酿酒工艺方面不仅能继承先辈遗业，还勇于辟径进取，开创新途。"宝泉益"酿造的"老白汾"出名后，杨先生又开始研制药酒、果露。从 1909 年到 1937 年他以汾酒为底酒，先后配制成功"葡萄"、"黄汾"、"茵陈"、"竹叶青"、"三甲屠苏"等十余种低度汾酒、露。为倡国货于域外，实现实业救国的宏愿，他冲破重重阻挠，毅然携"陈酿老窖"放洋西渡，参加美国举办的巴拿马万国博览会，"老白汾"荣获一等金质奖，登上了国际酒坛。从此，老白汾洒名扬中外，成为国际市场上的佼佼者。

1919 年成立晋裕汾酒股份有限公司，杨得龄出任经理，为企业制订了一整套经营管理制度。其最要者为资金股份制、管理分权制、薪俸三三制、人事避亲制。在他的辛勤经营与严格管理下，企业得以迅速发展，到抗战爆发前的 1936 年，日产酒 1，600 至 2，000 斤，产量增加五倍，纯收益上升至 12544．7 元，红利高达 15%。

晋裕汾酒股份有限公司成立后，杨经理始终恪守"信誉至上，优质为

---

① 刘仁慈《晋城金铺业史料》《山西文史资料》第 16 辑山西人民出版社 1981 年版，118 - 130 页。

本，决不以劣货欺世盗名"的信条，汾酒先后七次在国内举办的国货展览会上荣获金质奖、最优等奖、银质奖、特等奖、超等奖①。为山西酿酒业在国内外赢得了荣誉和地位。但是，这种发展，仅是酿酒业中的少数作坊。绝大多数则在帝国主义和封建主义的联合压榨下，陷于破产的境地。

甲午中日战争与庚子八国联军之役后，清政府为了赔款，一方面滥举外债，一方面巧立名目增加税收，向劳动人民搜刮。一时，茶、糖、烟、酒、房地田产无物不加。以山西为例，光绪22（1896）年开办烟酒税，每酒一斤征钱3文，每烟一斤征钱5文，绵烟10文。光绪22（1900）年又有增加，酒税增为5文，烟税增为8文，绵烟每斤增至16文，按照一般税收通例，官吏舞弊中饱，实际征收又比报解数增加三倍，山西仅就烟酒税一项，1900年以前每年负担20余万两。②《辛丑条约》后，随着清政府对外赔款的大幅度增加，清政府向人民搜刮的办法愈奇。光绪29（1903）年，山西柿酒的集中产区永济县知县项则龄规定：每酒缸一口抽银10两，卖酒一斤抽制钱8文，当时，每斤柿酒仅卖制钱12文。群众无奈，联合"西起韩阳、东至赵伊"的18村人民举代表向知县请愿，请求豁免酒税，不料，知县于9月29日竟令练军开枪扫射在县衙前请愿的群众，当场打死二人，击伤许多。愤怒的人民闯进县衙，不仅将20余名清军马队缴了械，还将县衙砸得七零八落。巡抚闻知，急派绛州知州朱善元与河东监掣府同知陆叙钊到永济调查会审，朱、陆一面将项撤任革职，以泄民愤；一面为维护官府尊严，又将18村首席代表仝揆文加以率众闹堂罪名，判监禁10年。鉴于如此横征暴敛，群众于气愤之余款，竟将柿树伐去烧作木炭出卖，遂使这一事业，一蹶不能再振③。

4. 近代山西的制药业　所谓制药，主要是对中草药的加工泡制和制造两类。加工泡制方面主要是切片、剥皮、扫毛、炙、炒、焦、蒸、煮等，举凡药店，都有进行。但大规模进行加工炮制批发的，在南部有曲沃的

---

① 捷平《酒香翁杨得龄与老白汾》《山西文史资料》第58辑山西政协文史资料研究委员会，以下简称山西政协文资委，118－126页。
② 范文澜《中国近代史》上第一分册第345页。
③ 山西师院历史系中国近代史教研组编《中国近代史参考资料》第237－238页。

"乾育昶"，在北部则有太谷的"两广升"。

乾育昶除加工炮制各种中草药外，还经营丸药200余种。其中有自造成的，也有由广东佛山寺代为加工的。自造的主要是：六味地黄丸、知柏地黄丸、麦味地黄丸、金匮肾气丸、香砂养胃丸、蒙石滚痰丸等。以乾育昶名义代加工的主要是：牛黄丸、追风丸、坤宁丸、活络丸、乌鸡白凤丸、八珍益母丸、再造丸等数十种。为采购原料和推销产品，乾育昶还在全国各地没有庄口，其重要者有：广东庄、上海庄、香港庄、汉口庄、天津庄、禹州（河南禹县）庄、祁州（河北安国）庄、西安庄、怀庆（河南沁阳）庄等①。

广升药店除制造丸散膏丹如麝雄丸、玉枢丹等十多种成药外，其驰名产品则是"龟龄集"、"定坤丹"。它们代表了近代山西制药业的进展，反映了山西近代制药业的一斑，特为述及。

广升号是清嘉庆13（1808）年由广盛号改组而来。由于改组后，股东由当地乡绅姚聚上当家，所以，广升药店就改为广升聚药店，或广升药店（聚记）。

广升聚成立后，正是鸦片战争前夕，国内资本主义萌芽正在成长，商品经济迅速发展时期。战后，海禁大开，对外贸易口岸生意兴隆，大批国外西药进口，大批中草药从此得以出口，加之，山西票号独霸金融。太谷的志诚信、协成乾等票号的成立，都为广升药店的发展提供了有利条件。到光绪初年，广升聚已经发展成为一个具有畜力碾磨以及其它手工操作的、初具规模的手工业制药作坊了。

光绪4（1878）年，广升聚进行大改组，当家换成了段纯益，改字号为广升蔚。段既是股东又是总经理，大权在握，在人事上提拔亲戚子侄，引起了其他股东的不满。申（守常）、陈（永全）、乔（锦全）、吴（会文）四人遂退出广升蔚，将广升蔚的七家股东带出，于光绪11（1885）年组成广升远，或称广升药店（远记），从此，形成广升蔚、广升远，即"两广升"的局面。而广远则得到更大更快的发展。

①　段士朴《曲沃乾育昶药店》《山西文史资料》第49辑104－109页。

广升远第一任总理申守常，是位精明的企业家。一上台就确定了"以商为主，带动工业，以工辅助，促进商业"的经营方针。为此，他以各种方法吸收游资，积极向外扩展，先后在广州、禹州、祁州、彰德、营口、济南、重庆、烟台等地设立分支机构，经营药材的进口批发。在19世纪末20世纪初，仅香港一地，广升远年购销额即达25万港币之巨。当时在北半个中国的药材市场上，势力分广、卫两帮。广帮系山西人经营南药进口和广东土产药材的帮口，实力最为雄厚；其次卫帮，即天津人经营南药的帮口。而在广帮中，广升远居于首席，对南药的进口与批发，几乎处于垄断地位。

广升远广设分庄经营药材批发，对其中成药品的制造，即广升远的工业的发展，起了积极作用。一方面它可以取得廉价的成药原料，另一方面又可以通过上述的地方的分庄，扩大其成药的销售。此前其成药的销路主要是河南、山西、河北、广东；此后，其所产龟龄集、定坤丹不仅驰名东北、西南诸省，还通过香港进出口业务的发展，在国外南洋一带取得了声誉。特别是20纪初，南洋一带发生时疫"疙瘩瘟"，有人试服龟龄集，效果显著。于是，龟龄集在南洋一带风靡一时。之后，广升远每年出口4万瓶，占该店龟龄集年产量的80%。民国5（1916）年，龟龄集在国货展览会、山西实业展览会和西湖展览会上，先后获得三等、头等和二等奖，使广升远的成药龟龄集、定坤丹更加风行。到民国17（1928）年，每年生产龟龄集5万瓶，定坤丹1万6千盒（最高时前者达到6万瓶，后者达到2万盒），较广升远成立之初的产量分别增长了8倍到3倍，利润也因此增多。从光绪11（1885）年到民国19（1930）年的46年间，广升远因此获利750，990两白银，相当于广升远酱26，000两的28倍[①]。是为山西近代手工业的鼎盛时期。尤其龟龄集、定坤丹二药，在国际上为中药制药业赢得了地位。

---

① 韩洪文《广誉远药厂四百年》《山西文史资料》第8辑第43页。

三、硝皮业的衰落，皮革收购业的畸形繁荣

鸦片战后，传统的手工业衰落，除上述之炼铁业以及与之相关的铁器制造业、采煤业外，还有硝皮业。如果前者是由于手工制品竞争不过机器产品，注定要被陶汰的话，那末，后者则是由于外国洋行深入内地，大量收购未经硝过的皮子，使手工硝皮业成为无米之炊，从而导致衰落的。

山西畜牧业以牧羊为主，加之毗连内外蒙古，羊皮来源颇广，硝皮业也随之发达。全省硝皮业之发轫，以大同、交城为早。在明末清初即有硝皮作坊。其后新绛、浑源、朔县、晋城、太原、解县、忻县、广陵起而追随。近代以来，特别是光绪乙末至戊戌（1895－1898）年间，皮货出口贸易兴隆，交城硝皮业由原来的 10 余家增至 100 余家，大同则由原来的 10 余家，增至 80 余家。大同、交城两地年销货总值达白银 100 万两以上①，民国以来，渐趋衰落，这固然由于外蒙古独立，生皮来源断绝，致使原有硝皮业纷纷倒闭。交城仅剩下 38 家，大同仅存 14 家。② 但也由于外国洋行深入内地，坐收生皮，亦是硝皮业衰落的重要原因之一。光绪 29（1903）年《南京华洋贸易情形论略》称："未硝之山羊、绵羊等皮，皆系从安徽亳州、河南桑坡、山西绛州等处运来"，就说明了这一情况③。

山西绛州的硝皮业，本来也很发达。制作羊皮的作坊，是绛州手工业中最大的一个行业。有白皮行、黑皮行、车马挽具行、皮背包行。另外，还有一种特殊技术，就是在皮内再剥一层很薄很薄的皮筋，以供妇女儿童服装妆饰贴金的原料，叫做皮金。由于皮行多，工种杂，工人经常在千人以上，所以皮革行业就成为绛州手工业界的魁首。城内有皮神庙，是皮革行行会聚集场所。民国以后乃至抗战爆发前，新绛的皮店不少，诸如德茂皮店、义兴皮店、福太皮店、义盛皮店、大祥皮店、荣茂皮店、裕典皮店、大聚皮店、顺兴皮店等十余家。但这些皮店的主要业务都是从事代客

---

①　《中国实业志》（山西省）第 453（已）页。

②　《中国实业志》（山西省）第 454（已）页。

③　彭泽益《中国近代手工业史资料》第 2 卷第 295、370－371 页。

买卖，代客贮存发行，从中抽取佣金的。也有给收购人员贷款，以便活跃业务，从中得益的。这些皮店收购的皮子，不全都是由本地作坊予以加工。比较贵重的皮毛，都由天津、顺德等地洋行客商驻绛坐购，而后集中运往天津出口，其余兽友，一部分由客商运走，一部分由当地手工作坊加工出售①。

由于洋行的大量收购，从事收购皮革的这一行业，在民国以后以至于抗战前，畸形繁荣。据有人调查说，新颖全县在抗日战争爆发前，至少有一千多人从事皮革的收购业，足迹几乎遍及华北、西北各省②。山西的硝皮业正是在生皮收购业畸形繁荣。源源不断地将生皮供给洋行从天津出口的情况下，逐渐衰落的。日寇占领山西后，大同、新绛、交城等硝皮业中心，统统遭到掠夺，纷纷倒闭歇业。

四、男耕女织的家庭棉纺织业逐渐解体，机器棉纺织手工工场相继建立

19 世纪末，20 世纪初，山西在洋纱洋布的冲击下，男耕女织以家庭为生产单位自给自足的手工棉纺织业逐渐解体。在"十室之邑，八口之家，无一人身无洋货"③ 的情况下，山西一些有眼光的商人、地主、资本家、开始引进机器，举办机器棉纺织工场，山西的手工棉纺织业逐渐向机器棉纺织工场转化。其中最早的有光绪 33（1907）年山西汾阳创办的睿源纺织有限公司，资本 9345 元，机器 49 台，工人 67 名；新绛创办的新绛工艺厂，资本 8000 元，机器 38 台，工人 50 名。此后，各县紧步后尘。光绪34（1908）年，祁县创办了益晋织布有限公司，资本 22500 元，机器 120台，职工 260 人。宣统元（1909）年，忻县创办了新兴劝工局，资本25500 元，机器 46 台，职工 120 人④，又创办模范织布工厂，资本 2000

①　任永昌《新绛县的皮革业》《山西文史资料》49 辑 126 – 132 页。
②　任永昌《新绛县的皮革业》《山西文史资料》49 辑。
③　郑裕孚《淡志室公牍》卷二，8 – 9 页。
④　彭泽益《中国近代手工业史资料》第 2 卷第 370 – 371、375 页。

元，职工 90 人，生产线袜、毛巾等①，次年，灵石创办了振兴公司，资本5000 元，机器 12 台，职工 30 人。辛亥革命后，民国成立，南京临时政府接连颁布了许多奖励民族工商业的政令和条例，引进各种机器，举办各项工艺制造工场、技艺所、工艺局的更多。当年，即 1912 年，平遥一县先后办起新智制造公司与振和织造有限公司等两个新式企业，机器台数未详，资本分别为 5000 和 30000 元，职工前者 10 人，后者 50 人②。反映了民国以后，山西手工棉纺织业向近代新式企业发展的转化趋势。民国 13（1924）年榆次晋华纺织股份有限公司的设立以及 16（1927）年新绛大益成纺织股份有限公司的设立，反映了山西棉纺织业在经历一段近代棉纺织工场手工业试验之后，开始向近代化机器大生产的阶段迈进了。民国 20（1931）年新绛雍裕纺织股份有限公司的设立，以及是年太原晋生染织厂添置纱锭，开始纺纱，山西至此形成了四大纺织企业，即晋华、大益成、雍裕、晋生。它们拥有资本 74，635，000 元，职工 5438 人，纱锭子 72224枚，线锭子 2312 枚，织布机 796 台，织毯机 4 部③，都说明了这种迈进的发展势头。然而好景不长，日本帝国主义侵略者的隆隆炮声打断了这种发展，在沦陷的八年时间里刚刚成长起来的山西近代纺织工业，几乎摧残殆尽。解放后在人民政府的大力扶持下，经过工人辛勤劳动，才使山西近代棉纺织业死而复苏，并得到迅速发展。

（本文刊于〈山西师大学报〉1991 年第一期收入本书题目有所改动）

---

① 《中国实业志》（山西省）第 86（已）页。

② 彭泽益《中国近代手工业史资料》第 2 卷第 295、370–371、375 页。

③ 《中国实业志》（山西省）第 7–10（已）页。

从票号资本性质的研究看理论和史实的使用问题

对于票号以及票号资本性质的研究，20 世纪 30 年代就提出来了。那时，虽然没有判定票号资本是什么性质，但划分票号资本性质的标准却由陈其田先生提了出来①。后因"七七事变"全面抗战的爆发，票号的研究工作在出了一本《山西票庄考略》和《山西票号史》之后，就停了下来。到 1961 年 5 月 22 日《光明日报》发表了山西财院杨荣晖的文章后，票号研究才又动了起来。至今，对票号以及票号资本的性质和作用，仍然存在着几种不同的说法：有的依据票号资本发挥的作用，认为票号资本应属于借贷资本的范畴，至于票号机构本身，由于其自诞生以来，一直承担着本应由近代银行业承担的汇兑、存放款、贴现、发放银票等一系列业务，所以认为票号是土生土长的民族资本银行业，并在指出其某些方面带有封建性的同时，对于其在近代史上所起的作用和历史地位予以充分肯定；有的依据票号的资本来源、人事组织、业务经营方针等，认为票号资本是高利贷，还有的认为其前期是"商业金融"，咸丰以后其业务重心转向政府金融，"性质发生了异化"，② 变成了高利贷。持这种意见者，大多对票号持否定态度。认为票号是封建性的前资本主义金融组织，或称旧式金融组织，或

---

① 陈先生说"票庄发展到光绪年间完全走到官场里去，失却原来商业金融性质，利用公款，资本扩大，垫款于先，把持税收于后，自此卷入腐败的政治旋涡"，说明他划分票号资本性质的标准，不是以其资本所起的作用来划分，而是以其勾结官府的程度或与清政府官吏联系的程度来说明。见陈其田：《山西票庄考略》，台湾大东图书公司 1978 年第 1 版，第 156 页。

② 孔祥毅：《山西商人与中国金融革命》，张正明编：《中国晋商研究》，人民出版社 2006 年版 25 页。

叫封建高利贷组织，或干脆就说它是"最腐朽政权的财政支柱"，"清政府的财政机构"。[①]至于它的历史地位与作用，说法就有更多不同了。有着重批判其对生产的破坏作用的，有说它占有直接生产者全部剩余劳动，使广大劳动人民陷入苦难境地的，有说它不改变生产方式、不发展生产力的，有说它是非生产性的，还有说它是发国难财的暴发户等等，不一而足。为了阐明其观点的正确性，他们把票号从其主要活动的历史舞台中剥离出来，抓住票号汇兑公款和债、赔二款（即马关条约和辛丑条约中的赔款与借款的简称）并引用了一些"理论"和"史实"，利用教材发行量大、传播广这一优势，宣传他们的观点，其影响之大，是不容忽视的。然而，他们所引用的理论和由此而发的议论，却是错误的，而且是极其有害的。现将这一情况分述于后，并就有关理论和史实的使用问题，阐述我们的观点，敬请专家斧正。

一

票号，作为晋商发展到近代经济史巅峰的创意之作，它为后世留下了一笔十分珍贵的精神财富，引起了国内外经济学界的极大关注。众所周知，票号是鸦片战前中国社会商品经济发展的产物。战后，虽说中国社会从此逐渐进入半殖民地，但商品经济的发展并未因此而止步。相反，随着欧风东渐，原有的商品经济的发展，遇到了新的挑战：即洋货的输入和机器工业的传进。

从19世纪60年代到1897年中国通商银行成立前，既是中国近代机器工业的诞生期，又是中国民族资产阶级特别是工业资产阶级发生发展的历史时期。中国民族资本主义企业的发展、中国资产阶级的成长壮大、中国近代工业以及商品经济发展的一举一动，都离不开近代银行业的支持。然而，当时在中国大地上出现的西方殖民主义银行业，并不是为适应中国近代经济发展而出现的金融业，而是为掠夺中国财富，支持其在中国设立的洋行而出现的殖民地金融机构，它们不会也不可能为中国的近代化建设服

[①]　《中国近代金融史》，中国金融出版社1985年版，第113页；孔祥毅：《山西票号与清政府的勾结》，李希曾《晋商史料与研究》，山西人民出版社1996年版，第98页。

务。所有中国近代化建设中的金融融通重担，实际上，都由票号在全国设立的金融融通网络来承担。正如杨荫溥在 20 世纪 20 年代初论及票号、钱庄和外国银行在近代中国天津经济市场上的作用时所说："自票号之兴，国内贸易日便，商业渐盛，而本地换钱铺，亦随以发展，开天津钱业之先河。至天津辟为商埠，中外贸易日繁，进口货于此分散，出口货于此集中，一方面，国内汇兑之需要日增，而一方面，本地金融调节之需要日益迫，于是票号之营业日盛，而本地之银号，亦渐为市场上不可少之营业。此后，外国银行更因需要而渐次设立。惟其目的，专为各本国商人金融上之辅助，彼时，对于吾国商人及金融界，即不加以辅助，与吾国市场上自无势力之可言。①"事实上，天津而外的其他大的通商口岸和城镇、商埠、码头，诸如上海、广州、汉口、重庆、营口等地，莫不如此。可见，在近代中国的经济社会中，票号在各大商埠所处地位之重要。所以说，票商在近代中国民族资本主义发展方面，所起的作用是不可忽视的。它在这一时期社会转型中的作用，突出地表现在：支持民族资本、壮大民族经济势力、增强民族资本在与外国资本竞争中的活力等方面。

早在十九世纪七八十年代，它在中国商界所起的作用就引起了英国领事们的注意。1869 年—1871 年英国驻汉口的领事，在其商务报告中说：太平天国起义前，"汉口是以一个完整而富裕的银钱体系而自豪的"。在这个体系中，"山西票号的财富是数以十万两计"的。"至于汉口的商人与外埠的业务往来，多由富裕的山西票号占先。它的作用几乎与英国银行同样重要"。"几乎对中国任何地方都签发或出售汇票。"② 19 世纪 70 年代中期，英国的商务报告又说："由于很多山西票号在上海都设有支店，它们的信用很高，据说，有力量买卖任何地方的汇票，所以与内地各省的汇兑业务以及中国对通商口岸交易所签发的票据，全都经过山西票号。"③ 19 世纪 80 年代末，还是英国领事的报告说："钱庄也在办理在中国这一部分的几

---

① 杨荫溥：《中国金融通论》，1913 年版第 274 - 275 页。

② 姚贤镐编：《中国近代对外贸易史资料》中华书局 1962 年 11 月版第三册，第 1575 - 1576 页。

③ 姚贤镐编：《中国近代对外贸易史资料》第三册，第 1566 页。

个贸易中心的汇兑业务，但这并不是钱庄的主要业务，而是分号与代理人遍布全国的山西票号的业务。"① 除汇兑而外，票号还在通商大埠发放贷款，支持工商业活动，其利息不仅低于高利贷，而且也低于与工商业有密切联系的钱庄。在重庆，"普通商人之间的借贷，月利一分至一分五厘不等"，而"票号之利息，每较低于钱铺的利息，其差异在 2 厘至 4 厘不等。"② 不仅殷实钱铺可以得到票号放款的支持，就是第二流的商号，只要有钱铺的保证，也可以向票号通融资金。在汉口"票号放款的利率，也不高于英国的一般利率"。③ 至于这种业务对中国民族资本的发展，对于近代中国社会的转型起什么作用，这些商务领事们在向其政府的报告中，也反映了部分实际情况。1869 年，英国商务领事的报告中就说："这一时期山西人差不多垄断了（汉口）所有的汇兑业务"，"他们为中国商人在国内贸易方面提供了极为有利的条件"，"山西票号所带来的种种便利及对四川出售货物的长期信用，使外国与中国商人竞争时，会有很多困难。"④ 据日本驻重庆领事馆代理事务池永林一 1906 年 6 月 22 日报告：重庆"棉纱之输出，每年至有一千万两以上，贩棉纱者一举一动，与票号有密切之关系"。⑤ 在这里，不仅山西票号的民族资本性格跃然纸上，而且票商在中国社会转型期所起的促进中国社会向近代化方向转化的作用，也是十分明显的。

建国以后，随着阶级斗争声浪的日益高涨，极左思潮或宁左勿右思想的发展，社会科学领域的学术研究，自然也受到这种思想的影响。作为票号的研究，就更难幸免了。上述 1961 年 5 月 22 日，化名杨荣晖的集体作者，在《光明日报》发表题为《山西票号的性质和作用》的文章，就把票号资本定为高利贷。此后，20 世纪 80 年代初，上述集体作者中，有人已经不同意原来的观点并发了文章，但鉴于上述思潮的根深蒂固，原来并未参与这一写作集体的一些学者，反而捡起了上述集体作者的观点，急急忙

---

① 姚贤镐编：《中国近代对外贸易史资料》第三册，第 1568 – 1569 页。
② 潘长锷：《中国之金融》下册，6 – 7 页。
③ 姚贤镐编：《中国近代对外贸易史资料》第三册，第 1575 页。
④ 姚贤镐编：《中国近代对外贸易史资料》第三册，第 1575 – 1576 页。
⑤ 潘长锷：《中国之金融》下册，第 2 – 3 页。

忙地发表文章，并把其内容编进教科书。在这方面，1985 年中国金融出版社出版的高等财经院校试用教材《中国近代金融史》（以下简称"融史"）就是一个代表。该书在论及光绪年间票号繁荣时，票号部分的撰稿人孔祥毅先生，把票号排除于当时如火如荼的民族资产阶级实业救国运动之外，片面强调票号承汇公款、结托官吏等与其繁荣的关系，进而得出这时票号已经"转变为清政府最腐朽政权的财政支柱，参加了封建官僚超经济的剥削，因此，在它所经营的业务中，充分表现了封建高利贷资本的寄生性①"。综观"融史"编写组和票号部分的撰稿人孔祥毅先生对票号资本的这一定性，他们使用了五条证据、若干数字以及一条马克思语录，即"高利贷资本，实际上会占有直接生产者的全部剩余劳动，而不改变生产方式……这种高利贷资本，使这种生产方式陷入贫困的境地，不是发展生产力，而是使生产力萎缩，同时使这种悲惨的状态永久化。②"在借用马克思的话对票号加以鞭打之后，孔祥毅先生又进一步用自己的话，确认"山西票号在它发展的过程中，对于中国商品流通的扩大起了一定的作用，但是后来主要参与封建势力吮吸中国广大劳动人民的血汗，使之陷入更加贫困的境地。③"对于上述观点及其批判，这本来就是仁者见仁，智者见智的问题。但是，孔先生使用的理论及其史实依据，确有需要商榷的地方。如果我们没有理解错的话，孔先生是把马克思对高利贷的批判，与他们自己对山西票号性质、作用的结论结合在一起，这就对票号罗织了两大罪状。第一，票号资本占有了直接生产者的全部剩余劳动，使中国劳动人民陷入更加贫困的境地。言外之意，有它，还不如没有它。第二，它不改变生产方式，不发展生产力，或使生产力更加萎缩。言外之意，说白了，就是票号具有反动性。事实是否如此，我们有必要认真进行研究。

---

① 《中国近代金融史》，中国金融出版社 1985 年版，第 113 页。
② 《中国近代金融史》，中国金融出版社 1985 年版，第 114 页。
③ 《中国近代金融史》，中国金融出版社 1985 年版，第 114 页。

二

为了说明票号资本的性质，我们首先看一下"融史"编委和孔先生给票号罗织的两大罪名是否成立？他们罗织罪名时，使用的理论是否正确？

先说第一个问题，从孔先生引用马克思的论断对票号资本进行的批判来看，中国劳动人民近代之所以"陷入更加贫困的境地"的祸首，是票号这种高利贷资本造成的。这实在是有欠公允，有欠平实，更违背了常理。众所周知，造成近代中国劳动人民陷入更加贫困境地的，一是当时清朝封建统治，这是内因；一是当时帝国主义的武装侵略，这是外因。内因通过外因而起作用，才是当时中国劳动人民陷入更加贫困境地的根本原因。在这里，我们要向孔先生和"融史"编委们提个醒，希望他们在运用马克思的论断批判票号资本的同时，不要不自觉地又在极左思潮的诱惑下使自己蜕变，而成为封建主义和帝国主义在中国所犯罪行的开脱者。

至于第二个问题，票号资本"实际上会占有直接生产者的全部剩余劳动，而不改变生产方式，不发展生产力，而是使生产力萎缩"等，这更是错误的指责。众所周知，自给自足的自然经济，是阻碍资本主义发生、发展的经济基础。在社会经济活动中，任何商品经济与促进商品经济发展的措施和机制，都会遭到自给自足的自然经济的抵制。自给自足的自然经济与商品经济是封建经济社会母体中一对对立物，自给自足的自然经济的牢固统治，必然抑制商品经济，商品经济发展到一定程度，必然要破坏自给自足的自然经济，这一规律不仅为中国近代经济史所证实，也为世界经济史所证实。

票号作为鸦片战争前夕中国封建社会商品经济高度发展而在金融领域出现的具有崭新经营内涵，又有崭新经营方式的一种新的金融机构。它既是商品经济发展的产物，它的诞生又进一步推动着商品经济的迅速发展。而这种商品经济的快速发展，必然加速对封建的自给自足的自然经济的瓦解，所以在某种意义上说，它是封建的、自给自足的、自然经济瓦解的推动者，是自给自足自然经济这种封建生产方式初级掘墓人中的一个生力军。孔先生和"融史"编委们也曾承认"票号是商品货币经济发展的产物①"。在这里又用马克思的话批判它"不改变生产方式，不发展生产力，而使生产力萎缩"，难道不觉得这是自相矛盾吗？这是其一。

其二，孔先生在这里引用马克思的论断时，是不够严肃的。马克思在这里批判的高利贷是指奴隶制经济形态中的一种高利贷形式。他的原话是：

> 雇佣奴隶和真正奴隶一样，由于所处地位，不能成为债务奴隶，他至多只是作为消费者才能成为债务奴隶，这种形式的高利贷资本，实际上会占有直接生产者的全部剩余劳动而不改变生产方式……这种高利贷资本使这种生产方式陷入贫困的境地，不是发展生产力，而是使生产力萎缩，同时，使这种悲惨的状态永久化。②

这里是指在奴隶制经济形态中，雇佣奴隶在什么情况下才能变为债务奴隶，而由此引发的这种形式的高利贷资本，并不是泛指任何形式的高利贷资本。至于高利贷资本在资本主义以前的一切生产方式中的积极作用，马克思并没有一笔抹杀。他说："高利贷在资本主义以前的一切生产方式中所以有革命作用，只是因为它会破坏和瓦解这些所有制形式。③"高利贷既然可以破坏和瓦解这些所有制形式，那么，以这些不同所有制形式为基础而形成的生产方式，理所当然地会受到撞击，甚而至于被破坏或瓦解。马克思之所以说它有"革命作用"，其原因即在于此。这正是历史的辩证法。离开了这一点，孔祥毅先生想为自己的票号资本研究带上一点理论色彩，势必会南其辕而北其辙，离真理更远。

同时，马克思论述的高利贷，明明在前边加有"这种形式"的限定词，孔先生在引用时，竟有意去掉具有限定意义的"这种形式"四个字，这就使其成为泛指任何形式的高利贷。这种做法，在粉碎"四人帮"之后的改革开放年代里，实在少见。更不敢相信做这种手脚的人，竟出自孔祥

---

① 《中国近代金融史》，中国金融出版社 1985 年版，第 47 页。
② 《马恩全集》第 25 卷，人民出版社 1974 年版，第 674 页。
③ 《马恩全集》第 25 卷，人民出版社 1974 年版，第 675 页。

毅先生以及该书编委会这样一个专家群体。而这种使用理论的方法见之于高等财经院校金融史基础课的教材，又由于多次印刷，其影响实在是太大、太广了。为此，作为一名教师，我诚挚地希望孔祥毅先生在票号资本性质的研究上，尽可以见仁见智；但在使用理论的方法上，一定要严肃庄重，不论引用的是什么人的话，是大人物，还是小人物，是领袖人物，还是平头百姓，都应尊重作者的原意。因为前者面对的是研究人员，后者面对的是刚刚步入大学校门的学生。对于这些无论在知识水平或社会阅历上都还稚嫩的学生，在理论使用上的任何不准确，都将难免误人之嫌，万万马虎不得。何况，又是在我们这样一个标榜信奉马克思主义的国度里，更应当让人们知道它的严密性和科学性。为此，孔先生对于这样的错误，应该写出专文，在有关教学方面的杂志上公开发表，予以纠正。因为在我们这样一个标榜信奉马克思主义的国度里，你可以一会儿阐述票号是高利贷，说它不是发展生产力，而是使生产力萎缩，是反动的，这是你的自由；你也可以一会儿写《山西商人与中国金融革命》这样"赞美"票号的文章，这也是你的自由。但你不该在教科书中断章取义地引用马克思的话，去说明自己的观点，蒙蔽青年学生。这种学风是万万要不得的。也是一个学者做人的起码道德所不允许的。

三

孔祥毅先生使用的理论方法，已如上述。孔先生使用的赖以证明票号资本的高利贷性质的证据如何，也需要做进一步研究。

从《山西票号与清政府的勾结》到"融史"论述票号部分，再到《山西商人与中国金融革命》，孔先生反复强调和使用的有关决定票号资本性质的史实依据共有五条，即：（一）代办捐纳、印结，为清政府筹措财政经费；（二）汇兑公款，为户部解缴税收；（三）票号借垫京、协各饷，解救清政府财政危机；（四）为清政府筹借、汇兑和抵还外债；（五）票号代理部分省关的财政金库①。对照上述五条证据，我们必须作以下说明。

首先，票号的开办，不是清王朝的政府行为，而是私人资本家的个人意愿。它的股本中，既无清政府的公款，它的经理、财东更不领受清政府的薪俸。他们没有必要听命于清政府，也没有必要主动地为清政府做这做那。他们的目的是通过他们经营的业务，服务于客户，从而收取费用，赚得利润。他们之所以乐意代办捐纳、印结，是因为这种业务不仅可以收取汇费，还可以通过其中每个环节收取手续费，一句话，追逐利润。其本意丝毫没有为清政府筹措财政经费的意愿。他们之所以乐意承汇公款，是因为公款量大，赚取的汇费多。其本意也丝毫没有要为清政府尽绵薄之力，"为户部解缴税款"之意。一句话，追逐利润。设若代办捐纳、印结不赚钱，或赚钱很少，票号会去白干吗？设若汇兑公款不给汇费，或所给汇费低于私家汇兑，票号会给服务吗？我看这是绝对办不到的。这一点，蔚泰厚苏州分号道光二十四年（1844 年）致京都分号 91 次信中，就说得非常明白："再报，苏地大势，功名以及钱店生意，咱号概不能做分文，皆因日昇昌、广泰兴等号，今年以来，收揽从九监生加色曹平二十二微一些，二十、二十一（两）不等，照此，弟等实无划算，是以只可不做。②"说明票号揽办捐项是为了给自己赚钱，否则，他们宁可不做。在这第一手史料中，我们无论如何搜寻不到它的目的是为清政府筹集财政经费的蛛丝马迹。问题是，孔祥毅先生为达到其所说票号与清政府勾结之目的，于是就列出了这样一个既不符合事实，又不近情理的依据。概括起来，就是四个字，叫做"反客为主"，即把票号业务的客观作用，说成是主观动机，让人们误以为票号代办捐纳的目的，就是为清政府筹措财政经费；汇兑公款的目的，就是为清政府的户部衙门解缴税收；借垫京协各项，目的就是为清政府解决财政危机。在这里，票号似乎是清政府设立的一个金融机构。

---

① 孔祥毅：《山西商人与中国金融革命》，见张正明主编：《中国晋商研究》，人民出版社 2006 年版，第 13 - 15 页；《中国近代金融史》，中国金融出版社 1985 年版，第 59 - 61 页。

② 中国人民银行、山西省支行、山西财经学院编：《山西票号史料》，山西人民出版社 1990 年版，第 25 页。

这实在是瞒天过海，太不实事求是了。且不说自票号诞生以来，清政府就多次下谕禁止官款由票号汇兑，即使在 1862 年，不得已允许票号汇兑官款后，仍不放心。此后，又有同治年间、光绪初年、光绪九年、乃至光绪二十五年（1899 年），先后四次，仍然谕令不准官款汇兑①。更何况庚子前后，不仅各省频繁设立官银钱局、号，清廷也成立了通商银行、户部银行以与之竞争。另外，孔先生既然步陈其田先生的思路研究后期票号的性质，怎么就不读一读他的这一段话呢？他说"光绪二十五年（1899 年）以后，官银号、钱庄和银行与票庄竞争承汇公款，逐渐厉害。浙江一省的公款，几乎尽为裕通银号及各钱庄所夺。江西的款项，差不多是江西的官银号一手包办。安徽的银号也是重要，通商银行颇占势力，后来大清银行、交通银行也加入竞争。招商局、厘捐总局、官钱局也往往代汇公款，除了这些机关代汇之外，各省直接派委员解饷还是常有的事情。②"我这里还可以补充一点，这就是遍及各地的钱庄，这时也开始汇兑公款了。比如，在上海，镒大钱庄光绪二十年（1894 年），就开始汇兑江海关解京之公款③；在汉口，光绪二十二年（1896 年）八月十八日，《湖广总督张之洞为电汇备荒经费的奏片》说："本年湖北应解经费银一万二千两，现已于厘金项下如数筹拨，于七月廿三日发交有成号（钱庄）电汇顺天府衙门"④；在苏州，光绪二十九年（1903 年）六月初十日《江苏巡抚恩寿为解固本京饷银两的奏折》说："所有廿九年夏季连闰四个月应解前项银二万两，现由司关各库照数筹拨，发交号商裕源（钱庄）汇解"⑤；在浙江，除早在光绪十年（1884 年）就有浙江海关温处道发交春生钱庄银 4,498 两之多汇解京师，赴部投纳⑥外，此后，杭州之裕源、开泰、洪生、庆余、慎裕以及温处道之林祥记诸钱庄都先后承

---

① 中国人民银行、山西省支行、山西财经学院编：《山西票号史料》，山西人民出版社 1990 年版，第 169－189 页。

② 陈其田：《山西票庄考略》，台湾大东图书公司 1978 年第 1 版，第 141 页。

③ 史若民著《票商兴衰史》，中国经济出版社 1992 年版，第 311－312 页。

④ 史若民著《票商兴衰史》，中国经济出版社 1992 年版，第 312 页。

⑤ 史若民著《票商兴衰史》，中国经济出版社 1992 年版，第 312 页。

⑥ 史若民著《票商兴衰史》，中国经济出版社 1992 年版，第 311 页。

汇公款，动辄以万两、五万两计①。更有甚者，庚子以后，浙江竟规定"浙江省各属及解钱粮必由裕丰、裕源、开泰、庆余、保泰五家（钱庄）上兑"②。所有这些，都说明甲午战争后公款汇兑，已经不再是票号能够全部包揽得了的，怎么能说战后它与清政府的关系"如胶似漆"，"各票号从不同程度上成了清政府的财政机构"？③ 至于代理财政金库更是撰稿人和编委们一种想当然的说法。作为财经方面的专家，难道不知道代理财政金库是要国家授权吗？请问，当时哪个省有过这种授权协议？看来，这种想当然的"依据"，的确也有点过于离谱。商人们自己说说，为的是吹嘘自己的经济实力，作为学术研究，就不能不考察其是否真实。即便是有，票号商人也绝不是免费服务的。不赚取相当的服务费，是绝对不会干的。

无论代办捐纳，汇兑公款，还借垫京协各饷，都是票号的业务项目。其目的只有一个，就是赚钱。为了赚得更多的钱，他们不惜想尽一切办法与清政府的各级官吏拉关系。正如孔先生和"融史"编委们所说："为了取得政治靠山对各级官吏分等行贿，逢年过节必赠厚礼，对王公大人，更是殷勤招待。④" 为了赚得更多的钱，他们从事汇兑，吸收存款从来不问款项来源。为了赚钱，他们做过大量的各种各样与其业务相关的服务。用历史的观点看，我们觉得都是合情合理的。开票号不做这些业务，不为客户保密，不做那些数额大、汇费高的生意，那才是傻瓜。也正是由于他们做了这些业务，才使他们得以成功，走向辉煌。但是，所有这些业务活动，包括孔先生屡屡强调的承办捐纳、汇兑公款、借垫京协各饷等得来的钱，只能说明票号资本本身的性质和特征，它并不能决定票号资本的性质。而决定票号资本性质的，只能是票号将其所赚来的钱，投向何方，也就是说，它将赚来的钱贷出作为"货币"来消费，还是贷出作为"资本"发挥作用。马克思指出："商人借货币，是为了用这个货币谋取利润，是为了

---

① 史若民著《票商兴衰史》，中国经济出版社1992年版，第311－312页。

② 史若民著《票商兴衰史》，中国经济出版社1992年版，第311－312页。

③ 孔祥毅：《山西票号与清政府勾结》，见李希曾主编：《晋商史料与研究》，1996年版，第90、98页。

④ 《中国近代金融史》，中国金融出版社1985年版，第62页。

把它作为资本使用，也就是为了把它作为资本耗费。因此，即使在以前的社会形式内，贷款人对于商人的关系，也完全和他对于现代资本家的关系一样。①"这时，"这种资本执行职能的条件已经变化，从而和贷款人相对立的借款人的面貌已经完全改变。②"票号作为借款人将其所借来的货币，即吸收来的存款，或在汇兑服务中收取的汇费，即赚得的利润，一是用于工商业者的汇兑，一是用于工商铺户的放款，都是用来发挥"资本职能"作用的。所以我们只要考察票号放款的对象主要是工商铺户就可以了，至于它所吸收的存款来自何方并不重要。即使其存户都是官僚、地主、高利贷者，一经票号借用，就发挥了"资本职能"作用，为工商铺户，为商品经济，为手工业作坊主服务了。为正在成长的民族资本主义经济，为风起云涌的民族资产阶级掀起的实业救国热潮服务了。这就叫"变死宝为活宝，化腐朽为神奇"。对于正在解体的封建自然经济，对于正在成长的民族资本主义经济，对于甲午战争后，由民族资产阶级掀起的实业救国热潮，都是大有促进的，都应看做是票商在近代中国社会转型中所起到的积极作用，都应认定票号资本的性质是借贷资本。

"融史"出版于1985年，这时已经是粉碎"四人帮"，拨乱反正的时代，一切正直的学者，都在痛斥极左思潮，"融史"的编写与出版，应该给人以科学的态度。然而，"融史"在票号资本的研究上，却少有进步。他们不是运用历史唯物主义的立场和方法，把票号放在甲午战争后，民族资本主义迅速发展的大环境中去考察，而是轻率地、断章取义地摘用马克思的论述，对票号乱批一通。为了贯彻他们的这种思维逻辑和观点，甚至布置了"票号与清政府勾结和票号的性质"③的思考题，让学生思考。我不知道这是孔先生和"融史"编委们的理论创新？还是马克思确实在那里说过勾结政府、结托官吏是资本定性的必要依据？

至于"借垫京协各饷"单从"借垫"二字来说，却有向清政府放款的意味。但是，请不要忘记票号的主要业务是汇兑。为了能够实现"酌盈济

---

① 《马恩全集》第25卷，人民出版社1974年版，第671页。

② 《马恩全集》第25卷，人民出版社1974年版，第679页。

③ 《中国近代金融史》，中国金融出版社1985年版，第84页。

虚，抽疲转快，"它们的业务项目有：顺汇、逆汇。上述之"借垫京协各饷"正是票号为客户服务的逆汇项目之一。这种汇兑风险大，收取的汇费也高。从这点讲，所谓"借垫京协各饷"只不过是票号的一种汇兑方式而已，不能一概以放款论。

综上所述，"融史"作者为票号资本定性的五条依据，就业务而言有些也是事实，如代办捐纳、印结、汇兑公款等。就其动机而言，纯系作者想当然。对照马克思关于资本定性的有关论述，实在难以对号入座。（至于上述五条依据中之第（四），为清政府筹借、汇兑和抵还外债，请允许我们在后面专门谈及。）

四

与孔祥毅先生不同，我们并不否认票号的经理们想方设法结托官吏，勾结权势，与代表地主阶级的清王朝勾勾搭搭，也不认为票号与清政府相勾结就"不可思议"①。在我们看来，资本家与地主的勾结，资产阶级与封建主的勾结都是正常的。英国资产阶级革命后建立起来的君主立宪政体正是封建君主与资产阶级的联合政体，所以票号资本家与地主阶级的代表清王朝的勾结，没有什么不可思议的地方。但作为研究，为票号资本定性，我们既不同意前贤陈其田先生的看法，更不能同意孔先生沿用陈其田先生的票号"走入官场"，"勾结清政府官吏"成为政府的"财政支柱"，从而改变性质的这一思路，轻率地摘用马克思的论断为其票号资本定性服务。我们认为应该以票号资本所发挥的作用来为其定性。过去，我们在这种思想的指导下，就十九世纪七八十年代票号资本在上海发挥的作用做了研究，同样，就甲午战争后日昇昌票号在长沙的资本活动和二十世纪初年票号资本在汉口发挥的作用，也做了研究。孔祥毅先生在《山西票号与清政府的勾结》一文中，所提出的"票号资本没有用于产业资本"，我们在事

---

① 孔祥毅：《山西票号与清政府勾结》，见李希曾主编《晋商史料与研究》，98页。

实上都作了回答。①

至于孔先生所谓票号在"19世纪50年代以后与官吏勾结……逐渐把其业务转向了对政府的汇兑和借贷，存款以至代理政府金库，成为政府的财政支柱，与商品流通的关系逐渐疏远了，普通商人和百姓的小额存、放、汇业务不看在眼中，限定汇额非500两以上不办"②的断言。这是涉及票号业务性质的重大转变问题，理应注明出处，或用第一手史料举例说明。然而，作者既未举例说明，也不注明出处，行云流水，一路写来，似乎这已是人人皆知的常识。其实，并非如此。也许这就是作者学风的特点。不过，史学毕竟是史学，它既不同于写小说，更不同于编戏文，它既要言之成理，更要持之有据。无据，即使言之成理，也是空中楼阁，想当然而已，经不起推敲。对于这种学风，黄鉴晖先生早就提出过批评。他说：在票号问题的研究上，"20世纪初期，由于资料的缺乏略作揣测臆断也不足为怪。问题是这种揣测臆断成为某些史学工作者一种恶习，不仅把道听途说的某些传说，作为研究历史的论据，而且对历史资料任意歪曲编造，为他的论点服务并以此来吓唬别人。我们在本目写到1848年6月19日浙江省解饷委员私用汇票的那件史实，明明资料是说在杭州款交'源泉银局'开一汇票，向京城'万成和号'兑取，是两个不同的字号，也没有任何资料可以佐证这两个字号是票号，20世纪80年代的今天，竟有人把它编造成这样的事实：'早在道光末年，浙江省解往京师内务府银两曾托票号汇兑，在浙交款，在京取银，然后送往内务府，为此曾受到政府惩罚。'这是多么可笑！照此，那种所谓经济史研究不仅没有任何价值可言，而且将践踏历史，贻害子孙后代。"③黄先生指出孔先生编造史料的错误，是十分中恳的。理应在有机会时，立即改正，以免再次贻误读者。然而，1996年李希曾在编《晋商史料与研究》时，收了他这篇文章，他也为该书

---

① 史若民著：《票号兴衰史》，中国经济出版社1992年版，第190、245－280页；史若民编：《平祁太经济社会史料与研究》，山西古籍出版社2002年版，第62页、69－92页。

② 孔祥毅：《山西票号与清政府勾结》，见李希曾主编《晋商史料与研究》，第98页。

③ 黄鉴晖著：《山西票号史》，山西经济出版社1992年版，第204－205页。

写了综述。应该说，他是知道他的这篇文章又要印刷了，这是他改正错误的极好机会，但他却只字未改。说明他依然坚持错误。

其实，在这篇文章中，这类编造何止一处？现在就让我们姑且再指出其中两处吧。其一就是上述他说票号是高利贷的五大依据之一，"为清政府筹借、汇兑和抵还外债"的第（四）。其主要内容，是说阜康票号财东胡光墉从同治六年（1867年）到光绪七年（1881年）先后六次向怡和洋行、丽如银行等外国商人借款，供左宗棠军队镇压捻军和回民起义，第一次120万两，第二次100万两，第三次300万两，第四次500万两，第五次175万两，第六次400万两，共计1,595万两。"从而充当了清政府向外国侵略者乞求贷款的中介人，不仅解决了清政府镇压人民革命的经费，也为票号本身开拓了业务，同时也使外国洋行和银行的资本找到了出路"。[①]的确，这是一笔巨额款项，它既涉及票号性质，也涉及票号精神，为此，有必要把这笔借款的历史背景交代清楚。

就借款数量与年限来说，孔先生所指都是准确无误的。但借款的目的，如果不是历史常识的缺失，那就是故意混淆正确与错误，冤枉前贤了。

这批借款，无论从史料记载，还是从用途而言，都有明显不同。第1、2两次，共计220万两，占总借款13.79%，是用于镇压捻、回人民起义的。孔先生对其进行批评无疑是正确的。但第3、4、5、6次，共计借款1,375万两，占全部借款的86.21%，则是为了驱走侵略者阿古柏和沙俄的。功过是非，理应另议。

其时，陕甘回民起义，新疆震动。英帝国主义支持浩罕军官阿古柏趁机于1864年8月入侵南疆，并先后侵占北疆之乌鲁木齐以及吐鲁番部分地区，建立所谓"哲德沙尔国"。沙俄则继1864年侵占我喀尔巴什湖以东、以南44万平方公里的领土之后，又于1871年，以代收代守的名义侵占了伊犁九城，设官征税，声言"伊犁永归俄国所有"。并无视我国在新疆的

---

① 孔祥毅：《山西票号与清政府勾结》，见李希曾主编《晋商史料与研究》，第89页；又见《山西商人与中国金融革命》，《中国晋商研究》，人民出版社2006年4月版，第15页。

主权，承认阿古柏为"哲德沙尔国元首"，与之签订通商条约①互派使臣。至于清政府西北地方政权，由于乌鲁木齐都统平瑞、提督业布冲额、喀什噶尔办事大臣奎英、库车办事大臣萨凌阿、阿克苏办事大臣富珠哩、叶尔羌帮办大臣武臣布、英吉沙尔领队大臣文艺等，都在变乱中殉职。伊犁接连死了两个将军常清（满洲镶蓝旗人）和明绪（满洲镶黄旗人），塔尔巴哈台接连死了两个参赞大臣锡霖（满洲正蓝旗人）和武隆阿（满洲正蓝旗人），可以说，整个新疆已经群龙无首。② 设若不是左宗棠坚主"塞防"，设若不是左宗棠以65岁之高龄，率军出关与阿古柏决战，先后收复乌鲁木齐、玛纳斯以及南疆，则天山以南之疆土，已非吾有；更为严重的是，在乌鲁木齐等地收复后，沙俄依然拒不交还伊犁，企图永远霸占伊犁地区。设若不是左宗棠严密布防，痛击沙俄的一次次进犯，并以69岁高龄，以必死的决心，抬着棺材出关指挥抗俄斗争，③ 迫使沙俄终于于1881年交还伊犁，新疆早已被沙俄置于其刺刀统治之下，不复为我国所有。当我们今天谈论建设西部秀丽山川时，我们不能不想到这位在腐朽清王朝统治下的有胆有识，勇于挑起救国重担，挽狂澜于既倒，复已失之河山的民族英雄人物。

然而，在大清王朝国库极度空虚的情况下，左宗棠能够把数万大军带出关外，并且打了胜仗，收复了被沙俄和阿古柏侵占、蹂躏达十余年之久的西北大好河山，除了其他因素而外，其重要的经济来源，就是由于票号能源源不断地为其筹借外款、汇兑军饷。左宗棠之所以称赞胡光墉，之所以在收复新疆后，回京述职，路过祁县时，要专程到乔家拜访这位素未谋面的票号东家，绝不是我们那些善于以小人之心度君之腹，受极"左"思潮熏陶出来的，只会批判前贤而缺乏历史主义的"学者"们，所能够理解的。他在乔家门口百寿图照壁上题写："损人欲以存天理，蓄道德而能文章"。④ 正是他对票商十多年来始终不渝地支持他，完成收复祖国大好河山

---

① 包罗杰著（商务译）：《阿古柏伯克传》，第194、255－256页。

② 秦翰才：《左文襄公在西北》，岳麓书社1984年版，第36页。

③ 《勘定西域记》左舜生：《中国近百年史资料》上册，第263页，又见《清史稿·左宗棠传》。

④ 史若民编著：《平祁太经济社会史料与研究》，山西古籍出版社2002年版，第126页。

这一事业及其精神境界的抒发与表达。这里的"损人欲"、"存天理""蓄道德"正是赞颂票号商人能在国难当头，以义制利，识大体以国事为重，与他一起，共同书写出具有爱国情操的道德大文章。至于对票号为左宗棠承借、承汇这笔巨额款项，到底应该怎么看？孔先生至今还是把它作为判定票号资本是高利贷的五大依据①之一。我们没有这方面的理论水平以评定其正确与否，我们只能把这笔款项承借的原因和历史背景，原原本本地告诉读者，希望关心晋商、研究晋商的读者和专家们，自己辨别好了。

　　一个强大的王朝固然不乏英雄人物，然而，在腐败政府的统治下、处于懦弱王朝的控制中，中国也绝不是没有爱国志士。中国的国土应当由中国人民来保卫。这是天经地义的大道理，就是"天理"。中国传统文化中的优秀格言："天下兴亡，匹夫有责"，这也是中国人的"天理"。中国人讲究的"道德文章"，往往就是在国难当头时，才能做得出来的。所谓"岁寒知松柏，困难显英雄"，即此之谓也。左宗棠所到之处，宣扬"损人欲"，"存天理"，就是要在国难当头，克服个人的私心杂念，以大无畏的精神，挺身而出，捍卫祖国的统一和领土完整的"天理"。他以他的言行，向他那个时代的中国人以及世世代代的炎黄子孙，做出了榜样，展示了他的人格魅力。他向他那灾难深重的祖国母亲，贡献了一片忠诚，尽管由于历史的局限，他对他那个时代的人民也曾经有过罪过，然而瑕不掩瑜，在多灾多难的近代中国，他所建立的功勋，尤其是在收复西北的大好河山方面，无论如何评价，都不会显得过分的。票号商人虽以赚钱为标的，但他们以自己的业务，成就了左宗棠和他所率领的千万大军的救国事业，不管怎么说，在近代中国历史上，也算留下了浓墨重彩的一笔，当这一真实的历史背景冲开极"左"思潮为之设置的重重迷雾而大白于天下之时，任何人想以票号为清政府筹借镇压人民革命经费，向外国侵略者乞求贷款，为外国洋行和银行的资本找出路的屎盆子扣到票号身上，颠倒黑白地给票商脸上抹黑的，都不会不遭到一切有良知的史学工作者的非议的。这是我个人的一点粗浅思考。至于读者对我的思考如何评论？我就顾不得许多了。但是，孔先生不加区别地把这笔占总借

---

① 孔祥毅：《山西商人与中国金融革命》，《中国晋商研究》，人民出版社 2006 年版，第 13 – 15、25 页。

款86.2%还要出头的、为反对外国侵略、为收复大好河山而筹借的款项，一股脑儿地都归到所谓镇压人民革命的捻、回起义经费方面，如果不是对中国近代史的无知，那就是对票号存有偏见，从而有意颠倒是非了。这种颠倒黑白地叙述历史，不仅使爱国前贤受冤屈于九泉之下，也将使未来的炎黄子孙在面对国难时，将无所措手足。史学之所以称之为史学，其宗旨在于资政育民。在教科书中，评价历史事件和臧否历史人物的任何不公正，都将会造成严重后果，当是不言而喻的。读者诸公，其三思之。

其二，他为了说明票号是承汇债、赔二款（即马关条约、辛丑条约的赔款与借款）的暴发户①，曾以大德通票号资本利润为例，发表了一通议论，说"马关条约、庚子赔款，给清政府带来了财政的极度困难，却给票号带来业务的畸形繁荣，票号积极通过资金融通，解救清政府的危急，使其在社会上的地位由红发紫，中国广大劳动人民却因之在捐税重压下陷入了灾难，小生产者的剩余劳动产品，以捐税形式通过清政府之手，大量地流进了票号老板的银窖……大德通票号同其他票号一样四年一个账期，即四年一次红利分配，1888年每股分红850两，而1900年则为4024两。扩大4.7倍。到1908年每股分红17,000两，是甲午战争前的20倍。"② 对于这段议论，如果稍加分析，就会发现他的这种结论性的议论，殊难成立，有些不是历史常识的缺乏，便是有意编造谎言。现说明如下：

在这段议论里，他先给票号定了一个罪名：说轻点，是票号假帝国主义之手获取了不义之财；说重点，是票号发了国难财。而我们需要弄清的是：票号到底该不该承汇这笔公款？因为票号商人毕竟是前清时代的人物，他们没有也不可能经过极左思潮的熏陶，更不知道"文化革命"和"政治挂帅"为何物。他们是赚钱的好手，但不是政治高手。要他们从政治的高度分清哪笔款项该汇，哪笔款项不该汇，未免苛求古人。假如票号不承汇这种款项，中国的这批白银就不会被送到"外国侵略者的手中"③，

---

① 《中国近代金融史》，中国金融出版社1985版，第51页。

② 孔祥毅：《山西票号与清政府勾结》，见李希曾主编同上书，第95、96页。

③ 孔祥毅：《山西商人与中国金融革命》，张正明等主编：《中国晋商研究》，人民出版社2006年4月第1版，第17页。

那么，承汇债、赔二款的票号，理所当然地就是历史的罪人。遗憾的是，即使没有票号的承汇，帝国主义同样可以把这批白银弄到自己的腰包。因为这时候不仅有中国通商银行，还有稍后各省成立的官银钱局、号，即使这些机构都不承汇，清政府还可以通过装鞘，委员解现的办法，把白银送到帝国主义者的手里。两次鸦片战争中，被帝国主义讹诈的白银，不就是这样送给洋人的吗？这样做的结果，广大劳动人民所受的苦难，恐怕比票号承汇更为沉重。所以说，孔先生的所谓"票号积极通过资金融通，解救清政府的财政危急，使其在社会上的地位由红发紫，中国广大劳动人民却因之在捐税重压下陷入了灾难"，是不能成立的。

在这里，研究这样的历史问题，不去谴责帝国主义强盗和清政府的腐败统治所制造出来的罪恶，反倒把责任追究到一群既无军权，又无政权，还缺少社会地位的商人身上，恐怕是说不过去的吧？天底下哪有这种道理呢？真是滑天下之大稽！不明事理至极！这不是有意混淆是非，又是什么？至于"小生产者的剩余劳动产品，以捐税的形式通过清政府之手，大量地流进了票号老板的银窖"，如果真是这样的话，我们认为这是应当的，在当时，也是十分正确的。因为，在当时的国内 14 个通商口岸和众多城镇码头的金融市场中①，只有票号肩负着把货币转化为"资本"的职能作用。企图让小生产者的剩余劳动产品的收入永远留在小生产者手里，这是一种貌似公正的手段，而实际上只不过是在为没落的、封建的、自给自足的自然经济，大唱招魂的挽歌而已，不是历史发展应有的趋向。在社会发展的总趋势中，无论是什么英雄好汉，也都没有这种能力和力量维护小生产者，使之不被剥削，历史的辩证法正是如此残酷和无情。这是我对孔先生上述议论的又一点看法。

至于大德通票号 1908 年账期每股红利是否是甲午战前的 20 倍？我觉得这又是一个似是而非的谎言。第一，所谓甲午战争，是指 1894 年的中日战争。所谓甲午战前，当然指的是 1894 年以前。孔先生要比的是 1888 年，毫无疑问，1888 年确实是甲午战前。这样一来，就给人们灌输了一个强烈的、准确无误的信息：因为大德通 1908 年账期每股分红 17,000 两，的确

---

①　史若民著：《票商兴衰史》，中国经济出版社 1992 年版，第 251－256 页。

是 1888 年的 850 两的 20 倍，也就是说大德通票号自从承汇马关条约和庚子赔款的债、赔二款之后，其红利确实增长了 20 倍。问题是，承汇债、赔二款的起讫年代，并非 1888 年。就大德通的战前、战后红利增长幅度相比，孔先生有意识地给予读者一个错误的时间概念。因为《马关条约》是 1895 年 4 月 17 日签订的。赔款和赎辽费两亿三千万两，其中之赎辽费是当年十一月十六日交清的。至于赔款，因有赖于借款，故交款还在其后。这就说明 1895 年票号是不可能承汇《马关条约》的赔款与借款的。承汇债、赔二款的最早记录是 1896 年，本年全体票号总号 27 家、分号数百家，承汇债、赔二款总计 38,000 两。[①] 大德通票号本年承汇几何，虽无确切数字以供说明，但它本年所汇债、赔二款假定确有，其绝对数字也不可能超过全体票号本年承汇债、赔二款总数 38,000 两的十分之一，即 3,800 两，所得汇费微乎其微。所以，如果要比较大德通承汇债、赔二款前、后红利增长幅度，也只能和开始承汇赔款的 1896 年相比。因为大德通 1896 年的本届账期，每股分红 3,150 两中，并不包含承汇债、赔二款的汇费收入在内。即使怀疑 1896 年承汇了极少量债、赔款，我们也可以把这一账期撇开。那么，距甲午前大德通最近的一个账期是 1892 年，本届红利中，绝不包含承汇"马关条约、庚子赔款"的汇费收入在内。既然强调甲午战前，那就应当与 1892 年相比。不应越过 1892 年的账期而与 1888 年账期相比。因为在比较科学中，作为甲午战前，理应有一个标准的时间概念，否则，任意前移、比较，那还有什么科学意义？而 1892 年的这一账期，大德通每股分红已经达到 3,040 两的高度。[②] 与 1908 年账期每股分红 17,000 相比，只是甲午战前的 5.59 倍，这与甲午战争后民族资本主义企业的投资增长幅度是完全合拍的。然而，它却无论如何也达不到孔先生所谓"1908 年每股份红 17,000 两是甲午战前 20 倍"的幅度。编造这种谎言的目的，无非是要说明票号发了国难财，是暴发户的论断是正确的而已。票号是靠什么力量繁荣起来的？是不是暴发户？它与当时的民族资本企业及其投资增长幅度以及资本利润的增长情况是否合拍？我们早就在《试论辛亥革命与山西

---

① 中国人民银行山西省支行、山西财经学院编：《山西票号史料》，第 250 页。

② 孔祥毅：《山西票号与清政府勾结》，见李希曾主编《晋商史料与研究》，第 96 页。

票号的衰亡》①中予以说明。限于篇幅，不再重复。

不过，叙述真实的历史过程，提供可靠的知识，这是历史科学的基本要求。列宁曾经指出，"唯物主义者的任务是正确地和准确地描绘真实的历史过程。②"然而在中国，尤其是在四人帮肆虐的时代，对于史学的这一基本要求，则很难做到。人们总是习惯于按照现实的需要来看历史。更有甚者，不惜篡改历史以为其现实政治斗争的需要服务。"四人帮"不惜假手封建时代的儒法斗争来证明他们企图篡夺政权的合理性，正是这种情况的反映。也是中国人民应该永远牢牢记取的教训。在今天，"四人帮"被粉碎已经30个年头了，用其手法想在政治上兴风作浪的人，大概不会再有了。然而，由于种种利益的驱动，浮躁之风在学术界四处漫延，挥之不去，确是现实。因而，甘心情愿坐冷板凳，埋头深入钻研的人不见其多，而浮皮潦草，人云亦云，炒冷饭者，愈见其繁。就如上述孔先生所谓"500两以下不予办理"的断言一样，许多学者不问究竟，只看其有许多吓人的头衔，就信以为真，顺手拈来，以为自己文章的论据，结果必然上当。现在，我们就根据光绪二十二年（1896年）至二十三年（1897年）日昇昌长沙分号流水账，这个第一手史料所反映的情况，做进一步的考察。以说明孔文中的19世纪50年代以后，乃至甲午战争后，票号业务活动的真实情况。以与孔先生"非500两不办"的断言相对照，就可以辨别真伪。本年度（即票号的财务年度）日昇昌长沙分号共做流水981宗。其中汇兑898宗，放款83宗，放款对象，全是工商铺户。③在汇兑中，收缴工商铺户的汇兑422宗，占47%；收缴个人的汇兑476宗，占53%。而五百两以下的汇兑405宗，占本年度全部汇兑流水总数的45.1%，小额汇兑几占半数。也就是说，从上距19世纪50年代之后已经过了47个年头的1897年，日昇昌这个票号鼻祖，平均每天仍要做1.125宗500两以下的小额汇兑生意。其小额之额度，甚至可以小到20两乃至10两以下。比如：

---

① 史若民：《试论辛亥革命与山西票号的衰亡》，山西社科院主办《学术论丛》1994年4期。
② 《列宁选集》第一卷，第30页。
③ 史若民编著：《平祁太经济社会史料与研究》，山西古籍出版社2002年版，第62页。

"冬月十五日（公元 1896 年 12 月 19 日），收会祥大会广番银二十两，共大平五钱一，九二扣，合本平足银壹拾八两八钱七分"；"腊月十五日（公元 1897. 1. 17.），交陈少宇桂会洋银一十两，共小平一钱五分，九二扣，合本平足银九两零六分"等。其涉及地域包括京、津、扬、桂、重、成、沙、湘、梧、周、汉、平、晋、汴、苏、广、洋、杭、清等几十个城镇。① 说明光绪年间，即使在它的后期，小额汇兑在全国各地之各票号，仍然十分普遍。所谓"19 世纪 50 年代以后，与官吏勾结……逐渐把其业务转向了对政府的汇兑和借贷，存款以至代理政府金库，成为政府的财政支柱，与商品流通的关系逐渐疏远了，普通商人和百姓的小额存、放、汇业务不看在眼中，限定汇额非 500 两不办"的说法是与事实不符的。从而想以此说明，此时票号的性质发生了变化，或者按孔先生最时髦的说法，咸丰以后，票号"业务重心转向政府金融"，"性质发生了异化"，② 也都是没有根据的。

另外，当我们指出孔先生在理论应用和史实使用上的不妥之处后，我们可否以孔先生的思路考虑这样一个问题：如果勾结封建官吏，为清政府汇兑公款，借垫京、协各饷与清政府财政有密切关系，就可以判定票号是高利贷，那么，中国通商银行无论从哪个方面说，都较票号有过之而无不及，又该如何定性呢？

综上所述，在晋商发展的巅峰——票商的研究上，无论理论的应用，抑或史实依据的征引，都存在严重问题。有些固然是史料的缺失造成的，有些则是学术道德品质问题。但愿大家都能坐下来，耐得寂寞，不急功近利，对于任何人的文章都能多来点质疑，查一查原始资料，审一审历史背景，就不难对票号及其资本的性质、作用，做出公正的评价。

（本文于 2009 年收入山西报业集力、山西人民出版社出版的范世康主编的《晋商兴盛与太原发展——晋商文化论坛论文集》。）

---

① 史若民编著：《平祁太经济社会史料与研究》，山西古籍出版社，第 795－858 页。
② 孔祥毅：《山西商人与中国金融革命》，《中国晋商研究》，人民出版社 2006 年版，第 25 页。

试论辛亥革命与山西票号的衰亡

亥辛革命前，山西票号在国内外 90 多个城镇设立总分号多达 400 多个，在全国起着金融调拨的中心作用，然而在辛亥革命后不几年，却气息奄奄，纷纷倒闭。因此有人说："辛亥革命对票号是一个致命的打击①。"有些学者就此进行分析，把票号比作暴发户，说甲午、庚子两次赔款"给清廷财政带来了极度困难，却给票号带来了畸形繁荣"，说票号在 20 世纪初叶的繁荣，是承汇上述两次赔款的缘故，它的膨胀是由于有清政府这个靠山，为此，得出了票号这时"变成以高利贷性质为主"的货币金融组织，随着清政府的垮台，必然注定了它灭亡的"命运"② 的结论。这不仅涉及山西票号的性质，也涉及辛亥革命的社会作用。本文拟在这两个方面求教于专家。

一、清政府历来不是山西票号的靠山

山西票号是中国封建社会末期，随着商品经济的发展，资本主义生产关系萌芽成长过程中出现的一种完全为商品经济服务的金融机构。它与封建专制制度的经济基础——自给自足的自然经济是根本对立的。它在诞生之后，无论清政府对其采取何种态度，它在民间工商业活动中都大受欢迎。所以，从它于道光初年（1824 年前后）诞生之日起，短短几年，很快

---

① 《张仲权访问记录》1961 年 7 月，《山西票号史料》，山西人民出版社 1990 年版，第 493 页。
② 孔祥毅：《山西票号与清政府的勾结》，《中国社会经济史研究》，1984 年第 3 期。

就由北方发展到南方。道光八年（1828 年），江苏巡抚陶澍就说："苏城（今苏州市）为百货聚集之区，银钱交易全借商贾流通。向来山东、河南、山西、陕西等处每年来苏办货，约可到银数百万两"，"自上年秋冬至今，各省商贾俱系汇票往来，并无现银运到①"。它的发展曾有力地促进了商业和手工业等行业的资本主义萌芽的成长与发展，同时也不断完善着自身的各种业务，从专营汇兑到兼营存放款。在中国近代社会前期，即1897 年中国通商银行诞生前的 70 多年间，山西票号可以说已经渐次承担了本应由近代银行承担的各种金融业务。难怪清政府度支部在光绪三十四年制定《银行通行则例》给银行业定性注册时，把票号列入银行业类②。民国元年（1912 年）3 月，南京临时政府财政部制订的《商业银行暂行则例》，又一次对"银行"作了解释，规定"凡开设店铺经营贴现、存款、放款、汇票等之事业者，无论其用何种名称、总称之曰银行"③。这充分说明了票号的性质。

然而，由于清政府最高统治集团的愚昧无知，他们在一个时期内，认为"银贵钱贱"是使用汇票造成的，坚持"部库多收一批汇票，即京城少一批实银"的错误看法，因此，从山西票号诞生以来，直到1900 年义和团运动爆发之前的 70 多年中，先后对票号进行过四次打击，始终禁止官款利用票号汇兑。只是在战争时期交通堵塞，京城缺饷的紧急时刻，不得已才觅商汇兑。所以，官款汇兑在事实上并未完全禁绝。但这不能说明清政府支持汇兑事业是山西票号的靠山，相反倒说明了一个问题，即适应自给自足自然经济基础建立起来的封建专制制度，对于任何有害于其经济基础巩固的新的经济机构，必然自觉不自觉地给予压制。只是在这种压制有时会置自己本身于绝境时，才不得不给它一个活动的空隙。整个 19 世纪经营汇兑的山西票号，正是在这样一个空隙中，肩负着近代

---

① 《江苏巡抚陶澍道光八年四月初八日奏折为请暂借铜本易换制钱以平市价》，《硃批》财政金融货币，卷号 54。
② 《度支部奏请厘定各银行则例折并清单》《大清光绪新法令》商务第五版，第二函，第 10 册。
③ 见《中华民国史档案资料汇编》第二辑，江苏人民出版社 1981 年版。

银行业应当承担的历史任务，艰难勇敢地闯过了封建主义给商品经济发展设置的道道难关，闯过了帝国主义给中国民族资本发展设置的重重难关，为各行各业中的民族资本主义工商业服务。正如毛泽东指出："中国封建社会内的商品经济发展，已经孕育着资本主义的萌芽，如果没有外国资本主义的影响，中国也将缓慢地发展到资本主义社会。"① 在这方面，山西票号自觉不自觉地承担了中国向资本主义社会迈进的一个方面的任务。它在近代中国经济史上所创造的光辉业绩，与清政府是无缘的。

八国联军入侵北京，慈禧西逃，路过山西曾设行宫于祁县大德通票号，也曾饬令各省督抚"将京饷改解山西省城"，电汇山西票号老庄②。《辛丑条约》签订后，清政府催促在京开设票号的商人，"刻期来京，规复旧业"③。似乎这可以表明票号与清政府的关系从此密切了，清政府从此成为山西票号的靠山了。

然而，事实并非如此。

早在义和团运动前，1898 年，中国通商银行总办盛宣怀就奏请皇帝饬下户部通行各省关；"嗣后凡存解官款，但系有中国通商银行等处，务须统交通商银收存汇解"④。

义和团运动后，户部银行成立，户部也步通商银行先例：更咨盛京、吉林、黑龙江、绥远城各将军以及各省督抚与库伦办事大臣，要求凡设户部银行之处，官款统交户部银行存汇⑤，至于各省在甲午、庚子以后成立之官银钱局、号，更是揽办各省官款不遗余力。如江西官钱局，"一年汇兑公款三百万两左右，代省库垫解各款二百多万"⑥。在这种情况下，我们硬要说清政府是山西票号的靠山，恐怕是缺乏根据的。

---

① 《毛泽东选集》第二卷，人民出版社 1961 年，第 620 页。
② 《清德宗实录》卷 468，14 页，光绪 26 年 8 月辛巳。
③ 《北京饬传票商》，载《中外日报》，1901 年 4 月 2 日。
④ 户部：《遵议中国通商银行汇解官款疏》，《皇朝道咸同光奏议》卷十一。
⑤ 《光绪三十二年十月×日银行科北档屋呈》裕字第 9 号，《度支部档案》第 14 页。
⑥ 中国人民银行山西省支行、西山财经学院编：《山西票号史料》，山西人民出版社 1990 年，第 382 页。

那么，甲午战争以后，票号是如何发展起来？何以会发展得如此迅速？

二、辛亥革命前资产阶级领导的民主爱国运动，促进了票号的发展与繁荣

提及山西票号在 20 世纪初的发展与繁荣时，一些学者只注意到票号承汇清政府的两次大赔款。

诚然，票号在这一时期的繁荣，与承汇两次大赔款有关，因为它是这一时期票号许多业务中的一项，是其获取利润的一个因素，但远非重要因素。作为一种从事专业汇兑的金融机构，这一时期繁荣的更为重要的因素，则是与这一时期的民族资本主义工商业的发展紧密相关的。据统计，从 1894 到 1911 年票号汇兑"债赔二款"及其他公款，总计 141,864,475 两[①]。其中汇兑公款最多的年份是 1906 年，这年总计汇兑"债赔二款"及其他公款 22,576,499 两[②]。就以 1906 年计，仅日昇昌票号十四个分号收汇总数即达 16,333,660 两[③]。平均每个分号收汇为 1,166,690 两。本年票号总号共 27 家，分号不详。有人据"清户部档，京师商务总会宣统元年十二月二十五日呈报票号注册文件"统计说，1906 年全国票号总分号（缺几家票号），最少也有 358 个[④]。无论以总号 27 家概略计算，或以分号最低数字 358 个估算，1906 年全体票号的收汇总额，都在四亿两以上，以四亿两与两千多万两相较；公款汇兑仅是其中的 1/20 而已。其余将近 80% 的汇费收入，无疑是来自私人资本的工商铺户。正如 1905 年日本驻上海总领事永瀧久吉在报告中说："上海与国内各地的交易繁盛，每年几有亿万

---

① 中国人民银行山西省支行、西山财经学院编：《山西票号史料》，山西人民出版社 1990 年版，第 251 页。

② 《山西票号史料》，山西人民出版社 1990 年版，第 251 页。

③ 中国人民银行山西省支行、西山财经学院编：《山西票号史料》，山西人民出版社 1990 年版，第 477 页。

④ 黄鉴晖：《论山西票号的起源和性质》，山西票号研究联络组编：《山西票号研究集》山西财经学院科研处印（内部发行）1982 年第一辑，第 41 页。

两之巨额，而其输送正货（指白银）所以稀少者，赖有票号为之周转，而彼此用相杀法（即汇兑）也。"① 另外，能够反映票号是工商业者金融汇兑的主要承担者，还见于留传下来的一些当年票号的账簿。试以1907年蔚长厚票号汉口分号的汇兑存放业务看，本年度该号总共收汇款项为 1,642,913 两。其中汇交商号的款项为 1,540,070 两，占收汇总额的 93.74%。汇交私人及其他的款项为 102,843 两，占收汇总额的 6.25%。同年交汇的款项总额为 1,742,347 两，其中来自商号交汇的共有 1,625,890 两，占交汇总额的 93.31%，来自公款交汇的共有 9,958 两，占交汇总额的 0.57%。来自外国银行交汇的 9,672 两，占交汇总额的 0.56%。来自私人及其他方面交汇的共有 96,827 两，占交汇总额的 5.56%②，可见，20世纪初年票号的主要业务及其利润来源主要是工商业者汇兑。怎么能说票号的繁荣是靠承汇两次巨额赔款及其他公款膨胀起来的呢？

其实，这一时期的票号不仅为工商业从事埠际间的金融汇兑服务，而且还为许多新式近代企业的招商集股做了大量的工作。是民族资本工矿业、交通运输业创办的热心推动者。如在争矿运动中，为反对帝国主义对山西矿产的掠夺，山西票号不仅带头集资100多万两白银赎回矿权，还积极组织保晋公司并带头认购20万股，为全国争矿运动带了头。在商办铁路的热潮中，票号几乎参与了所有铁路干线（川汉、粤汉、芦汉、津浦等）的招商集股工作。与此同时，还积极投入到全国各地的近代新式工业企业创办的热潮中。不仅可以在北京、天津、上海、南京等大城市的公用事业公司的筹办中看到票号的频繁活动③，还可以在各省举办的实业公司中看到票号所起的重要作用。例如河南彰德府的广益纺纱有限公司是靠著名票

---

① 日本驻上海总领事永瀧久吉明治39年报告，见潘承锷：《中国之金融》上册，中国图书公司1908年版，第52－53页。
② 《蔚长厚汉口分号光绪卅二年合总帐》，见中国人民银行山西省支行、山西财经学院编：《山西票号史料》，山西人民出版社1990年版，第480页。
③ 《大公报》1904年12月21日，1908年1月16日，2月25日，1910年2月27日，1906年9月18日。

号日昇昌为其招商集股的①，道口印刷厂是蔚盛长票号贷款四万两举办的②，均窑磁业公司则由大德通③在上海、汉口、北京为之集股的。至于山西的同蒲铁路公司，成立数年，1909年当邮传部派人检查时，只有存银6万两，以其开办无期，拟收归部办，巡抚丁宝铨召集商界动员，票商带头认购股票60万两；其他商号也积极响应，认股40万两，遂使这条行将搁浅的铁路"开办有期"④。保晋公司由于缺乏资金，有停产的危险，天成亨票号总理号召各票商临时垫款18,000两，使其继续生产"而免停工"⑤。当时的《新闻报》曾以《票商顾全大局》为题予以报导。此外，蔚长厚票号汉口分号在汉口极力扶持工商业者，大量对工商铺户发放贷款，1907年仅从32家工商户收回的贷款就达94.8万两⑥。大德通等票号在营口贷款给东盛和五联号达200万两⑦。其发放贷款数额之大，可以想见。南帮票号源丰润这一时期先后向浙路公司等十一个企业投资166,685两白银⑧。所有这些，都是20世纪初叶，开始觉醒了的中国民族资产阶级的典型活动。怎么能说它的性质是封建高利贷呢？

可以把甲午战争后直至辛亥革命前民族资本主义工商业的发展与甲午战前作个比较，对于分析这一时期票号的发展与繁荣，将是十分重要的。

甲午战前，随着洋务运动的发展，中国的民族资本主义企业诞生了，但其发展非常缓慢。据统计，1872年到1894年甲午战前的23年中，共办新式企业72家，投资总额2,089.3万元，其中官办、官商合办的19家，投资额1,619.6万元，占投资总额的78%，纯粹商办的工矿企业仅53个，

---

① 《豫省广益源纺纱有限公司章程》，载《大公报》，1906年3月2日。
② 《范逢源访问记录》，中国人民银行山西省支行、西山财经学院编：《山西票号史料》，第347页。
③ 《东方杂志》第一卷第八期，第115页，1904年8月。
④ 《同蒲铁路开办有期》，载《大公报》，1910年5月7日。
⑤ 《票商顾全大局》，载《新闻报》，1912年8月16日。
⑥ 中国人民银行山西省支行、西山财经学院编：《山西票号史料》，山西人民出版社1990年版，第481页。
⑦ 《沪行协理席德辉来函》、《东盛和债案报告》卷5，第34页。
⑧ 《源丰润票号在工业中的投资表》，中国人民银行山西省支行、西山财经学院编：《山西票号史料》，山西人民出版社1990年版，第347页。

资本额 46.7 万元，占投资总额的 22%，以商办而论，平均每年兴办 2.3
个新式企业，年均投入资本额 21.59 万元①。

甲午战争对于中国是一个很大的刺激。鉴于日本那样一个小国，在明
治维新之后。居然可以打败中国这样一个大国，中国的有识之士遂大声疾
呼，掀起了设厂办矿、"实业救国"的热潮。在这种情况下，更多的商人、
官僚、地主投资于新式工矿企业。在 1895 年到 1900 年的 6 年中，新设的
万元以上的厂矿企业 104 家，投资总额为 2,302.4 万元，其中商办的 86
家，资本额为 1,767.9 万元，官办、官商合办的 18 家资本额为 534.5 万
元②。仅以商办厂家而论，6 年中，年均创办 14.3 个企业，是甲午战前民
间年均创办新厂 2.3 个的 6.22 倍，以年均投入资本论，战后年均投资
294.65 万元，是战前年均投资 21.59 万元的 13.64 倍。私人资本的迅速发
展，使中国工业资本的构成也发生了很大变化。战前，中国工业资本构
成，如前所述，官办、官商合办占 78%，占绝对优势。战后，这种情况整
个儿地翻了一个个儿，私人资本，在工业资本的构成中占到了 76.8%，官
办、官商合办的资本，在工业资本的结构中的比例降到了 23.2%。著名的
民族资产阶级如创办南通大生纱厂的张謇、创办上海恒丰纱厂的聂缉椝、
创办无锡业勤纱厂的杨宗濂、杨宗瀚，创办汉口燮昌火柴厂的叶澄衷都是
这一时期出现的。

在这样一种情况下，专营埠际间金融汇兑的票号，必然成倍、成十
倍地增加汇兑业务量，并在汇兑的过程中，相应的成倍、成十倍地获取
利润，乃是一种正常的现象；《辛丑条约》之后，中国民族资产阶级为
维护民族利益，开始与帝国主义进行斗争，先后掀起了规模很大、声势
颇高的拒俄运动、抵制美货运动、收回路权运动、收回矿权运动等爱国
运动，山西票号不仅先后参与了其中的路权、矿权的集资活动，有的票
号资本家还成为收回矿权运动的领导人之一。如为山西赎矿向票号筹集
资金 100 多万两的渠本翘就是其中的著名人物之一。这些运动不仅打击

---

① 严中平等：《中国近代经济史统计资料选辑》，第 93 页，表 1，有所剔减。
② 汪敬虞：《中国近代工业史资料》，第 2 辑，下册，第 669 – 919 页，《历年设立的厂
　矿名录》计算得出。

了帝国主义侵略中国的气焰，也有力地促进着中国民族资本主义的发展。从反美爱国运动兴起的 1905 年到收回权利运动达到高潮的 1908 年，四年中新设的万元以上厂矿 238 家，投资总额为 6,121.9 万元①，平均每年兴办新厂 59.5 个，是甲午战争后年均设厂 14.3 个的 4.16 倍，是甲午战前年均设厂 2.3 个的 25.86 倍。年均投入资本额 1,530.465 万元，是甲午战争后年均投入资本额 294.65 万元的 5.19 倍，是甲午战前年均投入资本额 21.59 万元的 70.88 倍。这种创办新式企业的速度，充分说明这一时期私人资本投资于新式工矿业的热情是十分高涨的，票商作为其群体成员之一，也进行了上述一系列积极的活动，这种情况必然引发票号的繁荣。

工矿业而外，资本主义的商业也随之发展，对外贸易迅速增长。1895 年对外贸易总值为 4.91 亿元，1913 年增加到 14.22 亿元，两相对比 1913 年的对外贸易总值比 1895 年增长了 2.09 倍多。由于对外贸易的增长，必然导致国内各口岸之间相互贸易的增长。1895 年，国内各口岸相互贸易额是 7.40 亿元，1913 年则为 17.42 亿元，两相对比，增加 1.4 倍②。在这种情况下，必然出现各口岸商埠与城镇之间资金频繁流动的过程，这就为专营汇兑，为工商铺户调拨资金的票号繁荣，提供了十分有利的条件。在每年有对外贸易十几个亿，各口岸贸易有几亿元流动的情况下，尽管外国银行以及本国的通商银行和户部银行夺去其中汇兑的一大部分生意，但遍布全国各地的票号承担其中的一少部分，也就是说几亿元的汇兑总是可能的。它们从中获取汇费，取得存放款的利润，是十分自然的。

有人为了说明甲午赔款、庚子赔款的汇解"给票号带来了畸形繁荣"，并开列了一张《大德通资本利润表》：

---

① 汪敬虞，《中国近代工业史料》第二辑，下册，第 649 页、第 657 页。
② 赵德馨主编：《中国近代国民经济史教程》，高等教育出版社 1988 年版，第 152 - 153 页。

大德通资本利润表

年份	资本额（两）	每股分红（两）	投利增长指数	备注
1888	100,000	850	100	
1892	130,000	3,040	358	股数包括资本股和
1896	140,000	3,150	371	人力股两种，若只
1900	160,000	4,024	473	按资本额计算，其
1904	180,000	6,850	851	利润率为数将更大。
1908	220,000	17,000	2,000	

表前还有说明，"大德通票号 1888 年每股分红 850 两，而 1900 年则为 4,024 两，扩大到 4.7 倍，到 1908 年每股分红 17,000 两，是甲午战前的 20 倍"[1]。

这样对比，票号这一时期的繁荣当然就是畸形的了。然而，这种对比却是不科学的。

第一，甲午债赔款项的汇解是从 1896 年以后开始的，其获利指数的对比应从 1896 年算起。即以 1896 年每股分红 3,150 两为其最低指数，与以后获利指数相比，这样才能看出承汇债赔款后获利增长的情况。因为这一年全部票号总号 27 家，分号数百家承汇债、赔二款的总数仅 38,000 两[2]，大德通票号本年承汇几何，虽然无确切数字以供说明，但它本年所汇债、赔二款假设确有，其绝对数字也不能超过全体票号本年承汇债、赔二款总数 38,000 两的十分之一，即 3,800 两。就以 3,800 两计，所收汇费无几，这在大德通本年所获汇费收入的比例中，恐怕是微乎其微的了。

第二，如果一定要以甲午战前的获利情况与战后承汇债、赔二款获利相比，至少也应使用大德通 1892 年股利数字。因为本期结账股利已达 3,040 两，而 1892 年与 1888 年相比，前者更接近于甲午战前。按这位作

---

① 孔祥毅：《山西票号与清政府的勾结》，载《中国社会经济史研究》，1984 年第 3 期，第 8 页。

② 中国人民银行山西省支行、西山财经学院编：《山西票号史料》，山西人民出版社 1990 年版，第 250 页，《交汇地区与饷别统计表》。

者的说法，1896 年由于承汇债、赔二款应当较前一个账期，即 1892 年获取更多的利润，事实上 1896 年较 1892 年账期，每股获利仅增加了 110 两，即四年之间每股获利仅增长了 3.6%。这该如何解释呢？退一步说如果一定要以 1908 年的股利情况与战前相比，也只能是与 1892 年股利 3,040 两相比。这样，充其量 1908 年股利也只是甲午战前的 5.59 倍，无论如何也得不出 1908 年每股红利 17,000 两，是甲午战前的 20 倍的结论。

第三，票号的获利情况应与同时期工商业获利情况相比，这样才能较为客观地反映票号这一时期获利的实际情况。我们仍以大德通 1896 年的资本额 140,000 两为基数，与它 1908 年的获利情况相比。大德通票号 1908 年共获利 743,545.25 两①，1904 年、1900 年两个账期的获利总数虽未见于记载，但我们从现存资料中所见的其他数字，可以大致估算为：1904 年获利总数是 239,750 两，1900 年获利总数是：140,840 两②。这是较大的估计了。两个账期获利总数是 1,124,135.25 两，它是资本 140,000 两的 8.029 倍。这种利润增长的情况如与同时期工商企业的获利情况相比，并不是畸形的。

南通大生纱厂创办于 1895 年，资本 69.9 万元，1899 年开车生产，到 1913 年账面赢利 489 万余元，公积金 73 万余元③，总计 562 万元，其获利情况是原资本的 8.04 倍多。这样，既可看出票号从 1896 年起，投资 14 万，奋斗十二个春秋，截至它获利的最高账期，积历次账期所获利润的总和，只是原资本的 8.029 倍，如果把票号的账期下延至 1913 年，其获利情况也不会比大生多许多④。所以，我们说山西票号的盈利，这一时期基本上是与社会上当时的工商企业同步增长的，它既不是什么暴发户，也不是

---

① 卫聚贤：《山西票号史》，说文社中华民国三十三年（1944 年）版，第 62 页。

② 卫聚贤：《山西票号史》，大德通票号银股 20，人股各账期不同，参照 1908 年人股数，将 1900 年和 1904 年两次账期的人股数估计为 15 个，总共两账期各 35 股计之，则 1900 年账期获利大致是：140,840 两，1904 账期获利大致是：230,750 两。这是比较大的估计了。

③ 《大生纺纱股份有限公司历年盈利及公积统计》（1899 年—1913 年）表，汪敬虞：《中国近代工业史资料》，第二辑，下册，第 1075 页。

④ 大德通票号 1912 年本应有一个账期，但因营业情况不好，仅足维持，直到民国十四年（1925）才结过账。故只好以 1908 年为限。

由于承汇债、赔二款而畸形繁荣。而是随着民族资本主义工商业的蓬勃发展而繁荣的。

至于这一时期票号"变成了以高利贷性质为主"的货币金融业，则更是信口雌黄，没有依据。我们将在《钱市、利息行市看票号资本性质》的专题中予以说明。

三、票号的衰落与辛亥革命的社会作用

票号的衰落与辛亥革命本无关系。辛亥革命是孙中山领导的资产阶级民主革命，其目的是要在中国建立资产阶级共和国，发展资本主义。这不仅与建立在自给自足的自然经济基础之上的封建专制制度是根本对立的，也与封闭式的自给自足的小农经济是根本对立的。诞生于商品经济高度发达的山西票号，在其诞生之后，又进而促进商品经济的发展，促进经济领域中资本主义生产关系的萌芽与成长。鸦片战争后，随着民族资本主义工商业企业的出现，又积极服务于民族资本主义工商业的发展。不仅承担了国内外大量的频繁的金融汇兑，还为创办近代工厂、矿山、交通运输等企业招收股本。特别在保路、保矿、收回路权、矿权的斗争中，一些票商的代表还站到了反对帝国主义侵略斗争的前列与之斗争。辛亥革命时，山西军政府成立之初，军饷无出，祁县之三晋源票号，慷慨解囊，以30万两白银的巨款，作为民军军饷。这都说明票号在振兴中国经济上的作用以及与资产阶级在政治上为之奋斗的总目标没有任何矛盾之处。在中华民国临时政府成立后，不仅重视实业，也十分重视金融。临时政府一再强调："国家富源，在于实业，而实业命脉，系于金融"①。民国元年（1912年）3月，南京临时政府财政部拟订了各类银行则例。其中，《商业银行暂行则例》的第十三条就把票庄、银号、钱庄都作为银行看待，要求其遵守则例②，报部注册，以便政府予以保护。这不仅说明辛亥革命建立起来的共和国对票号性质的界定，同时，也说明辛亥革命所要革的对象并不是票

---

① 转引李新主编：《中华民国史》中华书局，1981年版，第一编下册，第452页。

② 《中华民国档案资料汇编》第二辑，江苏人民出版社1981年版。

号。至于辛亥革命的社会作用，远不止此，此处不赘。然而，由于辛亥革命的胜利果实为封建军阀袁世凯劫夺，其社会作用不仅得不到充分发挥，相反，社会经济遭到了进一步破坏，票号正是在北洋军阀统治下衰败的。

票号的衰落，愚以为：一是帝国主义的掠夺；二是封建主义的压迫；三是封建军阀的浩劫与割据战争，使本来还可以得到充分发展的票号，在辛亥以后的十多年间日趋衰落。

先看帝国主义的掠夺。

诞生于鸦片战争前夕的票号，一般来说，它应随着商品经济的发展而发展，可是，在票号诞生后不久，中国就在鸦片战争失败后一步一步陷入半殖民地半封建社会的深渊。外国商品不仅潮水般涌入中国各地市场，同时，还在各通商口岸渐次建立起自己的银行及其分支机构。截止 1913 年，外国在中国开设银行共 21 家，分支机构达 125 处[1]，分设于 80 多个通商口岸。为数众多，实力雄厚的外国银行在中国除通过不平等条约对中国经营政治贷款或直接投资外，还千方百计扩大资本。它们除了追加直接投资外，主要是通过吸收公、私存款、滥发纸币、垄断外汇，投机房地产、保管税收等控制中国的金融。在这种情况下，票号开始出现了危机。1896 年《申报》载文说：现在西人在华设立银行，华人皆趋之若鹜，华人不信本地之钱庄，而信外国之银行者，以其本大而可靠，牵制多而不易倒闭也……无论西人有银皆存银行，而华人亦不嫌其利之薄，乐于存放。宦途充裕者无不以银行为外府，于是银行之资本屡大，转运屡灵，各票庄如不仰其鼻息[2]。在一些地方，票号受打击更大。如"天津为华北唯一贸易港，内外货物云集，金钱往来频繁，票庄执金融牛耳，事业曾盛极一时。自外国侵入后，票庄业务渐被夺去，范围日渐缩小，以致不克独立开设铺面……外国银行侵入了中国商业界，把汇款业务揽做强半，致使以汇兑为专业的票庄受巨大顿挫。表现在具体业务上，如天津向上海每年的棉纱汇兑一千万两中，外国银行即占 50%，钱庄、银号占 30%，而票庄仅占

---

① 据赵德馨：《中国近代史经济教程》，高等教育出版社 1988 年版，第 161 页综合。

② 《中国宜设银行论》《申报》1986 年 7 月 26 日。

20%"①，汉口的情况也十分严重。至于外国银行还未蔓延到的内地市场，如张家口、甘肃等地，票号业务仍如以前。比如天津每年汇往张家口的200万两，仍为票号所独揽同上。。在兰州，票号仍以其在金融界的信用，平息挤兑风潮。如光绪三十四年（1908年）官钱局纸币兑现，出现挤兑风潮，官钱局维持无力，官商邀请蔚丰厚等四家票号出面维持，纸币挤兑之风以息②。可见，外国银行及其分支机构在国内各地的设立与活动，是票号存在的死敌。至宣统年间，随着外国银行之深入内地，对票号的打击与摧残就更为严重了。"近年以来，京城及各省商埠之银号、票庄……纷纷倒闭"，"市面为之扰乱，人心为之动摇。"清廷官吏在清理倒号之案时，不是设法保护本国票号的利益，而是首先考虑保护"洋款、官款。其余存款、商欠一概置之不问，我国民商存款于各庄者，人人自危。念本国既无法律为之保护，于是相率提款，悉数存于汇丰、道胜等外国银行，约计近两年华人资本挈入于外国银行者，殆不下万万。外国银行既吸收我存款，复辗转放之于华商，存款息不过一二厘，放款则息至一分余，一转手间获利无算。而我国银行、票庄则有收而无放；有款者之于银号、票庄，则有提而无存。商家之信用日益堕。实货之流通日益滞。市场恐慌，工厂停罢，虽以繁盛埠口如上海、天津皆有江河日下之势。全国金融尽操于外国人之手③"；其中天津票号的衰落，尤为明显，从1905年的26家到1911年只有9家了。短短六年时间就有17家票号的天津分号撤了庄④。可见，辛亥革命前，票号受帝国主义银行打击之严重了。在帝国主义与封建势力勾结的打击下，票号的营业已经是危机四伏了。

其次，封建主义的压迫。票号自诞生之日起，就遭到封建统治集团的屡次打击。在和平时期，多次借口"银贵钱贱"是因为使用汇票所引起，而禁止官款汇兑；在战争时期，又以票商为军饷之渊薮，进行搜刮。

---

① 岸根佶：《清国商业综览》《天津的票庄》。
② 《赵永深自述蔚丰厚之经过》手稿。见中国人民银行山西省支行、西山财经学院编：《山西票号史料》，山西人民出版社1990年版，第385页。
③ 《御史陈善同奏折》宣统三年五月二十四日，《军机处录副奏折》以下简称《军录》货币金融专题。
④ 石小川编：《天津指南》卷六，宣统辛亥初版。

当然，它要搜刮的对象，不是仅指票商，而是所有的商人。其理论依据是："夫民有四，商为末也。故病农之事不可行，行之则本先拔。病商之事尚可行，行之而末不伤，何则？农之利少而有定，商之利薄而无定也。利薄而无定，则征之非过也。"基于这种建立在保护自给自足的自然经济基础之上的保护小生产者的崇本抑末政策，每当国内外发生战争需要筹措军饷时，总是把矛头指向商人。

山西商人在近代以来首次大宗捐输是在1842年第一次鸦片战争以后的所谓海疆捐输。为筹集《南京条约》的赔款，清政府把重点放在山西。1843年山西绅商捐输达200余万两，相当于赔款总数的十分之一。

太平天国农民起义爆发后，清廷为筹集军饷，乘机把矛头又指向山西。他们说："伏思天下之广，不乏富庶之人；而富庶之省，莫过广东、山西。"① 此后，清廷议准捐输为筹饷上策，"申谕山、陕、川、广各督抚劝令捐助军饷，许以优加奖励"。② 于是诸道御史各显神通，福建道御史宋延春除奏报京师较大票号、账局名单外，并说："该商等向来放银交易盈千累万，皆由领本商伙经理，无庸知会铺东，此次筹借要需，该商号等既有现银在京，不得以远询铺东为词，致滋延宕。"总之，若要筹借"有济"，必须"妥速办理"，"忌在善为劝谕，"③ 在这种情形下。从1852年3月开始至1853年2月底，统计全国绅商士民捐输银数4,247,916两，其中山西共捐银1,599,300余两，占绅商士民捐银总数的38%④，山西捐输居全国首位。但是，这种劝捐仍未停止，截至1855年12月27日，山西绅商共捐输银3,030,100两。加上，1842年的海疆捐输，前后12年从山西搜刮了500多万两白银，这种捐输对票号资本的发展打击之大，可以想像。

---

① 《惠亲王绵愉等密陈管见预筹帑项奏折》，咸丰三年八月十八日，《军机处录副奏折》，以下简称《军录》，太平天国卷号477。

② 《惠亲王绵谕等为遵旨覆议筹饷的奏折》，咸丰三年八月十八日，《军录》，太平天国卷号1251-10。

③ 《福建道监察御史宋延春奏折》，咸丰三年六月廿九日，《军录》财政类，卷13-15。

④ 《管理户部事务祁俊藻为遵旨报上捐输情形折》，咸丰三年正月二十六日，《军录》，太平天国卷号1217-16-1。

勒捐之外，还有强借。御史周祖培在奏折中说："军兴以来，耗费浩大，以致司农告匮，度支日绌"，"臣闻山西富商在京开设账行（包括票号在内，作者注）数十年于兹，乃于本年春间，因湖北江南贼匪不靖，忽而歇业西去，收回现银不下数千万两"，他要皇上"明颁上谕，饬令本省大吏详察殷实之家，恺切晓谕，暂时与之挪借"①，也使票号的发展受到了打击。此后，这种借款，虽是屡借屡还，票商因此也获得一些利益，但在辛丑以后，清政府的借款则是有借无还了。《中外日报》（1903 年 10 月 13 日）曾披露："某大司农于户部库中提款百万两交西帮票号存储，作为借款按月五厘行息，以八个月为期。号商承领此款颇有后虑。以此次既款借户部，部库将来清还之后，设遇库储支绌，必向号商支借。向来官借商款至多不过四厘月息，甚至永无还期。届时却之则开罪，应之则受亏，实无两全之法云。"② 事实上，直到清政府垮台前夕，度支部所欠各票号之款"已愈七百余万，归还尚无着落"③，还要向票号借款，为票号所拒绝④。有人以为票号喜欢揽收官款，说"票号所以能以少量资本在全国通汇，运转灵活，全赖公款存储"⑤。观此材料，这种说法恐怕也有片面性，试问同治以前，票号并无公款存储，照样通汇全国，又该作何解释？所以说票号之能通汇全国并非"全赖公款存储"。清政府的公款存储，对票商来说，并非全是福音。至于票商遇到困难时，特别是遇到发生倒账之风时，封建政权对票商之压迫则更显而易见了。票号中人李宏龄说："同治以后，东西洋各银行已渐次侵入，夺我利权……尤足寒心者，一遇到账，外洋银行则凭借外力；大清银行则依仗官权，同属财产关系，而彼各挟势力以为凭陵，如丁未（1907 年）营口东盛和之事，银行收十成而有余，票号收五成

---

① 《左副都御史周祖培为设法筹措经费以济国用折》，咸丰三年六月初五日，《军录》，太平天国卷号 1217 - 16 - 1。

② 《北京近事述略》，《中外日报》1903 年 10 月 2 日。

③ 《度支部急借商款之无效》，《大公报》1911 年 12 月 14 日。

④ 《度支部急借商款之无效》，《大公报》1911 年 12 月 14 日。

⑤ 孔祥毅：《近代史上的山西商人与商业资本》见《近代的山西》，山西人民出版社 1988 年版，第 302 页。

而不足，尚何公理之可言哉？"① 可见封建政权对票号之打击严重了。

官权之对票号的打击不仅如此。更有甚者，清政府各地封疆大吏利用手中的权利，成立官银钱局、号。截至1911年共有25家，有的专门揽办公款汇兑及代省库垫解各款，有的是专为行用官钱票；有的专办发钞，销售铜元或代铸银元。尽管有些省市的官银钱局、号，吸收商股，也具有某些资本主义银行业的因素，但总的来说，这些官银钱局、号基本上属于封建地方政权的附属机构，它们与票号之间业务上的抢夺，不是资本主义银行业之间的正常竞争，而是封建政权对纯属商办的具有民族资本银行业性质的票号的打击。上述宣统年间，一些票号的倒闭，正是帝国主义和封建主义相互勾结打击民族资本主义银行业的结果。

第三是封建军阀对票号的浩劫与割据战争对票号金融流通链的破坏。

作为资产阶级领导的辛亥革命，从武昌起义之日起，就纪律严明，得到了武汉以及全国各地区工商各界的拥护和支持，在临时政府成立之后，曾急切地颁布各种法令，促进实业的发展，注册的票号亦在保护之列。然而，不幸的是，后来窃取辛亥革命果实的袁世凯对票号先施之以武力抢劫，继施之以政权压迫。

1911年10月30日袁世凯自彰德南下，进驻湖北孝感，亲自督促北洋军猛攻汉口，11月1日，攻入汉口焚烧三昼夜，肆行抢劫、屠杀。"自桥口至蔡家巷，统计不下数万家。该处为汉口最繁盛之区，其间财产都系二十一省客民居多，乃均一焚无遗。"② 在全国各阶层人民的愤怒声讨下，袁世凯假惺惺地指示冯国璋"通饬各营，整顿纪律。"在太原，清军熊国斌部"在市内，四散抢劫，官钱局和帽儿巷的金店以及西洋市、估衣街等处的殷实商号，先被抢劫，后被火烧，大火连天，商民损失颇重。"③ 在天津，官兵带领土匪多人，手持快枪，砸门进院，入室抢劫，将（锦生润

---

① 李宏龄：《山西票商成败记》序，太原监狱石印本，第3-4页。

② 《汉口灾民致上海商会函》，转引李宗一著《袁世凯传》第178页。

③ 山西省政协文史资料委员会编：《阎锡山统治山西史实》，山西人民出版社，1984年版，第23页。

票）号内衣物银钱搜抢一空①。从上述情况可以看出，武昌起义后，在各地破坏各项实业，抢劫金融机构的不是民军，而是清军，笼统地说辛亥革命使票号受损失严重，辛亥革命给票号以致命打击，都是不符合事实的，也是不科学的。事实上，在辛亥革命中导致票号衰落乃至最后破产的一个重要原因，是和北洋军阀的抢劫以及北洋军阀统治时期所进行的割据战争、滥发纸币等分不开的，它与辛亥革命本身无关。

票号作为从事全国各地埠际间金融汇兑的专业机构，它的活动的一个极其重要的条件，则是需要一个和平安定的而非战争连绵不断的，全国统一的而非相互隔绝的贸易市场。否则，就不能彼此挹注，相互周转。

辛亥年间，票号虽因战事蒙受了一些损失，甚至受到像川、汉、陕、豫那样较重的损失，票号都没有灰心。而是本着信誉为重，"极力拼挡，刻苦经营"。在民国成立的最初二三年之中，对于债权者依然本利俱付，信用照常。之所以能够如此，是因为"票号商业，素以东南各省'经济发达地区'为紧要"，川汉、陕、豫的损失，可以得到南方各省分号的源源接济。一旦各省之间因为战事相互隔绝，南北不能相互挹注，作为专业汇兑的票商，势必立即发生搁浅。民国二年（1913 年）袁世凯专制复辟心切，先是暗杀宋教仁，继而进军江西，企图实行武力统一。在南方的国民党人纷纷宣布独立。然而这次的"独立"与辛亥期间的独立迥异。那时，对于封建专制的清政府是独立，对于革命则是全国的统一。这时，对于袁世凯实行武力统一的"独立"，必然形成军事割据。它对票号的打击至为严重，正如当时财政部就《〈山西天成亨等号沥陈战事影响商业颠危公恳救急报告〉复工商部函》中所说的那样："自民军起义，各省响应，一时难收统一之效。各庄遂致损失之虞，又兼银根奇紧，然又能极力拼挡，刻苦经营。共和告成三年以来，对于债权者依然本利俱付，信用照常。且察其营业大势，素以东南各省为紧要，前年川、汉、陕、豫损失虽形较重，而广、闽等各庄尚可挹彼注兹，源源接济。当此危急存亡之秋，该商等正在茹苦含辛，勉力揸注。不料，变起仓惶，祸生不测，粤、赣、皖、湘，

① 《商号致商务总会文件》，《天津商会档案》业务类 1912 年卷号 47。

忽传独立，以致奔走呼号吃亏尤甚，来源梗绝，周转无门"，"目下该处之项目迫，该处之项目难收，危急达于极点"①。正是因为全国统一的贸易市场遭到破坏，金融流通链被割据战争所截断，才使票号在债权大于债务640多万两的情况下，各分号之间，不能及时地相互挹注，而导致搁浅倒闭了。

加之北洋各级政府滥发纸币，更加速了票号的倒闭和破产。如《张仲权手抄稿》中所说："民初，金融奇窘，川、陕、湘、粤等省发行纸币，维持现状。阻挠行使者即行枪毙，示谕煌煌，何敢不遵？以改革之初，公家断无失信之理，不料，川、陕等省丁赋停止行使，纸币停止兑现，换价骤然跌落，他省闻风嚣张，纸币因之继涨增高，可怜票号在该省存银，以累累血本，尽变为纸币，不能履行债务，且债权有势力者，各恃其能力，涉讼不休，遂致商号金融滞塞，挹注无从。数年以来，日清月累，血本无着。"② 不得不宣告破产。

此外，北洋政府对票号要求的搪塞也是导致票号衰亡而不能复苏的一个重要原因。辛亥革命以后，放款收不回来，存款逼提，在关系到票号能否继续存在的紧急关头，票号中人曾联合起来派代表于1916年（洪宪元年）2月向袁世凯的北洋政府财政、农商两部以及山西巡按使请求"发还路矿借款一百万两，改组银行以维晋商"。不料，山西巡按不顾票商紧急危难，大笔一挥："碍难照准。"③ 无奈票商代表，又进而通过北洋政府所设政事堂，希望上报袁世凯，结果仍是杳无音信。一些票商正是在这种情况下破产倒闭的。所以说，票号不是被辛亥革命所革垮的，而是被北洋军阀所抢垮，被北洋政府所压垮，被北洋政府时期各地发行之纸币所倒垮，和其时不断发生的割据战乱所搞垮，倒是符合实际的。

另外，这里还有必要一提的是，有人说如果票号在当时能及时改组成

---

① 《财政部复工商部函》，《北洋政府档案》机关代号 1207，卷号 206。

② 《张仲权手抄稿》，该稿写于民国五年（1916 年）。见中国人民银行山西少支行、山西财经学院编：《山省票号史料》山西人民出版社 1990 年版，第 504 页。

③ 《山西汇商天成亨等号沥陈受战事影响商业颠危公恳救济有关文件》，《北洋政储档案》，机关代号 1027，卷号 206。

银行，则不会消亡败灭。这话听起来似乎有些道理，但事实上确是一种幻想。试问从 1912 年到 1927 年的 15 年间，所设立的银行还算少吗？统计总数 186 家，年均兴办 12.4 家，其兴也，不为不速，然而倒闭的就有 135 家①，年均倒闭 9 家，其败灭也，可谓快矣。查其兴起的原因，在于北洋政府滥发公债所致；查其兴办人，多是官僚军阀以及与北洋政府关系密切的金融资本家，像票号这样完全是商办的金融机构，在帝国主义与北洋军阀统治时期以及后来的国民党统治时期，要使它不衰落，不败灭，是不可能的。但是，这种必然，不仅不能说明它的所谓"封建高利贷金融组织的性质"，倒是说明纯粹商办的民族资本主义银行业在那个时代只能扮演一种悲剧的角色。

（本文为 1991 年提交山西辛亥革命 80 周年纪念北洋军阀术讨论会论文。在会上交流后，交《晋阳学刊》之高增德同志，后发表于山西省社科院主办之《学术论丛》1994 年 4 期。）

---

① 赵德馨主编：《中国近代国民经济史教程》，高等教育出版社 1988 年版，第 174 页。

从票号揽办捐项看官商关系在
近代的演进与晋商之性质

翻开《山西票号史料》，给人一个突出的感受是，在中国迈入近代门槛前夕创立的票号，在进入近代之初，为争夺捐项汇兑，同行之间，竞争异常激烈。当您浏览近代中国金融调拨中心山西票号的总号所在地平、祁、太一带碑刻时，又会给您留下一个深深的印象：在科举时代，这里生员不多，但碑刻中的监生却为数不少；这里的生员在科举场中名列前茅者甚属寥寥，然而碑刻所载之名单中，从"从九品"以至于五、六品官员为数颇多。这种现象反映了一个历史时代的社会流变趋向，从社会学的角度围绕这一流变现象进行检析，对于我们认识近代山西社会的演变进程，不无裨益。

一、商而官，商而绅的观念调适

在漫长的中国封建社会中，由于长期地推行了一种崇本抑末政策，特别是从秦汉之际，中国实现了大一统之后。历代王朝全面地实行崇士抑商政策，把社会上各色人等按职业排队，概括起来叫做"士农工商"，其中除"士"属于统治阶级成员的预备人员外，其余农工商则被分为两大部分。一部分称作"本务"的是指农；一部分叫作"末务"的是指工商。所谓崇本抑末，简单地说，就是提倡和奖励农业劳动者，抑制工商业者。其中的"商"较之"工"更在抑制之列。这是封建的自给自足的自然经济的反映。为了把广大的劳动人民牢牢地束缚在土地上，在崇本抑末的政策基础上，还对工商业者，附以种种限制和打击。

从汉代以迄明清，商人的社会地位，在法律上受到诸多限制。

1. 衣着上不能穿绫罗绸缎。

2. 政治上不能出仕做官，不能带自己的武器。不能骑马。

3. 经济上不能享有田宅权。同时，还不时遭到算缗、告缗的打击，这是汉代的情况。汉代以降，各个王朝在抑商方面虽程度不同，办法有异，有时一些开明的君主出于需要，也实行卹商政策，但其抑商的基本精神未从根本上改变，相反，四民社会序列中的士，于秦、汉大一统之后，其地位随着时代的推移，持续高升，享有法律的、社会的种种特权，为历代统治者维护其统治的中坚力量。宋代所以出现"天子重英豪，文章教尔曹。万般皆下品，唯有读书高"，正是这种情况的反映。然而，随着封建经济的发展和社会分工的日益发达，商品经济以及与之并存并荣的商人阶层也必然随着发展。这是社会经济发展的必然趋势。另外，商人毕竟是一批能够"伸盈虚，而获天地之利；通有无，而—四海之财"① 的会赚钱的阶层。他们在商业活动中积累起来的财富使他们有财力享受着锦衣玉食的生活，令那些在政治上地位很高而经济上并不宽裕的士以及各级官吏羡慕不已。明清之际不少官吏、士人兼营工商，孳孳牟利，远非前朝可比。据黄省曾《吴风录》载，"至今吴中缙绅大夫，多以货殖为急"。而清代段光清《镜湖自撰年谱》中竟说，到嘉、道年间更出现了"地方官吏艳商人之利，惟商之命是听"② 的现象。商人们也利用其手中掌握的财富，交通官宦，使封建朝廷所下达的各种贱商、抑商的上谕，成为一纸空文。

历史的发展正是这样：令不行，禁不止，限反越。

汉代不准商贾穿绫罗绸缎，然而富商大贾竟有以绫罗绸缎作墙衣，其家之僮仆、奴婢也穿着绣有花朵的绸衣和缎鞋③。汉武帝明令禁止官员经商，但霍光当政后，其子霍禹即率先违禁经商④。

---

① 《群书治要·傅子》。
② 段光清：《镜湖自撰年谱》，第34页。
③ 《汉书·贾谊传》。
④ 《汉书·赵广汉传》。

唐代规定不准工商业者骑马，然而工商业者，不仅自己骑马，而且还让其小童骑马相伴①；唐代规定在职官员之家属经商者要被罢官，但事实上，诸王与官吏经商者不乏其人，德宗时之陈少游"三总大藩，征求货易，且无虚日，敛积财宝，累巨亿万"②。

宋代的苏洵在这方面讲得更为具体："先王患贱之凌贵而下之僭上也，故冠服器皿皆以爵列为等差，长短大小，莫不有制。今也工商之家拽纨锦、服珠玉、一人之身，循其首以至足而犯法者什九。"并说这种状况是"举天下皆知之而未尝怪者。"③ 商人僭越事小，官吏经商事大。王安石曾说："故今官大者往往交赂遗，营私产，以负贪汗之毁；官小者贩鬻乞丐，无所不为。④"

可见，貌似强大而又法力无边的封建专制政权，尽管它可以制定许多法律条文，下许多的诏令、圣旨，但是在实际生活中，还是被工商业者所僭越。"士农工商"的社会定位在事实上越到后来，愈是名不副实。至明清之际，伴随着中国封建社会内部资本主义萌芽的发生与发展，四民序列，已经是岌岌可危了。

有人开始将"商"也列到本业的高度。他们说："四民固最次商，此在古代，物鲜而用简则然；世日降而民日众，风日开而用日繁，必有无相通，而民用有所资，匪商能坐致乎？⑤"又说："古圣王之道以工商为专，妄议抑之；夫工因圣王之所欲来，商又使其愿出于途者，盖皆本也。⑥"既然如此，商就不应再为四民之殿。随着商品经济的发展，从商人数的加多，有人估计，隆庆（1567 年—1572 年）以来，"去农而改业为商者，三倍于前矣"。⑦ 有鉴于此，有的士人已经觉察到商人的实际社会地位已经超越"农工"而仅次于"士"了。

---

① 《唐会要》三一，《杂录》。
② 《大唐六典》卷3；《太平广记》卷239《陈少游》。
③ 苏洵：《申法》，载《嘉祐集》。
④ 王安石：《王临川集》卷三九。
⑤ 胡宥：《崇邑蔡侯去思亭记》。
⑥ 黄宗羲：《明夷待访录·财计三》。
⑦ 何良俊：《四友斋丛说》卷13，第112页。

他说："商贾大于农工，士大于商贾，圣贤大于士。①"这里四民的排列次序，除士仍保持首席不变而外，"农工商"已经变成了"商农工"，"商"的地位仅次于"士"。下一步就轮到"士商"位置变换了。

进入清代，虽然康乾以来在事实上推行岬商政策，但为维护其王朝的长治久安，对于士的优礼有加，超过前代。明代的士在社会上已经享有很高的声誉，如《明季北略》中说："尝见青衿子（士人），朝不谋夕，一叩乡荐便无穷，举人其登甲科，遂钟鸣鼎食，肥马轻裘，非数百则数十万，试思此胡为乎来哉，嗟嗟！……彼且身无赋，户无徭。田无粮，物无税，且庇护奸民之赋徭粮税，其入之未艾也。②"而清代则进一步在政治经济上给予种种特权，以致形成了"家有举贡士，敢把钱粮蚀，孝肃与忠介，所以疾巨室③"的局面。商人要想改变被抑、被贱的地位，必须取士之位而代之，或合士之利而有之。

机会终于来了。

由商趋士，由商趋绅，由商而官，过去均曾有过。但不普遍，至清，由于商人都想通过捐监而获得官衔，以提高其社会地位。这种情况，在嘉庆以后的富商巨贾中才开始泛滥开来，捐监在平、祁、太一带也随之普遍。当时在生意场中，人们往往把这种办理捐监或捐官的事称作"捐项"。

二、由商而绅的时代动因

所谓捐项，就是封建政权卖官鬻爵的捐纳制度。它是中国封建政府获取财政收入的一项经常性措施。始于秦始皇，成于汉文帝，盛于清王朝。清初，屡用捐纳筹集内战饷银，或赈灾粮食，但都是由于某种临时性的特殊需要，时过境迁，也就停止。嗣后，随着清王朝的政治腐败，财政拮据，为了获得捐输收入，以作为财政收入的补充，竟将"京官自郎中以下，外官自道台以下"，分为品级，明码标价，广为出售，美其名曰"捐

---

① 《何心隐集》卷3，《答作主》。
② 计六奇《明季北略》卷十二。
③ 《潜皖偶录》卷九。

纳制度"。由于监生是买官需有的最低文凭，因此捐监之风尤为盛行。所以，票号中人又把它称之为"捐监"。票号成立之前，这种捐项曾由银号上兑，票号成立以后，随着清政府捐纳制度的变化，也开始兼办起捐纳方面的汇兑了。

明清时代，入仕有两条途径，一是通过科举道路，由秀才而举人，而进士，进入仕途，这是最荣耀的，称之为正途。还有一种科举场中不能尽如人意，而家又颇饶于财的富家子弟，要想进入仕途也是可以的，但得首先花钱买一个监生的资格，也就是我们常说的文凭。监生可以通过捐资获得，是从明代景泰（1450 年—1457 年）年间开始的，至清则从雍正年间开始。有了监生这个头衔作为入仕的起码条件后，再逐渐捐下去，由虚衔而实职，由低品而高级，亦可荣光耀祖，风光门庭。

嘉庆年间是清王朝由盛转衰的转折时期，这时嘉庆皇帝为了解决财政危机，就在捐纳制度上打主意。以往捐纳监生，规定在北京纳银领照，称为常捐。这对于离京较远有心捐个监生的富家子弟是不方便的。为此，从嘉庆五年（1800 年）起，朝廷允许监生在所在省向藩库纳银，而后转部领照，时称大捐。为各省那些未入府州县学而欲应乡试，或未得科名而欲入仕必须先捐监生作为出身的人，提供了方便。于是，各省捐生踊跃输将，然而，从把银两上交藩库（即一省之银库），到领到国子监或吏部执照，往往需要很长的时间，甚至经年①。这就使捐生产生了顾虑，害怕交了银两，领不到执照，于是一些在京有亲友的捐生，就托京中亲友直接向部库交纳银两，领取执照。但银两仍需由外省解现运京，这样，不唯耗时费资，亦且时有危险。这且不说，比这更使捐生们难堪的是，自捐纳广开之后，一些开银号的商人与地方之劣绅、贪官们勾结起来，乘机坑诈捐生。咸丰元年（1851 年），云南道监察御史周有庐在一篇奏折里就说，捐项本来"名目繁琐"，"无如包揽，在外省较京中尤甚，市侩垄断罔利，私设堂名，部中向来各项名目所有者增加银数；向来各项名目所无者，另添吏、

---

① 《陕西道监察御史为拟请颁发各直省监照的奏折》，咸丰三年七月初四日，《军机处录副奏折》以下简称《军录》，太平天国，卷号 1216 - 10。

兵部验看、注册、鸿胪寺递折、国子监给照等名目①"。甚至有花大钱，捐小官坑害捐生的情况，使捐生有口难辩。如湖南善化之辜梅林"指捐未入，伊误捐从九"；"陈伟齐指捐道库大使，伊误捐从九"；"青声远指捐布经历，伊浮开千余金，伊反在抚藩府县控告，委员陈知县勒令出京钱九百千。青声远不允，该委员以如敢抗断，定行评革，青声远被迫遵断了案，窃思包揽久干例禁，省城开设堂名如此其多，大小官员岂俱不谙定例，何以平时绝无闻见，迨屡经控告，何以又不立时封禁，反袒护开设堂名之市侩"。难保"不因戚谊受人嘱托，授意属员偏断"，如此下去，将使捐生"徘徊观望，裹足不前"②。为此，请求查禁。

票号诞生后，随着票号商业汇兑的声誉日高，一些捐生也开始利用票号汇兑捐纳款项。道光二十一年（1841 年）8 月 28 日，御史宜崇奏折中就说："窃视各省富户颇多，近年捐修之案屡见迭出，足见急公乐输之实证。"唯向来大捐不成速充者，推原其情，非因捐生不能急公，实由道路路遥远，携银来京，不唯费用耗资，亦且时日需久，其有志在二次及军营投效者，候至来京报捐，按卯期上兑，以致领照后，约计时日，大功即可告竣，是以裹足不前耳。况捐生携银来京，岂能带多人照料？更虑路有疏虞，所以近年捐生多由该省会票来京③。

票号方面对于捐生报捐款项，也积极揽收以便赚取汇水及收取其他好处。

于是就出现了票号创办之初，蔚泰厚与日昇昌在南方各地为揽办捐项而展开的激烈竞争："再报，苏地大势，功名以及钱店生意，咱号概不能作分文，皆因日昇昌、广泰兴等号今年以来揽收从九、监生，加收曹平二十二微些，二十、二十一不等。照此，弟等毫无划算，是以只可不做。④"

① 《云南道监察御史周有庐为制止市侩开设堂名包揽捐项与折片》，咸丰元年十一月初十日，《军录》财政，捐输 18 （2）。
② 《云南道监察御史周有庐为制止市侩开设堂名包揽捐项与折片》，咸丰元年十一月初十日，《军录》财政，捐输 18 （2）。
③ 《御史宜崇为推原捐项以期速充国计的奏折》道光二十一年八月二十八日《军录》财政类，捐输，卷号 29。
④ 卫聚贤：《山西票号史》，说文社中华民国 33 年版，第 255 页。

这封道光二十四年（1844年）年的蔚泰厚苏州分号致京都分号的信件，正是当年两号在苏州揽办捐项激烈竞争的反映。

在经手捐项汇兑的过程中及其以前，平、祁、太商人为了在这个官本位社会中经商方便，他们也为自己办了捐纳。1777年《重修清虚观碑记》布施名单中，有工商148户，个人布施274人，其中有士人36名，而监生却占了27名①。

关于监生，就是国子监的学生。北京之国子监自元明到清代，已五百余年。"昔日由生员始可选贡入监为监生，其资格实在生员之上"。"明景泰中，监生开始可以捐纳，至清而更盛行，末造益滥，因此监生之名多为捐纳以应乡试与求官之用，并不务学，为人轻视②"。这里在同一个时期，同一个地方，仅有6名生员，2名贡生的情况下，监生就达27名，几占布施个人的10%，显然是平遥商民花钱捐来的。

大捐是从嘉庆五年（1800年）开始的。至道光六年（1826年）太谷的阳邑镇修净信寺时，参与捐资重修的商号共117户，捐资的个人778人。在这778人中，廪、贡生员总共7人。而监生却有23人。从九品的官员竟有8人，另外，还有州同1人，布政司理问1人，千总2人，它们事实上都是由商人捐纳而来的。约占此次捐资人数的5%。另外还有，介宾2人，僎宾17人③，这些虽不能算作官吏，但却是正经八百的乡绅。

平遥筑城开河兴起于太平天国起义（1850年）之前，完成于太平天国中期（1856年），清政府为解决因镇压太平天国而出现的财政危机，曾大力令商民捐输，平遥商民由商而获官衔者，这一时期不少。见下表：

---

① 史若民编著：《平祁太经济社会史料与研究》，山西古籍出版社2002年版，第204－210页和本书《平祁太一带的民俗教育与商贸发展》一文中所附《平祁太碑刻及工商人，户布施统计表》。
② 商衍鎏著：《清代科举考试述略》，三联出版社1958年版，第23页。
③ 史若民编著：《平祁太经济社会史料与研究》，第432－474页《重修净信寺碑记》布施化名统计得出。

1856 年平遥筑城开河碑记布施士绅、官衔、人数统计表①

官衔	人数	官衔	人数
试用知府	1	议叙知府	1
府知事	1	州同	2
州判	1	同知	1
侯铨知县	2	平遥典史	1
署平遥典史	3	县丞	1
奎文阁典籍	4	侯选游击	1
议叙游击	1	即用守备	1
议叙守备	1	侯选守备	1
都司	5	后补都司	1
守御所千总	7	营千总	2
千总	2	翰林院待诏	2
翰林院孔目	1	议叙中书科中书	1
詹事府主簿	1	国子监典籍	1
启事	1	奉直大夫	1
布政司经历	10	布政司理问	2
布政司都事	1	按察司经历	1
按察司知事	1	府经历	1
儒学训导	8	教谕	3
吏员	1	学吏	1
议叙盐大使	1	大宾	3
介宾	8	耆宾	3
从九	26	贡生	11
贡生	11	太学生	1
监生	15	生员	4
合计		160 人	

资料来源：见史若民编：《平祁太经济社会史料与研究》山西古籍出版社 2002 年版第 238－243 页中的《平遥县筑城开河记》碑记。

本次捐资中，如此之多的知府衔、千总衔、布政司经历、理问衔、从九、监生与商人之捐纳是分不开的。至于此次捐资的铺户由于断碑只能抄出 62 户。仅就抄出的捐资铺户看，我们核对了一下他们的捐输情况。比如

---

① 史若民编著：《平祁太经济社会史料与研究》，第 238－243《平遥县筑城开河记》布施化名分别统计得出。

日昇昌票号东家李箴视，他在捐同知衔时，就花了不少银子，此次由同知拟请议叙知府职衔，又捐了4000两，其总经理程清泮由普通商民直接捐监生并理问衔，共捐750两。协和信、协同庆票号东家王作丰捐银4000两，拟请议叙员外郎职衔。新泰厚票号成员刘承统144两捐了个贡生，王如椿100两捐了个从九品衔，等等，说明这次筑城开河之所以有如此之多的官员参加，正是由于这次捐输造成的。这次捐输使平遥城中许多大商人集官衔与巨商于一身。而且，从此在平遥的社会生活中，巨商也开始和官绅平起平坐了。比如修城墙，主要由三家富豪主持。南边是由五代票号世家赵鸿猷主持的，北边则是票号子弟武鸿文、武同文家主持的。只有西边是乡绅宋梦槐主持的。乡绅与商绅，此时此地已经是平起平坐了。其原因则是由于这里的商人大多捐有官衔，已经不再是传统社会定位中"士农工商"之中的"商"。而是可以与士并列，甚至在社会上其真正的地位，还要较士高出一筹的"绅商"。

祁县由于碑文全无，所以无从征引，但从平遥、太谷看，夹在二者之间的祁县，其商人之捐官者绝不亚于平遥、太谷二县。而且从祁县之旅蒙商号大盛魁看，靠捐官而使其生意红火起来乃至于最后达到垄断地位，恐怕就捐官方面而言，在平、祁、太一带还是个带头人。据《旅蒙商大盛魁》一书的记载，"秦钺是乾隆末年、嘉庆初年大盛魁的经理，他对大盛魁的发展，曾起到过很大的作用。据说，清政府给大盛魁的'龙票'，就是从秦钺当经理时期开始的。他对大盛魁的组织、制度、经营、管理等方面，大加整顿，建立一套比较完备的账簿"。为了对清朝和蒙古的王公作进一步联系，利用各种机会，取得巨大的利润，他还按照清朝的捐例，"为他本人及乌里雅苏台、科布多、北京几个掌柜，都捐了顶戴。这对他的放债、收账得到更多的便利，使大盛魁由一般商号开始走上了垄断大商业的道路"[1]。

捐监可以入仕，捐输可以升官。然而平、祁、太一带的商人捐监没有一个真正是为了入仕或者升官的。他们捐监也好，捐输也好，其目的只是

---

[1]　内蒙政协文资委编：《内蒙文史资料》第12辑，1984年版，第12页。

为了获取封建政权给予士或官的特权地位与其商的身份相结合，从而更为方便地在商场活动。平、祁、太一带的人中，流传的一些俗话和歇后语，比如："生子有才可作商，不羡七品空堂皇"，"八秀才住票号，改邪归正"等，都说明在平、祁、太一带，传统的官本位观念，发生了剧烈的变化。

三、商而官，商而绅，官商相维，绅商一体的阶级属性

常捐、大捐、捐输使中国的许多富商巨贾消耗了一大批银子，换来了各种尊贵不等的官衔。论者对此曾有过种种议论。然而从社会学的角度检视，无论如何不能不说是一次大的社会流变。从此，随着清王朝中央集权的削弱，地方实力派抬头，并与富豪的结合，中国社会在半殖民地的轨道上，在清朝贵族的统治下，原由各地乡绅左右着的各个地方政权逐渐发生了变异。当时的《申报》曾有议论，"同治以来，通商之局，日新月异，气象改观，而国俗为之一变，其大要在乎重商。盖中国官商不相融合，商虽富饶无与国家，且往往见轻于时。自西人请驰海禁，南北海口遍立埠头，辄需中国之富商与之交易，而西俗重商；有因西人之请，而其势不得不略示重者。因而渐有官商一体之意。然非各路剿荡发匪，饷项支绌，借重殷商捐垫巨款，则商人尚不免市侩之羞，终不敢与大员抗礼。""自国家重商之后，凡属殷富皆经大臣保举，小而丞倅，大至监司，由商而入官"，"故商人之见重，当自东南收复之日始也"。可见，常捐、大捐、捐输对传统社会四民定位的变化影响巨大。

在中国封建专制制度保护下的官本位社会中，本属四民之末的商，自明清以来能够由士商并列，到官商一体，是经历了一个漫长的历史阶段的。这种变化既有封建社会内部经济基础发生变化的内因，也有外部的打击诸因素，常捐、大捐、捐输，只不过是这种变化的催化剂而已。

然而也不是所有捐输的人，都由此而入于绅商之列，形成官商相维的局面的。只有那些为晚清政府所无法摆脱的"庄号"才能做到这一点。还是这家报纸说："从前公项之银纵存积百万，不出库门之外，同治以后，则库中所存无几，而大半皆付庄号。此因富商于兵需艰急之时，垫发巨款

得以济急。当事者推表其功，倍加信任。以公款与之出入。""凡解京之款、无论交部库，交内府，督抚委员起解，皆改现银为汇票。到京城之后，实银上兑或嫌不便，或银未备足，亦止以汇票交纳。几令商人掌库藏之盈虚矣。"[1] 商人的地位显然是提高了许多。

面对森严专制的皇权，票商能为商人争得如此之高的地位，在中国这个传统的小农经济的王国里，这不能不说是千百年来"未有之大变局"。从此以后，票商们可以大摇大摆地走进官府与那些有职有权的官员攀谈业务，乃至于出现了所谓"蔚盛长交好庆亲王、百川通交好张之洞、协同庆交好董福祥、志成信交好粤海关监督"陕甘总督左宗棠亲自登门拜访乔家亮财主等票商与封疆大吏的不寻常的关系。

至于这种重要的社会现象说明了什么，过去一概视之为"勾结"官府，几乎没有人再深入一步予以论及。近读马敏先生所著《官商之间，社会巨变中的近代绅商》一书，论及了这种现象，并对官商与绅商之间的区别与联系以及绅商阶层的阶级属性的认识与判断，提出了一个很好的见解。

他说："判断绅商阶层的阶级属性和判断每一个绅商向资产阶级转化程度，应当分别使用两个既有联系又有区别的标准。因为正如资本主义经济体系不是企业的简单重叠相加一样。阶级和阶层也绝不是单个人的简单排队集合。考察绅商阶层是否已构成近代民族资产阶级的早期形态，必须注意捕捉它作为一个社会阶层所表现出的整体性特征；考察该阶层在近代化潮流中所表现出的总的发展趋向，要看它作为一个整体是否已从属于资本主义新兴经济体系，是否已站在早期资产阶级立场上说话，办事。简言之，即判断其根本经济利益之所在。由此判断近代绅商阶层已经和新的资本主义生产方式有着广泛和密切的联系，其经济活动和思想意识也开始表现出某些不同于传统绅士和商人阶层的价值取向，因此，在总的趋势上，是坚定地支持经济现代化的。""因此基本上可以视为近代民族资产阶级的早期形态。尽管每一个绅商向近代资本家阶级的转化程度不一，有的已经

---

[1] 《论官商相维之道》，载《申报》，1883 年 12 月 3 日。

脱胎为产业资本家了，有的仍是商业资本家，甚至一部分人还停留在旧式商人的水平，但并不妨碍作为一个社会群体所表现出的资产阶级化的整体倾向性。"① 据此，我们拟将平、祁、太一带的商人作为一个社会群体予以考察。察其言而观其行，进而别其性。以利于正确总结近代社会发展的历史过程，从而吸取教训。

所谓察其言而观其行，并非仅指某个人某个具体时期的某些言行，而是把平、祁、太一带这个商人群体放在十九世纪末二十世纪初，史学界一致公认的民族资产阶级最为活跃的历史时期来考察。把他们与东南沿海民族资产阶级力量比较雄厚的地方作一比较。

先察其言，观其行。

中法战后，日本发动侵略战争，侵略中国，并迫使清政签订了割地赔款、丧权辱国的《马关条约》，从此，帝国主义在中国掀起了划分势力范围、瓜分中国的狂潮。它们在中国掠夺我矿权、侵占我路权，种种侵略，激起了中国人民的强烈不满。新兴的中国民族资产阶级，代表了当时广大人民的心声，倡导和发动了收回矿权、收回路权、抵制美货等一系列爱国运动。与此同时还掀起了实业救国、教育救国的热潮。积极筹组各种公司，兴办各种学校，在维护利权方面与帝国主义进行了激烈的斗争。

平、祁、太一带这个绅商群体，在这一时期表现如何，是检验其是否进入民族资产阶级行列的试金石。

山西票号于1904年冬酝酿组织的"山西保晋公司"，就是当时中国民族资产阶级为在中国建立最大的近代化的煤矿工业的典型。而"山西保晋公司"的核心力量就是平、祁、太一带的票号商。

第一，他们行动得最早。据《大公报》1904年12月21日以《会议举办矿务》为题载文说。"近日京师各西号票庄之人，即会议此举，俟定章程后，即禀请商部咨行本省开办。"保晋公司实胚胎于此。后来，票号财东渠本翘在争矿运动中成为领袖人物之一，说明已经转化为民族资产阶级的票号财东，对于创办近代工矿业的积极性。至于此前，关于反对英国福

---

① 马敏著：《官商之间——社会巨变中的近代绅商》，天津人民出版社1995年版，第206页。

公司掠夺山西矿产资源的官员、士人，也确有一些。如 1898 年 2 月 28 日左都御史许树铭就是最早上折反对的一位官员。但总的说来，这种反对，还限于统治阶级内部。其反对理由也多是从地主阶级的保守思想出发。一则说什么"大凡天下大势，强者利于通，弱者利于塞……山西附近神京，表里山河，险阻足恃，所产煤铁为制造军火所深资，闭关而守实朝廷之外府，缓急可恃之要疆也①。"再则说什么"愚民无知，万一有骚扰不安之处，激成洋案，虽竭数十年所兴之利，能供一案之索偿乎?②"这种议论，实实在在地说，他们还够不上是自觉地要使山西的矿业近代化。最多也只是近代以来常见的清王朝内部的地主阶级顽固派的梦呓。就这方面而言，山西票号实在是争矿运动的真正带头人。

他们参与争矿既不同于地主阶级顽固派的保守闭关思想，亦有别于 1905 年 7 月，英帝国主义福公司要求在阳泉附近封闭土窑而与帝国主义福公司直接抗争的劳动群众。前者，没有代表新的生产关系和生产力的任何前进迹象；后者则是由于帝国主义福公司的举动危及他们的生计而引起。而票号的目的，一开始就酝酿在山西建立新的近代化的采矿业，维护民族利权，以与帝国主义经济侵略相抗衡。这种情况，不仅表现于一开始他们即以组织近代化的经济实体有限公司这样一种组织机构，以与之相争，而且还表现于该公司明确宣布"只收华股，不收洋股③"，反映了对帝国主义经济侵略的高度警惕。

第二，争矿运动不仅反映了票号商的整体性特征，而且反映了平、祁、太一带商业群体的整体性特征。就资金的筹集而言，争矿运动受到了帝国主义福公司的讹诈，索要 275 万两赎矿费。对于这项被英帝国主义所

---

① 《光绪二十四年二月八日左都御史裕德等折附内阁中书邓帮彦等呈》，原件存于中国第一历史档案馆。

② 《光绪二十四年闰三月二十七日总理各国事务衙门折》，原件存于中国第一历史档案馆。

③ 《山西商办保晋矿务公司广告》，载《大公报》，1908 年 4 月 1 日。

讹诈的款项，虽说可由"晋省亩捐项下摊还①"，然而，藩库早无余银，而第一期又需先交一半，并定于 1908 年 2 月 21 日，即从赎矿条约签字之日起，一个月后的第一天，就要交出 130 余万两的巨额赎金，这是英帝国主义对山西人民极其无耻的讹诈和勒索。在这种压力下，山西各票号深明大义，积极筹集资金，以备赎矿之用。当时的《大公报》曾以《晋人踊跃从公》为题，对这一事件作了报导："闻晋省各票庄均认先行挪借，以免失信于人，而保晋省名誉。晋人团体如此固结，将来发达岂可限量②?"后来曾任山西商业学校的校长严慎修回忆这件事时说："余尝闻友人言，当晋人赎矿于福公司时，约定赎款二百七十五万两，其时库款无余，所依赖者，全属票商。交款之日，福公司暗托有往来银行，收集在外之款，以困票庄，而票庄竟不动声色，不爽时刻，纯然以彼外国银行所周转之票相交付。于此外商固惊讶不置。而晋商金融界活动之力若何，亦可以睹矣。使当日晋商不为助力，吾恐今之矿区犹在福公司之手。而英商势力早已横行于我山西之境内矣③。"

综上所述，在收回利权运动的影响下，山西票号在山西争矿运动中始终起着十分重要的作用，这固然与当时人民群众以及当时觉醒了的知识界的支持是分不开的，但是，如果票号本身在创办新的企业、维护国家民族利益方面没有正确的认识和积极性、主动性，这一运动是不可能取得胜利的。尽管由票商转化而来的民族资产阶级与其他民族资产阶级一样，在与外来侵略者斗争方面，存在有软弱性、妥协性，使山西争矿运动不得不以"备款赎回"这种方式结束，但在当时的历史条件下，山西民族资产阶级领导的这一收回矿权运动对全国争矿运动却有着积极的影响。云南在争矿运动中就曾提出："七府矿约，何不效山西之阵法，鸣鼓直争而赎回自办?"④ 说明随着山西矿权的收回，进一步激发了全国各地收回利权运动的

---

① 《阳泉矿务局档案》，1952 年打印本。转引自阳泉矿务局矿史编辑委员会、山西师范学院历史系二年级合编：《阳泉煤矿简史》山西人民出版社 1960 年 3 月第 1 版第 16 页。

② 《大公报》1908 年 2 月 25 日。

③ 严慎修：《晋商盛衰记书后》、《晋商盛衰记》1923 年太原范华版。

④ 《滇中争废矿约纪略》，原载《云南》第 20 号，见《云南杂志选辑》。

民族自信心和决心。

保晋公司成立后，渠本翘为总理，王用霖为协理，总公司设于太原海子边，阳泉为本号。其资本除本省之公款外，拟集资300万两"每股五两，计六十万股"①。由于库款无着，只好请票号暂为代垫。票号除积极代垫赎矿款项，先将矿权赎回，已如上述外，还积极认购股票。

据报道，自保晋公司成立招股以来，山西各界入股十分踊跃。"计太谷认六万股，各票庄二十万股，盂县二千股，汾州府五千股，平遥二万股，平阳一万三千股，榆次八千股，潞安六千股，泽州五千股，忻州一万股，太原九千股，祁县四万股②"，之所以如此，据当时一位日本人报告说："民间有志之士普遍认为经营企业是收回利权的最好手段，关系国家命运的兴衰。因此，大声疾呼：苟有爱国之心，应起而响应股份之招募。看清了利害的中国人民，当然更不计较金钱上的利害，相信能认购一股就等于收回一分权利。于是争相认购股份，引起了全国到处创办起股份、合伙或独资经营的新企业。③"保晋公司正是在这种爱国思潮的推动和影响下创立起来的，山西票号在这次认股中，一次认购了20万股，如果除去公款部分，仅就该公司商股而言，票号就占到了总数的三分之一。

除各票号认购20万股外，再加上太谷的其他商号认购6万股，平遥的其他商号认购2万股，祁县的其他商号认购4万股，合计32万股。这32万股事实上都是出自平、祁、太三县的商号之中，占全省商办保晋矿务有限公司60万股的53.33%，处于绝对优势地位。所以说，全国当时最大的民族资本矿务公司是以山西票号为核心，以平、祁、太商号为主体的民族资产阶级创办的。它的成立和运作，不仅说明了山西票号这个群体的阶级属性，也说明了平、祁、太一带这个商业群体的民族资产阶级的阶级属性。

---

① 《山西商办全省矿务有限公司章程》，转引《山西票号史料》，山西人民出版社1990年版第341页。

② 《保晋公司集股之踊跃》，载《大公报》，1908年1月16日。

③ 岸根佶：《收回利权运动对中国的影响》，见汪敬虞编：《中国近代工业史资料》第二辑，下册，第737页。

与收回矿权建立保晋公司的同时，几乎所有的山西票号都参与在全国各地为近代的新式企业招商集股。几乎当时所有的铁路干线集股工作都有山西票号的参加。

与收回利权（路权、矿权）的同时，在维护已有的利权而不至于继续丧失方面，山西票号也是走在时代的最前面。其中合盛元票号于1906年到日本神户开设合盛元银行，则是一个显明的例证，"查中国侨商贸易汇兑向由外国银行经理，不但利源外溢，即金融机关操之于人，商务已大生阻力"，"窃维银行为商业交通的机关，故东西各国咸重视之，保护维持着于法律。其营业之性质，则以重信用，通有无，备缓急，便取携为主义。溯自中外互市以来，我国商业进而为世界之竞争，外人辇货东来，载货西去者日益加盛，而各国之在我国设立银行者遂相踵起。由此以推，则银行与商业之关系，良可烛见。然各国设立银行则利在彼，不特列邦之财政借以扩张，即我国之利权浸为所夺。但及今为计，补救非迟，忻逢明诏特设农工商部，其所以提倡实业，体念商艰者，无微不至。查我国向祇有通商银行一区，近来户部、信成二银行均甫开办，惜仅推行于内埠，未能增设于外洋。恐我国人在东西洋及南洋群岛从事工商业者实繁有徒，且近岁留学欧日之学生不下万人，因无本国银行，其存放汇兑无不仰人鼻息，困难杂出，遑恤漏卮，以视外人之经商侨寓我国者，即此一端，便利于否，相去甚远"。职商有鉴于此，是以不惮艰阻，遴派妥人新设本号之分号于日本神户以"扩张商务，挽回利权"。

综观十九世纪末二十世纪初的票号，无论在实业救国的热潮中，或在资产阶级发起的收回利权运动中，平、祁、太一带的票号商，不仅是积极的拥护者，还是积极的直接参与者，票商已经自觉地把自己作为民族资产阶级的一员而从事上述资产阶级发动的每一项爱国运动。祁县合盛元票号于1906年主动赴日本开设分店的行动及其以后发表的告白，就是票号资本家力图作为中国这一历史时代主人翁的明证。其告白中说："启者，近来环球大通，商务争胜，而国家特设专部鼓励讲求，唯我商人亦须及时起发，以图扩充。乃观各国银行来吾邦开设者甚多，其晋之汇业一途亦与银行所司无异，然独不能出外洋半步，良可慨也。（本号）有鉴于此，用特选派妥人，提出重款，先渡东洋各处，创设支庄。①"无论该票号在国外开设分号的动机，或是该票号为此事所发的《告白》，其思想境界都是高尚的。它与当时民族资产阶级的呼声是合拍的，他们要以实际行动维护中华民族在国际贸易交往中的各项利权，也是值得人们称道的。

此外，平、祁、太一带商人的精神境界，还表现于光绪三十一年（1905年）平遥重修市楼的目的和光绪三十三年（1907年）太谷重修大观楼碑文之中。他们的眼光都是近代世界型的，他们的目标都为近代典型的民族资产阶级所追求。现征引如下：

> 平遥碑文：顷者，中外大同，商战益烈，路政修明之后，我邑当为商务之中心点，行见团体固结，研究专精，商务日见良改，商业日见扩充，将吾市之利，当于此楼之崇并峙而不朽……阛阓勃兴，东西渐被。②

> 太谷碑文：

> 彼夫文学彬彬，胚胎欧化者，雅典之大观也。厂肆栉比，工商云集者，伦敦之大观也。学校林立，农业称盛者，柏灵之大观也。此数大观者，岂仅以其地哉？亦其人为之耳。晋地为唐虞故都，开化最早，民俗纯良，为中夏最。然古道虽存，而新机未启……迩者中外交通，文明浸灌，执柯伐柯，取则不远，故观于声光电化诸学术，则为士者可以兴矣。观于商埠租界各公司，则为商者可以兴矣。观于肥料工宜之精审，机械器用之便捷，则为农工者，可以兴矣。沿海诸省所为智慧渐开，文化日进者，职此之由。晋人才力聪明岂遽出他人下？不于此时急起直追，将何以立于天演之界耶！③

---

① 《合盛元创设日本东京、横滨、神户、大阪各处支庄告白》，载《大公报》，1907年3月22日。

② 史若民编著：《平祁太经济社会史料与研究》，第198页《1911年重修市楼碑记》和第327页《1907年重修大观楼碑记》。

③ 史若民编著：《平祁太经济社会史料与研究》，第198页《1911年重修市楼碑记》和第327页《1907年重修大观楼碑记》。

凡此种种，都表明了平、祁、太一带的这个商业群体及其代表的绅商，在十九世纪末二十世纪初已经具备了民族资产阶级阶级属性的基本特征。无论从哪一个方面与东南沿海一带省区的民族资产阶级在这一时期的活动相比，都不逊色。

然而，有些学者在论及山西票号的性质的时候，总是把它们与这一时期的民族资产阶级的爱国运动割裂开来，片面地强调它们与清政府及其官员之间的关系。忽视近代以来从揽办捐项、捐输到商而官，商而绅，官商相混，官商相维，绅商一体等社会流变现象的具体分析。简单地说它勾结清政府，进而用它来给平、祁、太一带的民族资产阶级定性是不科学的。事实上，这种变化是中国传统封建专制制度保护下的官本位体制，在自然经济基础破坏之后必然出现的一种社会现象，它有利于促进封建专制制度的解体，有利于近代中国民族资产阶级的成长。

（本文写惊天动地 1998 年 5 月收入史若民编著：《平祁太经济社会史料与研究》2002 年 5 月由山西古籍出版社出版发行。）

从钱市、利息行市看票号资本的性质

山西票号是中国步入近代前夕，在封建社会的母体中，随着商品经济的发展，资本主义生产关系萌芽、成长过程中，于1824年破土而出的一种完全为商品经济服务的金融机构。在其诞生之后，不论清政府对其采取何种态度，它在民间工商业活动中都大受欢迎。很快，其分号分布到全国各重要城镇、商埠、码头。到19世纪60年代以后，西南之昆明，东南之上海还有了南帮票号的总号。1897年在近代中国通商银行诞生前，它承担了本应由近代银行承担的汇兑、存放款以及发放银票的各项业务。山西票号开近代中国银行之先河，是中国土生土长的民族资本银行业。它为近代中国的金融业创立了辉煌的业绩，在中国资产阶级爱国运动中，做出了自己的杰出贡献，为中外人士所瞩目。"清末，泰东西各国分派专员越重洋而来我国调查山西票号的组织"，正是这种情况的反映。他们都把票号作为中国的银行看待。清政府于20世纪初年颁布的《银行通行则例》，也将票号列入银行之列。辛亥革命后，南京临时政府财政部制订的《商业银行暂行则例》又一次对银行作了解释，规定："凡开设店铺经营贴现、存款、放款、汇票等等事业者，无论其用何种名称，总称之曰银行。"这充分说明了票号的性质。

然而，建国以后，一些学者对票号的性质提出了不同的意见。也许是通过各种政治运动，提高了阶级觉悟的缘故，一个从诞生之后就受到广大工商铺户欢迎不断被社会各界好评的金融机构，一下子降到了与被当时广大人民所诅咒的当铺、印局等高利贷机构相提并论，这怎能不令人感到突然呢。大约在19世纪60年代初，《光明日报》发表了署名为杨荣晖的《论山西票号的性质和作用》一文后，一些文章也就跟着说票号是高利贷金融业了。一些出版机构在所出的教科书中，也就将票号定性为封建高利贷了。如中国金融出版社 1985 年出版的《中国近代金融史》，他们在论及票号在 19 世纪末 20 世纪初的繁荣时，把票号排除于当时如火如荼的民族资产阶级爱国运动之外，片面强调票号承汇公款与其繁荣的关系，因而得出了票号为封建高利贷金融机构的结论。此外，还有的学者，既承认票号是商品经济发展的产物，也认为十九世纪末二十世纪初随着民族资本主义工商业的蓬勃发展，随着票号为这些企业提供服务，或进行投资，已经具有借贷资本的性质，但仍认为其主要性质是高利贷。为此，1992 年中国经济出版社出版了史若民先生所著《票商兴衰史》，对票号这个时期的资本活动作了较详细的论述，引起了学术界的普遍关注。《中国社会经济史研究》1994 年第四期发表了姚会元先生《再现票号百年风采》一文，指出《票商兴衰史》一书"把票号研究推展到了一个新的阶段"，《近代史研究》1995 年第一期发表朱英先生《对票号的新探索》一文，除了肯定该书的新观点之外，还特别指出该书作者"其扎实的学风是很值得提倡的。"此次，我们对这个问题作了进一步考察。首先是对平、祁、太一带票商史料的搜集。注意从原始资料中，寻找票号的汇兑，与各地利息行市变化的关系；其次是对票号的利率和当时典当业的利率作了比较详细的统计。以便从比较中认识票号资本的性质。

一、票号汇兑与各地利息行市变化的关系

票号作为专营汇兑的金融机构，它是如何通过汇兑，调拨银两，从而对各地利息行市的利率产生影响的，这是识别票号资本性质的又一途径。

全国统一的金融市场，严格地说在 1883 年金融风潮之前还未形成。票号从事异地银两汇兑，对各地利率有些影响，还不明显。但是作为地方性金融市场。相互之间由于商品交流的频繁，银两支付的集中，也形成了南北两个既联系密切而又各自带有一定独立性的金融市场，其突出的代表，在南方则首推苏州，在北方则应数北京。

早在 19 世纪 20 年代，就曾有人就苏州市场的银根松紧与各地客商及汇票关系作过研究。江苏巡抚陶澍在道光八年（1828 年）的一封奏折中就说："苏城为百货之区，银钱交易，全籍商贾流通。向来山东、山西、

河南、陕甘等处每年来苏办货，约可到银数百万两，与市廛钱价相平，商民称便。近年各省商货未能流通，来者日少，银价增长。然每银一两亦不过值钱一千一百六七十文到二百文不等。自上年秋冬至今，各省商贾俱系汇票往来，并无现银运到，因此银价顿长，钱价愈贱。竟至每银一两易制钱一千二百八九十文至三百余文不等。"①

陶澍在奏折中把银贵钱贱归结为使用汇票这是错误的。但苏州银钱比价的变化，与汇票在一个时期内多少有关，这也是事实。

票号经营汇兑，实现工商铺户的异地结算，对于一个地方，在一个时期内银两收支多少是非常敏感的。对于由此而引起的该地区的银钱比价的变化也是非常敏感的。在票号的报告制度中，对于各地利息行市、银钱比价，均属专报内容。它们正是通过这些信息求得通过汇兑，必要时也起镖运现，以为工商铺户异地实现收支平衡。票号正是通过汇兑或起镖运现，对于某一地区的某个时期的利息行市产生影响的。我们以道光二十四年（1844年）北京和苏州的利息行市变化为例。

北京和苏州的利息行市，一般相差不会太大。请看下表。

表1、表2是道光二十四年（1844年）北京、苏州利息行市表

表1　道光二十四年（1844年）北京、苏州利息行市表

月 日		城市	月利息	行情	钱价	银色	备注
农历	公历						
三、廿一	5.8	苏州	不详	不详	不详	不详	会借月息九厘
三、廿七	5.14	北京	五厘	不详	不详	不详	
四、五	5.21	北京	五厘	不详	三钱二分五	松江色一两七八	
四、八	5.24	苏州	五厘	不详	不详	不详	
四、九	5.25	苏州	六厘	银缺	不详	不详	
四、十一	5.27	北京	五厘五	甚迟	三钱二分	九九色银一两七钱之谱	
四、十八	6.3	苏州	六厘	平和	不详	不详	

---

① 见《山西票号史料》，山西人民出版社1990年版，第28页。

续表

月 日		城市	月利息	行情	钱价	银色	备注
农历	公历						
四、廿二	6.7	北京	四厘七五	迟	不详	不详	
四、廿三	6.8	苏州	六厘	平和	不详	不详	
四、廿六	6.11	北京	四厘五	迟	不详	不详	
四、廿八	6.13	北京	四厘五	不详	三钱二分五	不详	
四、廿八	6.13	苏州	七厘	显迟	不详	不详	
五、二	6.17	北京	五厘	迟，又要微小	不详	不详	
五、三	6.18	北京	四厘七五	仍迟	不详	不详	
五、三	6.18	张家口	四厘五	不详	不详	不详	对年期
五、四	6.19	苏州	七厘	甚迟			
五、四	6.19	北京	四厘五、四厘二五	不详	不详	不详	
五、七	6.22	北京	四厘二五	不详	三钱二五，折一、二钱	松江色一两六、七	
五、九	6.24	北京	四厘二五	迟	不详	不详	
五、九	6.24	苏州	七厘、六厘	出放消路甚少	不详	不详	
五、十二	6.27	北京	四厘	不详	不详	松江色一两九	
五、十三	6.28	苏州	六厘	极迟	不详	不详	
五、十六	7.1	北京	四厘	不详	不详	不详	
五、十七	7.2	苏州	六厘	有行无市	不详	不详	
五、廿二	7.7	北京	四厘	不详	不详	不详	
五、廿二	7.7	苏州	六厘	迟极	不详	不详	
五、廿六	7.11	苏州	六厘	不详	不详	不详	
五、廿六	7.11	北京	四厘	不详	不详	不详	京中雨水过多
五、廿八	7.13	苏州	五厘	仍迟	不详	不详	
六、一	7.15	北京	四厘	不详	不详	不详	会借九九银，按月七厘行息

月 日		城市	月利息	行情	钱价	银色	备注
农历	公历						
六、二	7.16	苏州	五厘	迟极	不详	不详	
六、三	7.17	北京	四厘	不详	不详	不详	
六、六	7.20	苏州	五厘	不详	不详	不详	
六、八	7.22	北京	五厘	不详	三钱二五，折四钱，钱利八九厘至一分	松江色二两一	7月21日涨至五厘，因本标家家有交项。兼之城里印子行，涌出钱票，以致钱盘涨落不稳
六、八	7.22	苏州	五厘	迟	不详	不详	
六、十二	7.26	苏州	五厘	仍迟	不详	不详	
六、十五	7.29	北京	五厘	极迟	不详	松江色二两一	
六、十六	7.30	苏州	五厘	不详	不详	不详	
六、廿	8.3	北京	四厘五	迟	不详	不详	
六、廿一	8.4	北京	四厘五	不详	不详	松江色二两一、二	
六、廿二	8.5	苏州	五厘	平和	不详	不详	
六、廿七	8.10	苏州	六厘	平和	不详	不详	
六、廿八	8.11	北京	四厘五	不详	不详	松江色二两一、二	
七、二	8.15	苏州	六厘	快	不详	不详	
七、二	8.15	北京	四厘五	不详	不详	松江色二两一、二	
七、四	8.17	苏州	七厘	不详	不详	不详	
七、六	8.19	苏州	七厘	不详	不详	不详	
七、七	8.20	北京	四厘七五、五厘	不详	不详	不详	

续表

月 日		城市	月利息	行情	钱价	银色	备注
农历	公历						
七、七	8.20	苏州	七厘	快	不详	不详	
七、九	8.22	苏州	八厘	不详	不详	不详	
七、十	8.23	苏州	八厘	不详	不详	不详	如此涨快，市上现银甚缺，建议由京往苏运银
七、十三	8.26	北京	五厘	不详	不详	松江色二两光景	
七、十三	8.26	北京	八厘、四厘七五	不详	三钱二，折五、六钱	松江色二两光景	
七、十六	8.29	苏州	八厘	快	不详	不详	
七、十六	8.29	北京	四厘五	不详	三钱二，折三、四钱	松江色一两九	
七、廿	9.2	北京	四厘五	不详	不详	松江色一两八、九	
七、廿	9.2	苏州	八厘	不详	不详	不详	
七、廿二	9.4	北京	四厘五、四厘七五	不详	不详	松江色两七、八	
七、廿六	9.8	北京	五厘五				
七、廿七	9.9	苏州	八厘	平和	不详	不详	
七、廿八	9.10	北京	不详	不详	不详	不详	伊逢吉起标车三辆，运往苏州共七万四千两银
八、一	9.12	北京	五厘五	不详	不详	松江色一两七、八	
八、二	9.13	苏州	八厘	平和	不详	不详	

续表

月　日		城市	月利息	行情	钱价	银色	备注
农历	公历						
八、三	9.14	北京	五厘五	活动	不详	九九色银，一两七八	
八、五	9.16	苏州	八厘	快	不详	不详	
八、七	9.18	北京	五厘七五、六厘	银缺	不详	松江色一两、六七	日昇昌往苏起标八九万两
八、九	9.20	北京	五厘七五、六厘	银不多	不详	松江色一两六、七	
八、九	9.20	苏州	八厘	平和	不详	不详	
八、十二	9.23	北京	六厘、	平和	不详	松江色一两六七	
八、十三	9.24	苏州	八厘	平和	不详	不详	
八、十五	9.26	北京	六厘	平和	不详	松江色一两六、七	蔚丰定于十六日往苏运银七万余两
八、十八	9.29	苏州	八厘	迟	不详	不详	
八、廿一	10.2	北京	六厘	银行无市	不详	不详	沈阳来信说，本月初八日动身往京运银六万余两，俟到时，看京、苏两地之利如何
八、廿一	10.2	苏州	八厘	迟	不详	不详	
八、廿四	10.5	苏州	八厘	甚迟	不详	不详	

续表

月 日		城市	月利息	行情	钱价	银色	备注
农历	公历						
八、廿四	10.5	北京	六厘、元宝六厘五	不显快	不详	不详	沈标廿二日来银六万四千余两，志一堂定于廿六、七日往苏运银七八万两，全是关东宝。东宝苏用成色上算，苏利跌至六七厘，比京出放亦合算
八、廿八	10.9	北京	六厘五、足宝七厘	涨	钱盘三钱一，折六、七钱	松江色一两六七	
八、廿九	10.10	北京	六厘五、七厘	不详	不详	松江色一两六七	
八、卅	10.11	苏州	八厘	仍迟	不详	不详	
九、二	10.13	北京	六厘五、七厘	不详	不详	松江色一两六七	
九、三	10.14	苏州	八厘	平和	不详	不详	
九、七	10.18	北京	七厘	平和	钱盘三钱一，折五钱	松江色一两六七	
九、十一	10.22	苏州	八厘	显迟	不详	不详	
九、十二	10.23	北京	七厘	不详	钱盘三钱一，不折	松江色一两六七	

续表

| 月 日 | | 城市 | 月利息 | 行情 | 钱价 | 银色 | 备注 |
农历	公历						
九、十四	10.25	北京	八厘、八厘五	银缺涨快	不详	不详	因九月底大捐
九、十六	10.27	苏州	八厘	平和	不详	不详	
九、十八	10.29	北京	九厘五	足宝仍缺	钱盘三钱零五，折四、五钱	松江色一两六、七	
九、十八	10.29	苏州	八厘	平和	不详	不详	
九、十九	10.30	北京	九厘五、元宝一分	不详	不详	不详	
九、廿二	11.2	苏州	八厘	银两多	不详	不详	
九、廿三	11.3	北京	九厘	微，迟	不详		
九、廿五	11.5	北京	八厘五	迟	不详	松江色一两六、七	
九、廿七	11.7	苏州	八厘	平和	不详	不详	
十、一	11.10	北京	八厘	平和	钱盘三钱一，折四钱	松江色一两七、八	
十、三	11.12	苏州	八厘	八厘	不详	不详	
十、四	11.13	北京	七厘五	不详	不详	松江色一两七、八	
十、七	11.16	苏州	八厘	平和	不详	不详	
十、八	11.17	北京	八厘	不详	不详	松江色一两七、八	
十、十二	11.21	苏州	八厘	不详	不详		
十、十二	11.21	北京	八厘	平和	不详	不详	不详
十、十六	11.25	北京	八厘	显迟	不详	松江色一两七、八	京苏之利虽则相似，唯京利不甚苏利快
十、十七	11.26	北京	八厘、七厘五	不详	钱盘三钱零半，折六钱	松江一两五、六	

月　日		城市	月利息	行情	钱价	银色	备注
农历	公历						
十、十八	11.27	苏州	八厘	不详	不详	不详	
十、十九	11.28	北京	八厘、七厘五	不详	不详	九九、松江色一两五、六	纬堂带标箱22只，共银五万六千五运苏
十、廿二	12.1	苏州	八厘	平和	不详	不详	
十、廿三	12.2	北京	八厘、七厘	不详	钱盘三钱零半，折六钱	松江一两五、六	
十、廿七	12.6	苏州	八厘	不详	不详	不详	
十、廿八	12.7	北京	七厘	不详	不详	不详	
十、卅九	12.8	北京	七厘五	不详	不详	不详	日昇昌往苏起银八万余两，系昨日由沈来标，关东宝多，前几天还办赤金数千两带苏
十一、二	12.11	北京	七厘五	平和	银盘三钱零半，折二钱	松江壹两五、六	
十一、三	12.12	苏州	八厘	不详	不详	不详	
十一、五	12.14	北京	七厘五	不详	钱盘三钱零半，折四钱	松江色一两五、六	
十一、八	12.17	苏州	八厘	不详	不详	不详	
十一、八	12.17	北京	七厘五、七厘七五	不详	不详	不详	
十一、十二	12.21	苏州	八厘	不详	不详	不详	

续表

月　日		城市	月利息	行情	钱价	银色	备注
农历	公历						
十一、十五	12.24	苏州	八厘	不详	不详	不详	
十一、十六	12.25	北京	七厘五	不详	钱盘三钱折七钱	松江色一两五、六	
十一、十七	12.26	苏州	八厘	不详	不详	不详	
十一、十二	12.21	北京	七厘五、八厘	不详	钱盘三钱，折七钱	松江色一两五、六	
十一、九	12.18	平遥	春标九厘、秋标七厘	长银无市	不详	不详	银两甚缺至腊月半有涨无跌
十一、十八	12.27	北京	七厘七五、七厘	不详	钱盘三钱，折七钱五分	松江色一两五、六	
十一、廿	12.29	苏州	八厘	快	不详	不详	

资料来源：上表据滨下武志等《山西票号资料·书简编》（一）东洋学文献セン
夕|丛刊第60辑，1990（平成2）年发行，第1—104页，编制。

表2　道光廿四年（1844年）北京、苏州利息行市表

月　日		城市	月息	行情	钱价	银色	备注
农历	公历						
十一、廿三	1.1	苏州	八厘	快	不详	不详	
十一、廿五	1.3	北京	八厘	不详	钱盘三钱、折七八钱	不详	
十一、廿六	1.4	不详	不详	不详	不详	不详	预计明年开正利息与行动
十一、廿九	1.7	北京	八厘	不详	钱三钱零半折一钱	松江色一两五、六	银两不多

续表

月　日		城市	月息	行情	钱价	银色	备注
农历	公历						
十二、二	1.9	苏州	八厘	快	不详	不详	银极缺
十二、六	1.13	苏州	八厘	快极	不详	不详	
十二、十一	1.18	苏州	八厘	快	不详	不详	
十二、廿	1.28	北京	七厘七五、七厘	不详	钱盘三钱，折七钱五分	松江色一两五、六	

资料为源：上表据滨下武志等《山西票号资料·书简编》（一）东洋学文献セン夕丨丛刊第60辑，1990（平成2）年发行，第86－104页，编制。

上表所列情况表明，票号是当时全国各地利率的积极调节者。哪里银根紧，利率高，它们就立即设法往哪里调拨银两，显现其稳定金融市场的积极精神。

当北京利率在四厘七五或五厘时，苏州往往略高于北京，约在六厘左右。如果苏州利率比北京高得较多，靠汇兑已不能平衡两地的银两收支时，票号往往就会采取镖运现银的办法去平衡。如本年8月20日北京的利率在四厘七五到五厘，苏州则涨至七厘，而且行情看快，票号就会建议在京分号从北京往苏州起镖运现。在此前一天，即8月19日，蔚泰厚分号在寄京分号信中就说："苏地利息于初四日已涨至七厘，刻下用项虽少，银两仍然不多，看其大势，后首之利，总许增长。"[1] 8月23日苏号给京号信中又说："刻下苏利昨日又涨至八厘，如此涨快，并非有成宗用项，皆因近日本地钱庄俱以出银票周行，街市上现银甚缺之至……弟想咱邑京中有庄号接苏利大之信，总有往苏起银之家，大众一拥而起，京利谅必涨，咱号即不举动亦可。倘京利仍四、五厘光景，尽先往苏起银五、七万两为妙。祈兄等酌夺办可也……以弟愚见，暂时苏局总不可多存银两，以防迟钝时之受滞也。[2]"

有鉴于此，蔚泰厚于9月9日抢先往苏州运现银74000两。接着日昇

---

① 滨下武志等：《山西票号资料·书简》，日本東洋学文献センタ丨叢刊第六〇辑，第34页。

② 滨下武志等：《山西票号资料·书简》，日本東洋学文献センタ丨叢刊第六〇辑，第37页。

昌往苏也运现银八九万两。为防止苏利跌，京利涨，在其联号蔚丰厚于9月27日往苏运现7万余两后，蔚泰厚将此前（即9月19日）从沈阳原拟直运苏州的6万余两现银，在路经北京时，暂存北京，以观利息行市情势的发展①。进入10月，北京银两利息开始上涨，苏州虽仍是八厘，但较迟滞，至10月20日，京苏两地利率接近持平。

由上表看出，从1884年的8月20日至10月22日为止，在两个多月时间里，所有票号分号都对京苏两地利息行市密切关注，甚至不惜付出代价，采取了票号向来都不乐意使用的起镖运现办法，一批一批地往苏州起运现银，终于使京、苏两地钱价稳，利率平。他们这是为了什么呢？说他们有意抑制高利，绝对不是。因为作为商人，不论是什么时代的商人，设若无利可图，就甭想指使他们做任何事情。正如亚当·斯密《国富论》中讲的那样："基于自利，屠夫、酿酒者和面包师提供了我们丰富的晚餐，我们都知道，那绝非基于社会关怀。"同样，票号之所以在那一段忙得不亦乐乎，一个个急切地起镖运现，并非对苏州有什么特殊的感情，其内心世界也并非十分高尚，根本动因，则是趋利。

然而，他们这一汇一兑，经营于两地工商铺户之间，不仅方便地解决了两地工商铺户之间的收支清偿，同时，在趋利的形势下，使一些原本并不具有资本性质的货币，转变成了具备资本职能的货币，我们有什么理由说它是具有封建性高利贷资本呢。事实上，票号这种专门经营汇兑，在两头都是工商铺户的清偿结算中，汇兑本身的趋利，就对高额利率起着天然的抑制作用。

二、票号与典当业的异同

票号与典当业是两类既有同一性，又有明显区别的金融业。

就同一性而言，它们都是金融业，都是商品经济发展到一定阶段的产物。然而，这里所指的"一定阶段"，却有着很大的差别。

典当业是中国最古老的行业之一，典当作为一种业务行为，自从有了

---

① 滨下武志等：《山西票号资料·书简》，日本東洋学文献センタ l 叢刊第六〇辑，第60、64页。

"贝"这种货币之后，就已存在。"当"字最早见于《左传》哀公八年；"典"字最早出现于公元前二世纪中叶。"典当"二字连用则见之于《后汉书·刘虞传》，可见，典当作为一种业务行为及其所处的这个行业，不仅在中国封建社会初期即已有之，即使在奴隶社会前期也不乏实例。而票号之产生则只能在中国封建社会末期，商品经济相当发达，资本主义生产关系萌芽已破土而出的 19 世纪 20 年代。

典当一业所到之处都要悬挂"裕国便民"的牌子，但它们所方便的"民"，不是挣扎在饥饿线上的农民、小手工业者，便是濒临破产的工商铺户或已经破产了的富户和官宦人家。其贷款只是为了消费，只发挥货币职能。它的繁荣昌盛是以农村小生产者的破产和城市工商业的衰落、破败为前提的。俗语所说：当业兴，百业亡。正是这种情况的反映。而票号一业不仅是伴随着商品经济的普遍繁荣而产生，而且也伴随着商品经济的普遍繁荣而发达，它所发放的贷款，则是把来源于地租剥削或官吏存款贷放给职能资本家作为"资本"来使用。它的存在与发展是以工商经济的发展繁荣为条件的。从未有过百业败而票号独兴的局面。这是票号与当业根本的不同。也是票号资本与当铺资本的本质区别。

至于票号资本所发挥的"资本职能"我们在《票商在近代中国社会转型中的作用》有专门论述，此不赘。

三、票号与当铺的利息率

由于票号留存下来的史料十分缺乏，除从上述已列表 1、表 2 中可以看出当年的票号放款利率外，还有个别年份、部分城镇的利率，我们一并列出。

表3　道光三十年（1850 年）张家口利率表

月　日		城市	月息	行情	钱价	银色	备注
农历	公历						
正、五	2.16	张家口	四厘三	不详	不详	不详	四月标
正、十	2.21	张家口	四厘五	不详	不详	不详	

续表

| 月　日 | | 城市 | 月息 | 行情 | 钱价 | 银色 | 备注 |
农历	公历						
正、十五	4.26	张家口	四厘三	不详	不详	不详	四月标
二、一	3.14	张家口	四厘三	不详	不详	不详	
二、一	3.14	张家口	三厘	不详	不详	不详	
二、廿	4.2	张家口	四厘三	不详	不详	不详	四月标
三、十五	4.26	张家口	四厘	不详	不详	不详	
三、廿五	5.6	张家口	三厘	不详	不详	不详	四、七、十、三标分收

资料来源：上表据卫聚贤《山西票号史》和滨下武志等《山西票号资料·书简编》（一）东洋学文献センタ丨丛刊第60辑1990（平成2）年发行，第105－106页，编制。

表 4　咸丰元年（1851 年）张家口、北京、苏州利率表

| 月　日 | | 城市 | 月息 | 行情 | 钱价 | 银色 | 备注 |
农历	公历						
正、一	2.1	张家口	三厘八	不详	不详	不详	
正、十二	2.12	张家口	无市	不详	不详	不详	
正、十九	2.19	张家口	无市	不详	不详	不详	
三、十一	4.12	张家口	一厘三	不详	不详	不详	
五、六	6.5	张家口	照前	不详	不详	不详	
五、九	6.8	张家口	二厘八	不详	二千一百四、五	不详	
五、十	6.9	张家口	照前	不详	不详	不详	
五、十三	6.12	张家口	月息年标二厘五、十月标二厘、七月标一厘五	无用主	不详	不详	
五、十六	6.15	张家口	月息照前	不详	二千一百四、五	不详	

续表

月 日		城市	月息	行情	钱价	银色	备注
农历	公历						
五、廿	6. 19	张家口	年标月二厘五、十月标二厘、七月标一厘五	不详	不详	不详	
八、十二	9.7	北京	四厘	不让日期	不详	不详	因日昇昌借银数万两三两天，许往苏起银十来万两
八、十四	9.9	北京	无报	不详	不详	不详	
八、十九	9.14	北京	四厘	不详	不详	不详	
八、廿一	9.16	北京	四厘	迟	不详	不详	
八、廿三	9.18	北京	四厘	不详	不详	不详	汇园庆于是日往苏起去银八万两
闰八月、初一	9.25	北京	四厘	不详	不详	不详	
闰八月、三	9.27	苏州	五厘	平和	不详	不详	
闰八、三	9.27	北京	四厘	不详	不详	不详	
闰八、六	9.30	北京	四厘	不详	不详	不详	
闰八、十	10.4	北京	四厘	不详	不详	不详	
闰八、十	10.4	苏州	五厘	不详	不详	不详	
闰八、十三	10.7	北京	四厘	迟	不详	不详	

续表

月　日		城市	月息	行情	钱价	银色	备注
农历	公历						
闰八、十六	10.10	北京	四厘	迟	不详	不详	
闰八月、十七	10.11	苏州	五厘	不详	不详	不详	
闰八、廿四	10.18	北京	四厘	迟极，家家堆存，概无出借用主仍少	不详	不详	
闰八、廿四	10.18	苏州	五厘	不详	不详	不详	
闰八、廿六	10.20	北京	四厘	迟极	不详	不详	让日十来天半月。苏地信云：办货之家皆安顿银两，下半年之利，必须快大，今定月初往苏起银十来万两，暂避京中微、迟
闰八、廿七	10.21	苏州	五厘	用主仍少	不详	不详	
九、一	10.24	北京	四厘	迟	不详	松江色一两九	
九、三	10.26	苏州	五厘	迟，用主稀少	不详	不详	因花价高，办花者观望，更加各地来标七八十万

月 日		城市	月息	行情	钱价	银色	备注
农历	公历						
九、三	10.26	北京	四厘	迟	不详	松江色一两八、九	本日往苏运银十万八千两，其中松江二万九，余皆俱是足宝银
九、四	10.27	北京	四厘	迟	不详	不详	
九、六	10.29	北京	四厘	迟	不详	不详	
九、七	10.30	北京	四厘	迟	不详	松江色一两八、九	
九、七	10.30	苏州	仍五厘	迟极	不详	不详	
九、十二	11.4	北京	四厘	迟	不详	不详	
九、十三	11.5	苏州	明五厘、暗四厘五出	无甚用主	不详	不详	
九、十八	11.10	北京	四厘	迟	不详	不详	
九、廿	11.12	苏州	仍五厘	迟	不详	不详	
九、廿一	11.13	北京	四厘	不详	不详	不详	
九、廿二	11.14	苏州	五厘五	不详	不详	不详	
九、廿六	11.18	北京	四厘	迟	不详	不详	
九、廿七	11.19	苏州	五厘	迟极	不详	不详	
九、卅	11.22	北京	四厘	迟	不详	不详	汇通源往苏起去银九万两
十、三	11.25	苏州	五厘	仍迟	不详	不详	
十、三	11.25	北京	四厘	迟	不详	不详	
十、七	11.29	北京	四厘	迟	不详	不详	

续表

月 日		城市	月息	行情	钱价	银色	备注
农历	公历						
十、十一	12.3	苏州	五厘	仍迟	不详	不详	
十、十三	12.5	北京	四厘	迟	不详	不详	
十、十六	12.8	北京	四厘	迟	不详	不详	
十、十九	12.11	北京	四厘	不详	不详	不详	
十、廿	12.12	苏州	五厘	仍迟	不详	不详	
十、廿三	12.15	北京	四厘	不详	不详	不详	
十、廿五	12.17	苏州	五厘	仍迟	不详	不详	
十、廿六	12.18	苏州	五厘	不详	不详	不详	
十、廿七	12.19	北京	四厘	不详	不详	不详	
十一、二	12.23	北京	四厘	不详	不详	不详	
十一、三	12.24	苏州	五厘	极迟	不详	不详	
十一、四	12.25	北京	四厘	不详	不详	不详	
十一、六	12.27	苏州	五厘	但四厘五，用主亦少	不详	不详	
十一、九	12.30	北京	四厘	不详	不详	不详	

资料来源：上表据滨下武志等《山西票号资料中·书简编》（一）东洋学文献セ
ンタ丛刊第60辑1990（平成2）年发行，第108－163页，编制。

表5 咸丰元年（1851年）北京、苏州、沈阳利率、钱价表

月 日		城市	月息	行情	钱价	银色	备注
农历	公历						
十一、十三	1.3	北京	四厘	不详	不详	不详	
十一、十三	1.3	苏州	五厘、四厘五	无用主	不详	不详	
十一、十九	1.9	北京	五厘	不详	不详	不详	
十一、十九	1.9	苏州	一厘	不详	不详	不详	可能是五厘之误

续表

月 日		城市	月息	行情	钱价	银色	备注
农历	公历						
十一、十九	1.9	沈阳	不详	不详	+116	不详	钱价大涨，+116，加钱大落，每千两加钱八百四五十吊
十一、廿二	1.12	北京	四厘	不详	不详	不详	
十一、廿五	1.25	苏州	五厘	迟极	不详	不详	
十一、廿五	1.15	北京	四厘	不详	不详	不详	
十一、廿九	1.19	北京	四厘	不详	不详	不详	
十二、三	1.23	北京	四厘	不详	不详	不详	
十二、三	1.23	苏州	五厘	迟	不详	不详	
十二、六	1.26	北京	仍四厘	不详	不详	不详	
十二、九	1.29	苏州	四厘五	无妥用主	不详	不详	
十二、十三	2.2	北京	四厘	不详	不详	不详	
十二、十四	2.3	苏州	四厘	无甚用主	不详	不详	
十二、十九	2.8	苏州	四厘	概无用主	不详	不详	
十二、廿三	2.12	苏州	四厘	迟极	不详	不详	
十二、廿六	2.15	北京	四厘	迟	不详	不详	
十二、廿六	2.15	北京	不详	不详	不详	不详	
腊、卅	2.19	苏州	四厘	不详	不详	不详	腊月底（2月19日），月息仍四厘

资料来源：上表据滨下武志等《山西票号资料中·书简编》（一）东洋学文献セ
ンタ丨丛刊第60辑，1990（平成2）年发行，第157－176页，编制。

表6 咸丰二年（1852年）北京、苏州利率表

月 日		城市	月息	行情	钱价	银色	备注
农历	公历						
正、一	2.20	苏州	四厘	不详	不详	不详	
正、三	2.22	北京	四厘	不详	不详	不详	即报去年年终之月息
正、六	2.25	北京	不详	尚未开盘	不详	不详	
正、七	2.26	北京	四厘二五	今日开盘	不详	不详	
正、九	2.28	苏州	四厘	无甚周行	不详	不详	苏利已开
正、十	2.29	北京	不详	不详	不详	不详	汇源庆于二、三日内往苏起银五六万两，尚有黄货五六百两
正、十二	3.2	苏州	四厘	不详	不详	不详	
正、十五	3.5	北京	四厘	不详	不详	不详	
正、十六	3.6	苏州	四厘	迟	不详	不详	
正、十八	3.8	北京	四厘	不详	不详	不详	会通源、聚发源一两天内往苏起银廿余万两
正、廿	3.10	苏州	四厘	不详	不详	不详	
正、廿二	3.12	北京	四厘	不详	不详	不详	
正、二四	3.13	北京	四厘	不详	不详	不详	

月　日		城市	月息	行情	钱价	银色	备注
农历	公历						
正、廿四	3.14	苏州	四厘	迟极	不详	不详	标金＋1525卖出，去冬腊月标金＋148未卖
正、廿七	3.17	苏州	四厘	不详	不详	不详	粮道倪大人有海运经费一项约二十五六万两，拟汇
二、一	3.21	苏州	四厘	不详	不详	不详	日昇昌汇海运经费六七万两，余经委员解去
二、二	3.22	北京	四厘	不详	不详	不详	
二、四	3.24	苏州	四厘	不详	不详	不详	
二、八	3.28	苏州	四厘	不详	不详	不详	
二、九	3.29	北京	四厘	不详	不详	不详	
二、十三	4.2	苏州	四厘	不详	不详	不详	
二、十六	4.5	北京	四厘	不详	不详	不详	
二、十六	4.5	苏州	四厘	不详	不详	不详	
二、廿一	4.10	苏州	四厘	不详	不详	不详	日昇昌会海运经费六万余两
二、廿三	4.12	北京	四厘	不详	不详	不详	

续表

| 月　日 | | 城市 | 月息 | 行情 | 钱价 | 银色 | 备注 |
农历	公历						
二、廿三	4.12	苏州	四厘	不详	不详	不详	
二、廿四	4.13	北京	四厘	不详	不详	不详	
二、廿四	4.13	苏州	四厘	不详	不详	不详	
二、廿七	4.16	北京	不详	不详	不详	不详	汇源通往苏起银十一二万两，内有沈来锦宝银四五万
二、廿八	4.17	苏州	四厘	不详	不详	不详	
二、廿九	4.18	北京	四厘、	四厘二五	不详	不详	
三、三	4.21	苏州	四厘	不详	不详	不详	
三、四	4.22	苏州	四厘	不详	不详	不详	
三、四	4.22	北京	四厘五五厘	不详	不详	不详	
三、五	4.23	北京	五厘五	不详	钱盘折四、五钱	不详	汇源庆4月22日往苏起银六七万两
三、七	4.25	苏州	四厘	不详	不详	不详	
三、八	4.26	北京	五厘	银行无市，无用主	钱盘落下二钱五折九钱	不详	
三、十	4.28	苏州	四厘	不详	不详	不详	
三、十二	4.30	北京	五厘	不详	不详	不详	
三、十四	5.2	苏州	四厘	不详	不详	不详	
三、十七	5.5	苏州	四厘	不详	不详	不详	
三、十七	5.5	北京	五厘	迟，无用主	不详	不详	

月 日		城市	月息	行情	钱价	银色	备注
农历	公历						
三、廿	5.8	北京	五厘	不详	不详	不详	
三、廿二	5.10	苏州	四厘	不详	不详	不详	
三、廿四	5.12	苏州	四厘	不详	不详	不详	
三、廿四	5.12	北京	五厘五 六厘	不详	不详	松江色 一两六七	
三、廿六	5.14	苏州	四厘	不详	不详	不详	
三、廿八	5.16	北京	六厘	银两 缺少	不详	松江色 一两六	
四、二	5.20	北京	六厘	不详	不详	松江色 一两六	
四、三	5.21	苏州	仍四厘	不详	不详	不详	
四、六	5.24	北京	六厘五	银两 仍缺	不详	不详	
四、七	5.25	苏州	四厘	不详	不详	不详	
四、十	5.28	北京	七厘	银两 缺极	不详	不详	
四、十一	5.29	苏州	仍四厘	不详	不详	不详	
四、十三	5.31	苏州	仍四厘	不详	不详	不详	
四、十七	6.4	苏州	四厘	活动	不详	不详	
四、廿	6.7	苏州	涨至五厘	不详	不详	不详	新丝收成好，头蚕约八九分光景，二蚕尚未露头，水客安顿办买各货提价
四、廿一	6.8	苏州	五厘	平和	不详	不详	
四、廿五	6.12	苏州	五厘	迟	不详	不详	

资料来源：上表据滨下武志等《山西票号资料·书简编》（一）东洋学文献セン夕丨丛刊第60辑，1990（平成2）年发行，第175－235页，编制。

表7　咸丰十年（1861年）平遥钱价表

月　日		城市	利息	行情	钱价	银色	备注
农历	公历						
十二、七	1.17	平遥	不详	不详	1490文	不详	
十二、十九	1.29	平遥	不说	不详	1500文	不详	
十二、廿四	2.3	平遥	不详	不详	1500文	不详	

上表据卫聚贤《山西票号史》民国33年说文社版第251－253页，和滨下武志等《山西票号资料·书简编》（一）东洋学文献センタ丛刊第60辑，1990（平成2）年发行，第227－229页，编制。

表8　咸丰十一年（1861年）平遥、祁县钱价、利率表

月　日		城市	利息	行情	钱价	银色	备注
农历	公历						
正、七	2.16	平遥	不详	不说	钱数1520文	不详	
正、廿三	3.4	平遥	不详	不详	钱数1520文	不详	
正、十七	2.26	平遥	不详	不详	钱数1520文	不详	
正、廿八	3.9	平遥	不详	不详	钱数1520文	不详	
二、十三	3.23	平遥	不详	不详	钱数1520文	不详	
二、廿三	4.2	平遥	不详	不详	钱数1520文	不详	
二、廿八	4.7	平遥	不详	不详	钱数1520文	不详	
三、十	4.19	平遥	不详	不详	钱数1515文	不详	
三、十六	4.25	平遥	不详	不详	钱数1515文	不详	
三、十九	4.28	平遥	不详	不详	钱数1520文	不详	
四、一	5.10	平遥	不详	不详	钱数1520文	不详	
四、十六	5.25	平遥	不详	不详	钱数1490文	不详	
四、廿一	5.30	平遥	不详	不详	钱数1460文	不详	
四、廿四	6.2	平遥	不详	不详	钱数1462文	不详	
四、廿八	6.6	平遥	不详	不详	钱数1460文	不详	正月至今未落透雨，大旱
五、三	6.10	平遥	不详	不详	钱数1450文	不详	
五、十三	6.20	平遥	不详	不详	钱数1430文	不详	
五、廿五	7.2	平遥	不详	不详	钱数1420文	不详	
六、二	7.9	平遥	不详	不详	钱数1410文	不详	
六、十	7.17	平遥	不详	不详	钱数1410文	不详	

月 日		城市	利息	行情	钱价	银色	备注
农历	公历						
七、廿三	8.28	平遥	不详	不详	钱数 1400 文	不详	已落普茬透雨
七、廿六	8.31	平遥	不详	不详	钱数 1400 文	不详	
七、廿七	9.1	平遥	不详	不详	钱数 1390 文	不详	
八、六	9.10	平遥	不详	不详	钱数 1405 文	不详	
八、十五	9.19	平遥	不详	不详	钱数 1410 文	不详	
十、十六	9.19	平遥	春标三厘五	不详	钱数 1420 文	不详	平遥各标票利银五十
十、十六	11.18	祁县	春标三厘六	不详	钱数 1420 文	不详	祁县各标票利银五十

资料来源：上表据滨下武志等《山西票号资料·书简编》（一）东洋学文献セン夕丨丛刊第 60 辑，1990（平成 2）年发行，第 229－248 页和卫聚贤《山西票号史》民国 33 年说文社版第 125－253 页，编制。

表9 光绪二十二年（1896 年）日昇昌长沙分号放银利息逐宗统计表

时 间		放款对象	放款数量	何时还	收利银多少	月息	备注
农历	公历						
十一月十五日	12.19	汇康号	5000 两	明年 4 月半	不详	7 厘 8	
十一月十五日	12.19	泰记号	2000 两	明年 3 月底	不详	8 厘	
十一月十五日	12.19	茂康号	2000 两	明年 4 月半	不详	7 厘 5	
腊月十五	1897.1.17	泰顺号	5000 两	明年 4 月半	不详	6 厘 5	
腊月十五	1897.1.17	同义号	5000 两	3 月半还 2000 4 月半还 3000	不详	7 厘	
腊月十五	1897.1.17	永康号	1000 两	3 月半	不详	7 厘	
腊月十五	1897.1.17	保和号	2000 两	4 月半	不详	7 厘	

续表

时间		放款对象	放款数量	何时还	收利银多少	月息	备注
农历	公历						
腊月十五	1.17	永盛宝	2000两	4月半	不详	7厘	
腊月十五	1.17	余太华	1000两	6月半	不详	7厘	
腊月卅日	2.1	保和号	2000两	4月底	不详	7厘	
腊月卅日	2.1	余太华	5000两	明年	不详	7厘	
腊月卅日	2.1	颐庆和	2000两	明年	不详	7厘	
腊月卅日	2.1	永康号	1000两	明年	不详	7厘5	

表10 光绪二十三年（1897年）日昇昌长沙分号放银利息逐宗统计表

时间		放款对象	放款数量	何时还	收利银多少	月息	备注
农历	公历						
二月 卅日	4.1	隆裕号	2000两	4月半	不详	7厘	
二月 卅日	4.1	同裕号	4000两	4月底	不详	7厘	
二月 卅日	4.1	隆裕号	7000两	4月底5月底各还1000两	不详	6厘5	
二月 卅日	4.1	集义号	10000两	5月底6月半各还5000两	不详	6厘5	
二月 卅日	4.1	泰顺号	5000两	7月半	不详	6厘5	
二月 卅日	4.1	保和号	3000两	4月底	不详	6厘5	
三月 十五日	4.16	永康号	1000两	5月半	不详	7厘	
三月 十五日	4.16	保和号	3000两	6月半	不详	6厘5	
三月 十五日	4.16	集义号	5000两	6月底	不详	6厘5	
三月 十五日	4.16	泰顺号	5000两	7月底	不详	6厘5	

续表

时间		放款对象	放款数量	何时还	收利银多少	月息	备注
农历	公历						
三月 卅日	5.1	集义号	5000两	8月半	不详	6厘5	
三月 卅日	5.1	泰顺号	5000两	8月底	不详	6厘5	
四月 十五日	5.16	同义号	2000两	8月半	不详	6厘5	
四月 十五日	5.16	裕源长	5000两	8月半	不详	6厘	
四月 十五日	5.16	泰顺号	5000两	8月半	不详	6厘	
四月 十五日	5.16	集义号	5000两	8月底	不详	6厘5	
四月 廿九日	5.30	同义号	3000两	7月底	不详	6厘5	
四月 廿九日	5.30	余太华	5000两	10月底	不详	6厘5	
五月 初一	5.31	永隆昌	1000两	上至四月底利	不详	不详	
六月 十五日	7.14	保和号	3000两	7月底还	不详	6厘5	
六月 十五日	7.14	集义号	5000两	8月半	不详	6厘5	
六月 十五日	7.14	余太华	10000两	10月半	不详	6厘5	
六月 廿九日	7.28	汇康号	3000两	10月半	不详	7厘	
六月 廿九日	7.28	永盛宝	2000两	10月底	不详	7厘	
六月 廿九日	7.28	保和号	5000两	9月半	不详	7厘	
七月 十五日	8.12	集义号	5000两	9月半	不详	6厘5	
七月 十五日	8.12	同义号	5000两	9月半	不详	7厘	
七月 十五日	8.12	保和号	5000两	9月底	不详	7厘	
七月 十五日	8.12	泰顺号	7000两	9月底	不详	6厘5	
七月 十五日	8.12	汇康号	2000两	10月半	不详	7厘	
七月 十五日	8.12	永盛宝	2000两	10月半	不详	7厘	
七月 廿日	8.27	汇康号	2000两	10月半	不详	7厘	
八月 十五日	9.11	永康华	1000两	10月半	不详	7厘	
八月 十五日	9.11	和春号	2000两	10月半	不详	7厘	

143

续表

时间		放款对象	放款数量	何时还	收利银多少	月息	备注
农历	公历						
八月 十五日	9.11	裕源长	3000 两	10 月半	不详	6 厘 5	
八月 十五日	9.11	泰顺号	5000 两	10 月半	不详	6 厘 5	
八月 十五日	9.11	集义号	10000 两	10 月半 10 月底 各 还 5000 两	不详	6 厘 5	
八月 十五日	9.11	保和号	3000 两	10 月底	不详	7 厘	
八月 十五日	9.11	同义号	3000 两	10 月底	不详	7 厘	
八月 廿九日	9.25	永康号	2000 两	10 月底	不详	6 厘 5	
八月 廿九日	9.25	裕源长	2000 两	10 月底	不详	6 厘 5	
八月 廿九日	9.25	颐庆和	3000 两	10 月底	不详	7 厘	
八月 廿九日	9.25	汇康华	3000 两	10 月底	不详	7 厘	
八月 廿九日	9.25	保和号	3000 两	10 月底	不详	7 厘	
八月 廿九日	9.25	集义号	3000 两	10 月底	不详	6 厘 5	
八月 廿九日	9.25	泰顺号	10000 两	10 月底	不详	6 厘 5	
九月 十五日	10.10	同义号	6000 两	冬月腊月各还 3000 两	不详	7 厘	
九月 十五日	10.10	保和号	10000 两	冬月腊月各还 5000 两	不详	7 厘	
九月 十五日	10.10	集义号	10000 两	冬月腊月各还 5000 两	不详	6 厘 5	
九月 十五日	10.10	泰顺号	6000 两	冬月半还 1000 两 腊月半还 5000 两	不详	6 厘 5	
九月 卅日	10.25	保和号	5000 两	冬月底	不详	7 厘	

时间		放款对象	放款数量	何时还	收利银多少	月息	备注
农历	公历						
九月　卅日	10.25	泰顺号	7000两	冬月底还4000两腊月底还3000两	不详	6厘5	
九月　卅日	10.25	集义号	10000两	冬月底还5000两腊月半还5000两	不详	6厘5	
九月　卅日	10.25	裕源长	7000两	腊月半还2000两明年2月底还5000两	不详	6厘5	
十月　十五日	11.9	仁昌平	1500两	明年2月底	不详	7厘	
十月　十五日	11.9	汇康号	5000两	明年3月半	不详	7厘	
十月　十五日	11.9	泰顺号	5000两	冬月底还2000两腊月半还3000两	不详	6厘5	
十月　十五日	11.9	集义号	5000两	明年2月半	不详	6厘5	
十月　十五日	11.9	永盛宝	2000两	冬月底	不详	7厘	
十月　十五日	11.9	裕丰祥	5000两	不详	不详	不详	
十月　廿九日	11.23	颐庆和	3000两	腊月半	不详	7厘5	
十月　廿九日	11.23	保和号	4000两	明年2月底	不详	7厘5	

续表

时　间		放款对象	放款数量	何时还	收利银多少	月息	备注
农历	公历						
十月　廿九日	11.23	集义号	5000 两	明年3月底	不详	7厘5	
十月　廿九日	11.23	同义号	3000 两	明年3月底	不详	7厘5	
十月　廿九日	11.23	泰顺华	6000 两	明年3底	不详	7厘	
十月　廿九日	11.23	余太华	5000 两	明年3月底	不详	7厘	
十月　廿九日	11.23	裕丰祥	5000 两	明年3月底	不详	7厘	
十月　廿九日	11.23	永康华	2000 两	冬月底腊月半各还1000 两	不详	8厘	
十月　廿九日	11.23	永盛宝	2000 两	冬月底	不详	7厘	

资料来源：光绪二十二年至二十三年日昇昌长沙分号流水账编制。见史若民编著：《平祁太经济社会史料与研究》山西古籍出版社 2002 年版第 795－858 页。

先看北京和苏州两地的月利率。

由表1、表2可知，从道光二十四年三月二十一日（1844.5.8）至十二月二十日（1844.1.28）全年京、苏两地票号分号信报利息行市 157 次（一天有两个行市者，算两次，编者注）。其中北京最高的有两天，一天是九月十八，月利率九厘五，一天是九月十九日，月利息率仍是九厘五，而元宝的月利率则为一分。过此一天，随即下调。苏州最高为八厘，从七月初七直到十二月十一日长达四个多月的时间里，月利率都维持在八厘的高水平上。故有不少票号起镖运现以趋利。最后京、苏两地利率持平。从最高到最低核算，道光二十四年全年平均月利率为 6.64 厘。

由表4、表5可知，从咸丰元年八月（1851.9.7）至腊月三十日（1851.2.19），京、苏两地信报利息行市 70 次，其中最高者为九月二十二日（11.14），苏州月利率为五厘五。最低月利率为四厘。在这半年中京、苏两地平均月利率为 4.37 厘。

　　由表 6 可知，从咸丰二年正月初一（1852.2.20）至四月二十五日
（1852.6.12）京、苏两地信报利息行市 59 次，其中最高者是四月初十
（1852.5.28）北京月利率达七厘。最低者为月利四厘，平均月利率为
4.38 厘。

　　张家口是近代中国北京通往内外蒙古以及俄罗斯、西伯利亚进行商贸
的中转城市，这里大商号云集、账局、票号林立，在极其有限的资料中，
还保存了两个半年份的利息行市。见表 3 与表 4 的前半部分。

　　由表 3 可知，从道光三十年正月初五（1850.2.16）至三月二十五
（1850.5.6），张家口票号分号信报利息行市共 8 次。其中最高是四厘五，
最低是三厘，平均利率是 3.96 厘。

　　由表 4 可知，从咸丰元年正月初一（1851.2.1）至五月二十日
（1851.6.19）张家口票号信报利息行市 14 次，其中最高者为三厘八，最
低为一厘三，还有两次无市，平均利率为 2.23 厘。

　　平遥是票号的诞生地，也是各票号总号所在地，其利息行市多由大票
号所操纵，可惜未能保留下来，而钱市的情况，也只留存下一个年份。见
表 7 - 8

　　由表 7、表 8 可知，从咸丰十年十二月七日（1860.1.17）至咸丰十一
年十月十六日（1861.11.18），票号信报钱市 30 次，利息行市两次。其中
每两银换钱最多是 1520 文，最低是 1390 文，平均每两银换钱 1467.9 文，
平均利率为 3.55 厘。

　　就钱市来看，平遥的钱市在 1860 年的 1 月至 1861 年的 1 月是相当稳
定的，说明经济稳定，银、钱比价正常。与此相联系的银、钱利率也必然
稳定。不可能出现大起大落的利息率。

　　以上所述是票号在咸丰以前对北京、苏州、张家口、平遥、祁县等地
放款的月息率。咸丰以后票号放款的月息率，由于资料极缺，无法一一排
列。但光绪二十二年（1896 年）到二十三年（1897 年）日昇昌长沙分号
流水账保存的 83 笔放款（见表 9 - 10），为我们了解甲午中日战争后票号
放款利率，提供了可贵的第一手史料。

　　在这 83 笔放款的名单中，有 82 笔是放给工商字号的。占放款对象的

98.8%，有一笔是放给一位名叫余太华的个人的。此人在日昇昌长沙分号的这一结算年度中，前后借款三次，借款额较大，第一次为1000两，第二次为10000两，第三次为5000两。每次都如期偿还。利息分别为7厘、6厘5、7厘，不算是高的。依据票号放款原则是"以钱庄为多，商号与官吏次之，平常人无论如何有利绝少允许"，又以"借款与官吏颇多危险，故利息也较高"的这一原则判断，余太华是位商人。如果这个判断不错的话，那么，日昇昌长沙分号在甲午战争后的1898年放款的对象就百分之百的是工商业者了，所放资本百分之百是起着资本职能作用。理所当然地应属借贷资本。

从放款的利率看，最高一笔是8厘，最低的两笔是六厘，平均月利为6.839厘。据此，可以把票号放款的利息率排列如下（表11）。

表11　近代中国个别年份部分城镇票号放款平均月利率表

时间	城市	月利率	
1844.5.8—1844.1.28	北　京	6.64厘	0.664%
	苏　州	6.64厘	0.664%
1851.9.7—1851.2.19	北　京	4.37厘	0.437%
	苏　州	4.37厘	同上
1852.2.20—1852.6.12	北　京	4.38厘	0.438%
	苏　州	4.38厘	0.438%
1850.2.16—1850.5.6	张家口	3.96厘	0.396%
1851.2.1—1851.6.19	张家口	2.23厘	0.223%
1860.1.17—1861.11.18	平　遥	3.55厘	0.355%
	祁　县		
1896—1897	长　沙	6.839厘	0.684%

而各地当商的利率，经由各省、市、县文史资料委员会以及各县民建、工商联所整理之有关典当业的史料编制而成。（如表12）

表12 近代中国46个城镇当业利率表

地区	年代	当别	家数	利率	当期	死当	习惯计利法	当价计算	备注
北京	1851—1874	当	210	3%	24个月	24个月	每个月可让5天，一个月零5天仍算一个月，过五天后即按两个月计息，赎当时不加复利	不详	
	1900	当	260						
	1901—1912	当	160						
	1913—1935	当	97	1929年后改为2.5%	1929年后改为18个月	不详	1929年后不满一个月，可按半月计息。过了15天才算满月，叫过半，赎当时不加复利		
唐山	1899—1937	当	16	2.7分，即当款1.5分，保管费1.2分，总计2.7%	1年	13个月	如不超过一个月零5天，按一个月计息，超过6天，按两个月计息	不详	
太原	1937年前	当	10余	1%—3% 2%—5%	不详	不详	不详	当半	全是平祁太人所开
韩城	1821—1915	当	5	2.5—3%	18个月 6个月	不详	不详	当半	

续表

地区	年代	当别	家数	利率	当期	死当	习惯计利法	当价计算	备注
汉中	1862—1921	当	20	2.5%—3%	半年 1年 2年	不详	不详	当半	
忻县	1826—1937	当	3	一般2分，皮货铁工工具3分	24个月	36个月	不详	值一吊当500	
哈尔滨	1916	当	80	2%—3%	不详	不详	押品五成以下50%—60%之间丝绸衣服只押三二成	不详	12个月 18个月 3个月 4个月 12个月以内
		押		6%—10%					
丹东	1906	大当	4	3%	12个月	12个月	过五	不详	
		小当		5%	6个月	6个月			
归绥	1875—1951	当	不详	2%	18个月	不详	不详	当半	
包头	1757	当	不详	3%	18个月	不详	过三不过四	押品只给所值30%—40%，最多只给50%	
兰州	1928	大当	14	2%	2年半	不详	冬腊两月减息一分	当半	
		中当		2.5%	2年	不详			
		小当		3%	10个月	不详			
天水	清末民初	大当	10	2.5%	3年	3年	35天以内按一个月计息，36天按两个月计息	当半	
		中当		3%	2年	2年			
		小当		4%—5%	10个月	10个月			

续表

地区	年代	当别	家数	利率	当期	死当	习惯计利法	当价计算	备注
杭州	1921	不详	19	2%	18个月	18个月	赎当以34天为限月不过五，过五多收一个月的利息	不详	
					12个月	12个月			
南通	1937前	当	5	2%左右	6个月至18个月	21个月	不详	当半	
西安	清末	当	20多	3%	不详	不详	不详	不详	
祁县	1921年前	当	7	3%	不详	不详	不满1个月皆按1个月计息，满1个月后，过三天，加一个月利息，过期六天，即加两个月，按三个月利息计。若超过五天仍按一个月计息，叫做"过五不过六"	不详	
天津	1875—1900	当	44	吊二百三，即当价一吊钱以上，按二分纳息，一吊以下，则为三分	24个月	30个月	不详	不详	不详
	1900—1909	当	24	3%后降至2.5%			不详	不详	不详

地区	年代	当别	家数	利率	当期	死当	习惯计利法	当价计算	备注
不详	1931	当	不详	常年当息月利二分冬令减息为1.8分，外加栈租0.3分	不详	不详	不详	不详	
无锡	1923	当	18	2%	1年	不详	不详	不详	
宁波	1949.11	不详	不详	6%	10天为期每期2%	3个月	不详	不详	解放以后
上海	1937年前	大当	140	3%	18个月	不详	不详	不详	
		小押	四五百	6%	10天	10天	过期1天按10天计息，还要另加1%的存箱费	不详	10天为期每期收息二分合计一月为6%
苏州	1919	当	30	2%	18个月，另加宽放6个月，6个月至12个月	24个月	不详	不详	
		质		3%					
		押		5%					
太仓	1934	当	6	3%	24个月	24个月另5天	过五计息	不详	
不详	1929	当	不详	2.5%	18个月	18个月	过16天按两个月计息	不详	
溧阳	1913	当	6	1.8%—2%	18个月14个月12个月8个月6个月	不详	不详	不详	

续表

地区	年代	当别	家数	利率	当期	死当	习惯计利法	当价计算	备注
句容	1919	不详	不详	2%	16个月	18个月	过5天，按全月计息。另收存箱费1%	按原值20%—60%	
茜敦镇	清末	不详	不详	2%	18个月	不详	入当时每元收存箱费五分，付款时当场扣除，计息则仍按一元五计息	不详	
安庆	1875	不详	2	不详	不详	不详	不详	不详	
安庆	1920	不详	5	不详	不详	不详	不详	不详	
江西乐平	1925	不详	不详	1.5%	6个月	6个月	不详	不详	
福州	清末	当	30	1.6%	原30个月，后改为18个月，12个月，6个月不等	不详	过期在5天之内额外，按当本加二成减息，叫加贯	原价的40%—50%上下	
泉州	1899	当	19	大票月息2%	3年	不详	本月20日以后入当，由下月起算利，赎时在每月初七日以内，利息算至上月止。初八以后方计本月利息	不详	
泉州	1899	当	19	小票月息3%	1年	不详		不详	

续表

地区	年代	当别	家数	利率	当期	死当	习惯计利法	当价计算	备注
南平	光绪—1927	典当	1	2.4%	24个月	26个月	当店计息以月为单位上午存下午取,计一个月利息,对月息,以月份为准,过月称两月。如一月二十日至二月二十五日取则计两个月利息。后改为月不过10	不详	
		押当	2	5%	6个月				
祁阳	1914	乙等当	4	2.5%	12个月	延长两个月	利息按月计,满月后按日计,过期11天按两个月计息	不详	不纳税者为私当
	1922	丙等当	6	3%	8个月10个月				
	不详	私当	不详	4%—6%	不详	不详			
汉口	清末	典当	不详	2%	24个月	不详	不详	当年	
		当			20个月	不详	不详		
		质	不详	3%	9个月	不详	不详		
		押			6个月	不详	外加九扣		
桂林	1898	当	8	1.2%	12个月	12个月	每两个月行息二分四厘,后改为每两个月行息二分,即月息由1.2%降为1%	不详	
	1908		8	1%	12个月	12个月			

地区	年代	当别	家数	利率	当期	死当	习惯计利法	当价计算	备注
广东	1800	当	3016	3%	3年	不详	减息成规押本五两以上的减一分,按月息二分计息;押本在十两以上者减1.5分,按月息1.5%计息押本在50两以上者利息双方面议	不详	
		按		3%	2年	不详			
		押		3%	1年	不详			
不详	不详	小押	不详	当息很高	3个月	不详	"九出十三归",即应当的钱数以九折付给,当票仍写十足的当款;按十的当款计算当息;按十足的当款本息赎取当物。	不详	
重庆	1760	当	1	3%	不详	不详	不详	值十当三	1906年前全川60家当铺均属陕西人开
	1765—1906	当	5	3%	30个月	30个月	不详	不详	
	1912	公质店	17	3%	18个月	18个月	不详	当半;有的值十只当二三	
		代当	200						

续表

地区	年代	当别	家数	利率	当期	死当	习惯计利法	当价计算	备注
贵阳	乾、嘉	当		3%		当日当，当日取也收一个月利息，过期五天要收二个月利息	不详	不详	当业创始者陕西刘阴桓，故后地方人士为他在观音寺旁修一专祠纪念
	光绪—民初	当	11	银2.5%钱3%	2 年				
		典	11		1 年				
		小押		3%5%10%	3 个月6 个月				
武汉	清末	典当	不详	2%	20 个月	不详	不详		
	1913—1914	小押店	不详	3%	不详	不详	"九扣三分"即当本每元扣洋"一角"另计月息三分		
新会	1840	不详	112		3 年	3 年	当按规定：十两以上每月计息二分。出门作一个月计算。一个月零一天作两个月计算。每年十月初一至腊月三十午夜，这三个月内赎当照利减息一分。十两以上当本的减	不详	
	1910	不详	44	3%	不详	不详			
	1932	当	8		3 年	3 年			

续表

地区	年代	当别	家数	利率	当期	死当	习惯计利法	当价计算	备注
新会	1932	按	25	3%	2 年	2 年	为一分半,而押典无此规定,却有举灯九成的规定。因旧社会烟赌林立入夜更是热闹,赌输者必出当物。	不详	
	1932	押	11		1 年	1 年			
不详	不详	不详	不详	不详	不详	不详	故规定下午七时至九时不论当何物都是九成付款。	不详	
西宁	民初	当	6	3.5%	2 年	不详	不详	当半	其中山西四家
广东兴宁	1862	当	29	3%	3 年	3 年	不详	当半	
泰安	嘉庆	当	不详	3%	13 个月	不详	每年腊月初一日至廿三日当铺实行减息,如一元,应交一元三角,这时只交一元二角即可	不详	
开封	1924 前	当	不详	2.5%	2 年半	2 年半	不详	不详	
	1924 后	押当	不详	10%也叫加一利	3 个月	3 个月	不详	不详	

续表

地区	年代	当别	家数	利率	当期	死当	习惯计利法	当价计算	备注
常德	清末	当	8	3%	12 个月	14 个月	不详	当半	山西资本雄厚
	1925—1934	押	24	5%	10 个月	12 个月			
化隆	清末民初	当	不详	3%	24 个月	不详	过三不过五	当半	
常州	1917	当	16	2%—3%	不详	不详	月不过五	当半	
常熟	1920	当	不详	10%	18 个月	24 个月	不详	不详	

资料来源：据中国文史出版社 1996 年出版的由常梦渠主编的《近代中国典当业》中的各地数据编制而成。

四、简短的结论

如表所述，近代当业利息率，各地、各时虽有不同，但大体上月息都在三分上下，只有桂林，江西之乐平月息在 2 分以下，广东是在按其减息常规减息后，也有达二分以下的。票号最高月息率与当铺最低息月率相比，也有明显差距。就以当铺通常的月息三分与票号的月息平均最高 6 厘 8 相比，当铺的月息是票号月息的四倍还多。所以说把票号与当铺相提并论，把票号资本当作封建性高利贷资本，是缺乏史实依据的。

（本文曾收入 2002 年 5 月山西古籍出版社出版的史若民编著《平祁太经济社会史料与研究》作者张步先原为山西师大教师，曾参与由我主持的国家社科"九五"规划重点项目平祁太经济社会研究。后因解决夫妻两地分居问题调到山东，现在威海哈工大分校任教。）

平、祁、太经济社会研究

提起晋商，人们就会想起明代万历年间有位名叫王士性的进士，他写了一本叫做《广志绎》的书，书中有"平阳、泽潞富商大贾甲天下，非数十万不称富"这样一句话。如果仔细玩味，这里说的晋商是指山西的平阳（今临汾地区），泽潞（今晋东南地区），并未提及晋中的任何一县，另一位也是明代万历年间人士，名叫谢肇淛，他在其所著《五杂俎》中说："富室之称雄者，江南首推新安，江北则推山右……山西或盐，或丝，或转贩，或窖粟，其富甚于新安"。他说的山右，也是山西，但其具体所指也是产盐、产丝的晋南和晋东南，即平阳府、泽州府、潞安府一带。显然与晋中地区无缘。与晋中的平、祁、太三县更不沾边。那么，平、祁、太三县的工商业是什么时候，靠什么办法，在晋商这个商帮中一举领先，成为北方经济社会的枢纽和中心，并进而形成全国金融调拨中心达一个世纪之久。这是需要我们研究的，特别是在中央关于西部大开发的战略颁布之后，有关陕、甘、宁、青、新、蒙、重、川、广、云、贵、藏等 12 个大开发的省、市、区，几乎全是 19 世纪至 20 世纪初，晋商十分活跃的地区。其时无论是大漠滚滚的大西北，或是十万大山的云、贵、川、藏，抑或是地处边陲的广西，都曾有过他们辉煌的业绩。因此，研究这一地域近代经济社会，从中吸取借鉴，似乎更为迫切。

首先，平、祁、太一带，在晋中平原上本是一块"既无特产以为凭借，又缺乏矿藏资源"的三个小县，面积 3000 多平方公里，人口因时代不同而差异很大，明末三县人口不到 20 万，清代的咸、同年间，最多也只有80余万。至于其工商业，根据各县的志书和留存于这一代的碑刻看①，大致起步于明末清初，发展于乾、嘉及道光年间，就发展期而言，为时不过百有余年，然所聚集之财富，为全国之冠。正如咸丰三年（1853年）十月十三日广西道监察御史章嗣衡所奏："山西太谷之孙姓富约2,000余万，曹姓、贾姓富各四五百万，平遥之候姓、介休县之张姓，富各三四百万，榆次之许姓、王姓聚族而居，计合族家资各千万。介休县百万之家以十计，祁县百万之家以数十计。"其中之榆次富豪往往投资于南邻太谷县城，而介休之巨富大多投资于其北邻平遥城内。所以，章嗣衡所说的上述大富，实际上其金银财富主要集中于平、祁、太三县。尽管其估计与实际有相当出入，然本年（即从咸丰二年二月至咸丰三年正月）山西之捐输达1,599,300多两，占全国捐输总数4,247,916两的38%。又据《山西巡抚哈芬咸丰三年六月廿七日奏折》说，上年（即咸丰二年）奉文办理捐输广西军饷，统共捐输银1,620,274两，内有河东商捐200,374两和五台、孝义二县续捐1,800两。如除去属于晋南的河东商捐，除去属于晋北五台的商捐，再除去属于晋中孝义县的商捐，则剩余1,401,900两商捐，无疑绝大多数是属于广西道监察御史章嗣衡所奏的平、祁、太一带各县，是以证实这一地区确为当时全国的大富之区了。

是什么原因使这个黄土高原上的贫瘠之地，能在短时间内在经济上翻身，并一跃而为全国的大富之区呢？

一、时代的呼唤与特殊的地位

平、祁、太三县虽说是地处太行山巅、黄土高原上的一块贫瘠之

---

① 明万历年《太谷县志·风俗》篇说："今观士敦行谊，农力于野，商贾勤于贸易"。其志序也说："太谷民尚朴重，好农勤织，灵秀者亦于贸易焉"。万历年间平遥的风俗是："地瘠薄，气刚劲，人多耕织少，商贾健讼尚侈，虽唐尧遗墟而婚丧尤奢。"北京颜料会馆为平遥颜料商所建，时为明末。至于太谷、平遥各寺庙留存碑刻，康熙以前未见有工商户布施者。嘉、道年则大量出现。见本书所附《平、祁、太、碑刻及布施工商、人户统计表》。

地，但它却是位于汉唐以来就已形成的丝绸之路，与从宋代就开始出现的茶叶之路的交叉点上。如果说山西在古代就被称为"商贾之途"，那么，至明清、晋中之平、祁、太就成为全国商贾之途的中枢。

十八九世纪的中国，其交通工具，小而言之，驴驮马载，大而言之，起船装车，并不需要很好的道路，即可外出贸易。所以，尽管山西东太行、西吕梁、南带黄河，是个表里山河，但都未能阻止其成为"东拱帝京，西连秦蜀、南通太行，北入云中、雁门"的四达之区见①。所以就交通和地理位置而言，山西过去曾被称为是"中原天府"和"商贾之途"。是清朝入关前，就早已既定的必须首先占领之省区。顺治元年（1644年），都察院参政祖可法等向皇帝进言："山东乃粮运之道，山西乃商贾之途，急宜招抚。若二省兵民归我版图，则财赋有出，国用不匮矣。②"正是这种情况的反映。

汉唐以来，继以长安为枢纽通往西域各国的"丝绸之路"衰落后，山西的"商贾之途"并未因此失色，相反，由于从宋代起就出现的以山西为枢纽，北越长城，贯穿蒙古、经西伯利亚转往欧洲的"茶叶之路"的兴起，使山西这条"商贾之途"又生色不少。远在宋朝景德年间（1004年—1007年），官府就以西湖茶与蒙古进行茶马交易，并以张家口为互市之所。熙宁四年（公元1072年）章淳率兵克服枚山，在安化县之仙溪一带开设茶场。《宋史·张永德传》说，"张永德，并州阳曲人，家世铙财，永德在太原曾令亲吏贩茶规利，阑出徼外市羊。③"用现在的话说，张永德在太原凭借其家的财富，曾经命令其手下亲信，从南方贩茶到边地换羊赚钱。张永德指使手下贩茶所走的路线，无疑应该是这条经过山西的茶叶之路。元代，幅原辽阔，南北物资交流，除海上、运河运输外，山西的茶叶之路无疑也是南北物资流通的重要孔道。

---

① 《光绪平遥县志·艺文志》，《乾隆祁县志》卷2也有相同的说法："西南道河东，通秦陇，东南逾上党，达中州；北当直省孔道，故四达之衢也。"
② 《清世祖实录》卷5，顺治元年，5月乙亥。
③ 《宋史》卷255，《张永德传》。

明代，自弘治十八年起，始"招谕山陕等处富实商人收买官茶五六十万斤与蒙人互市①"，并在山西北部重镇大同进行有名的茶马互市。蒙商将互市所得的茶叶除自己消费外，还辗转贩运到西伯利亚。

入清以后，随着明末战乱的结束，蒙古、新疆、西藏的内附，出现了中国版图空前辽阔的大一统局面。与此同时，南方与北方，东方与西方；草原游牧区与渔猎区，游牧渔猎区与中原农耕区的物资交流和互补，就更加频繁了。过去游牧区那种靠战争掠夺为其生产手段的方式，在新的历史条件下，完全可以靠正常的商业贸易去解决。

历史呼唤着正常的商业贸易取代战争；时代的发展也促使各族民人去实现企盼已久的以商贸往来取代战场上的掠夺。

能够顺应潮流的清政府，与提出和施行了一系列卹商和护商政策的同时，还不断地在辽阔的疆域里，设置四通八达的驿站，完善交通网络。按定制，每百里设一站，每站均备有夫、马、车、船，通向四面八方。每省少则数十站，多则上百站。尤其是清政府在蒙古、新疆和东北地区设置驿道、台站，尽管这些驿站主要是传达中央政令的邮传之路，但它在实际上也为商旅活动创造了有利条件。举凡一台站的设置，必然随之而来的是围绕驿站而设立的商号、货栈、店铺等设施的出现。它们都为商旅货物的流通、中转、集散，以至于临近市场的开拓等方面起着推进的作用。这些由驿站连接起来的大小商路的畅通无阻，刺激着商品生产的发展。为商品交流活动，由中部地区向包括"三北"地区在内的华北、东北、西北广袤地区扩展，并建立永久性贸易网络，提供了必要的交通条件。平、祁、太一带商人，所以能够在蒙古地区驰骋数万里，绵延百余年，是与这些由驿道、台站形成的交通网络，所提供的方便分不开的。

统一局面的形成，驿道、台站网络的建立，可以成为所有商人在贸易中共同利用的有利条件，何以偏偏就由平、祁、太商人捷足先登，以之致富呢？这的确是一个耐人寻味的问题。统一局面的形成，边疆交通

---

① 《明经世文编》卷15，杨一清：《为修复茶马旧制第二疏》。

网络的建立，可以成为所有商人的有利条件，然而它却不能保证所有可以利用这一条件的商人都取得成功。平、祁、太商人之所以能取得成功，与平、祁、太商人的素质与特有眼光和经营谋略是分不开的。

二、偶然与必然

晋商在边地成功的商人都是受苦出身，在其起步阶段都是肩挑货郎，所谓"丹门庆"者。有的甚至较之丹门庆还差，或给蒙人佣工，或作羊倌，或拉骆驼，或做豆腐糊口。经常接触的大多数是下层蒙民。基于他们从事的这种劳作，蒙民什么时候要什么物品，他们了解得最为具体。加上晋商当时所处的地理位置，即今天的呼和浩特一带，在清朝入关之后，就被划归山西，在行政上，是属于山西的归绥道，道台治所，就驻在绥远城（今呼和浩特），这使他们得以很容易地到蒙古经商。

山西这块东西窄而南北长的黄土高原地带，是一块北连大漠，南通中原的地方。在相当长的历史时期，无论经济、军事、政治、文化都曾在全国名列前茅，春秋战国时期，曾被誉为"三晋，天下莫强焉"，对此曾有人作过分析。他首先是从山西古代为什么会强，何以能出现许多著名将领和军事家开始的。他说："泽、潞为历代劲兵之处，而太原、忻、代、朔平、宁武、大同，皆家近绝塞，日见投石超距之为。其桀者，莫不呼鹰走犬。挟弹弯弧，其生性然也。是故韬略之士，争出其间，李牧、廉颇、卫青、霍去病、张辽、韦孝宽、斛律金、柴绍、尉迟恭、薛仁贵、张守奎、李光颜、史匡赞、杨业、毕士安、狄青、曹文诏、曹变蛟皆是也，而兵马亦遂为天下最。"如果作者将其中"其生性然也"一语，改为"盖环境使然也"，则这段话对山西人为了生存，在长期生活在与边地相接、多有战争的环境里，培育出来的尚武精神和谋略文化，应该说是十分精当的。与尚武精神相配套的团结精神，也是与这种环境相联系的。所以这位分析家，在作了上述分析后，接着就说："其地土瘠民贫，其俗俭啬而遍急，其平居有以自守而各务于力作之事，则有同胞向泽之风（即团结精神），二者盖相因也。"这就是说，山西人的这种尚武精神与团结精神（即同胞向泽之风）是在特定的历史条件和环境中，为了生存，长期互为表里，相互促进，潜移默化形成的。

这种精神，用之于战争时期，是"勇于为强"，用之于和平时期，则是"勇于为富"。所以他说，清代"道光三十年（1850 年）以前，民不知兵革，有百数十年矣"，"晋省之人多务于出外贸易"。"太、汾、忻、代之人，经商者，十人而八。太原之太谷、祁县，汾州之介休、平遥，其投资于川广、三吴、两楚、市肆甚广，冒险前进，不啻入虎穴探子，虽绌不怨。"这就是说，从十七、八世纪之交的康熙中叶起，汾太一带的商人就已经不少了。而且，他们"彼此相胜，各思创一未有之业，以冀奇获。①"这种心理素质与环境就为各种人才（无论是军事人才或商贸人才）的成长，提供了心理方面和精神方面的条件。

然而，财富的创造，毕竟是一种道德行为。它与战争不同。战争虽有正义与非正义之分，尽管正义的一方最终会获得胜利，但非正义的一方凭借其军事上或武器上的优势，在正义者一方最终必然取得胜利之前，就使正义者在战场上连连败北，这是常有的事。所以说，战争靠力量，而财富的创造，除掌握先进的技术外，就商业而言，则有赖于道德。这里所说的道德，最根本的就是诚信。这就是说，任何一个工商业者，不论在任何思想体系的控制下，一个恒定不变的真理，就是这个工商业者必须在顾客认同他们之前，创造一些有价值的"财货或劳务"让顾客对他们的财货信得过，对他们的服务信得过。换言之，任何市场上成功的产品或服务，都必须先在创造者身上见证成功，如果顾客相继鼓掌叫好，便证实创业者的眼光和信心，在市场上和道德价值上都会获得人们的认同②。

平、祁、太一带的商人之所以在"三北"地区的许多地方能够站

---

① 王锡纶：《怡青堂文集》，民国七年刊本，卷3，第25-27页。
② 查尔斯·汉普登—特纳等著：《国家竞争力创造财富的价值体系》，徐联恩译，海南出版社 1997 年版，第6页。

稳脚跟，直至在某些地区或城镇占据优势，乃至于处于垄断地位，并非全是靠什么特权。某种特权，可以使某种"财货或服务"得志于一时，但不能持久地发生作用。在正常情况下，关键在于它们提供于"三北"地区的"财货和劳务"，是否有价值，是否受到顾客的认同。而且在提供的"财货和服务"方面，能否根据当地顾客的不同需求，不时地完善它，改进它。就以祁太人投资经营的大盛魁说，人们往往以为大盛魁这样一个延续两个多世纪之久的企业，是靠清政府给予的"龙票"而成功的，其实这是一种本末倒置的说法。

首先，"龙票"并非一开始就为大盛魁所持有。大盛魁的成立，是在康熙年间。而"龙票"的获得，则是嘉庆年间的事①。就算是嘉庆元年（1796 年）获得，那么，整个乾隆年间（1736 年—1795 年）的 60 年和雍正年间（1723 年—1736 年）的 13 年以及康熙年间的后期十余年，总共 80 多年，是如何走过来的？是否也是凭借特权？看来，对大盛魁这段历史的研究，是了解其成长、发展和壮大的关键。

先从康熙年间说起。

大盛魁创始人王相卿、张杰、史大学分别是太谷武家堡和祁县祁城村人，虽说是两县，但两村相距仅 20 余里。出门在外，这就是小同乡了。康熙廿九年（1690 年）至康熙卅六（年 1697 年），噶尔丹曾三次对清军发动进攻。为解决来自北方的噶尔丹的威胁，康熙连续三次御驾亲征。这时，王相卿、张杰、史大学即在草地谋生。随着清政府军队的征剿行动，不仅有大批由政府组织的军事后勤供应，还有沿边一带以及相邻省份的小商小贩也参与转输活动，王相卿、张杰、史大学便在其中。其时，他们一无特权，二无资金，全靠肩挑转贩。几年下来，由于其深入草地，也就学会了用蒙语和牧民做生意。平定噶尔丹后，三人合伙在杀虎口开了个名叫"吉盛堂"的商号，专做蒙古方面的贸易，这就是大盛魁的前身。

---

① 内蒙政协文资委编：《旅蒙商大盛魁》，《内蒙文史资料》第 12 辑，内蒙文史书店 1984 年第 1 版，第 81 页。

这一时期，随军小商贩很多，但能组织起来形成一个有堂名的商铺的并不多。在战争结束之后，能预见战后，蒙古地方的商贸必然会有大发展，从而在组织方面、资金方面采取积极措施的更不多。这里不仅有一个眼光问题，还有一个组织才能的问题。商业竞争不仅靠货物品质和服务态度，同时还要靠组织者的人事组织才能和远见卓识。吉盛堂的成立标志着王、张、史等人在众多小商贩的竞争中，获得了初步胜利。因为在平定噶尔丹后，清政府要巩固在这一地区的统治，必须使草原牧民的生活安定得到保证。几年的随军小贩生活，不仅使王、张、史学会了蒙语，也了解了牧民，深知在广袤的蒙古大草原，要使蒙民的生活安定，生存条件得到保证，必须要有商人的转贩活动。他们深知在这里做生意会获得厚利，成立吉盛堂正是他们的这种思想在行为上的反映。一个原本是个懵懵懂懂仅仅为了谋生而闯入边地的受苦人，起初曾在军队中做过厨夫和杂役，后来又成为随军小商贩，这些都是历史的偶然。

然而，正是这种历史的偶然，使他们的生存竞争跃上了一个新的层面。从此，吉盛堂的发展，就从历史的偶然，转为靠字号不断奋进的必然，吉盛堂的发展与否，将与他们的前途命运悠关。

一个肩挑货郎，组织一个商号不易，要使其坚持下去并加以发展，更难。这里不仅存在着一个由战时为军队服务，进而在和平时期为蒙族牧民以及王公贵族和喇嘛们服务的转变问题，而且还存在着一个如何在广阔的中原地区为牧民组织货源的问题，同时，还存在着一个如何组织人员在广袤的草原上既要有集中统一管理，又必须面对现实，对散布于广阔草原上的一个个蒙古包中的蒙古牧民，做分散经营的营销方式上的创新。在这方面，他们对内实行经理负责制，以集中事权，应付突如其来的事变以及市场上的千变万化，对伙友实行顶身股（人力股）制，以调动其积极性和主动性；对外，即对待散布于广袤草原上的蒙古包内的广大牧民，则推出了非常适合当时当地实际情况的著名的骆驼队

"货房子①"。这就是祁、太人投资的旅蒙商号大盛魁，根据在蒙古草原，做蒙古包内牧民生意的新花样。他们不仅通过"货房子"送货上门，还得要保证质量，即要送真货、好货上门。如何才能达到这一目的，大盛魁确是下过一番苦心的。就以进货来说，起初，其进货仅在归化城，然而随着业务的不断扩大和资本的不断增加，货物的数量和质量能否得到保证都有问题，这是关系到大盛魁能否长期存在并不断得到发展的大事。于是由总号出资，建立小号，直接从产地购进农产品或手工业产品，甚至在产地建立作坊或手工工场，直接加工生产蒙民喜爱的货物。这类小号，根据其业务不同，各有专营，比如茶叶为小号"三玉川"所专营；绸缎布匹为"天顺泰"所专营；牲畜毛皮为"德亨魁牲畜店"和"盛记毛庄"所专营；羊为"协盛昌"、"协盛公"、"协盛裕"② 等三家京羊庄所专营。这些小号除财东是大盛魁外，其余完全自主，他们与总号是契约关系，而非组织关系。它们是独立经营、单独核算的单位，既不靠总号进货，也不靠总号销货，它们进来的货，固然要尽先卖给总号，但亦可以卖给别的商号③。这样，既保证了小号的专业化，又以自负盈亏调动了小号的积极性和主动性，使大盛魁在蒙古、俄罗斯市场上，赢得了货真价实的好名声，对于大盛魁的进一步扩大和发展，起了极大的推动作用。

　　除了设置专业化的各类小号外，为保证货源和货物质量。大盛魁在购货和订货方面还有一套办法，凡买大宗货，要是合价三百两银子以下

---

① 货房子，就是在蒙古草原商人运送货物的骆驼队。每一队有一个简易布制的蒙古包，供流动贸易时居住。每领房子编制，多少不一。一般一领房子有一个领班，负责驼队的管理、引路、寻找水源、安排食宿等事；一名先生负责途中为骆驼治病和给马钉掌等事。每十五峰骆驼为一链子（又叫一把子）由一个骆倌牵引并照管所驮货物。每领房子约有一百五六十峰骆驼。由十名驼倌牵引，加上镖师、伙夫、杂役等共约二十人组成，另外还配有十只巨獒以防狼害，每次驼队出发时按人数带两个月的炒米、干菜、杂酱、水等。

② 内蒙政协文资委编：《旅蒙商大盛魁》，《内蒙文史资料》第 12 辑，内蒙文史书店 1984 年第 1 版，第 46 页。

③ 内蒙政协文资委编：《旅蒙商大盛魁》，《内蒙文史资料》第 12 辑，内蒙文史书店 1984 年第 1 版，第 29 页。

的，现款交易，不驳价钱，表示厚道，以招致"相与"。但如价高货次，就以永不再与之共事来做回答。这种名声传出去，谁也不敢哄他。对于手工行业订货，就是在某行业中选择一两家世代相处，绝不随便更换，即使这家铺子资金缺少，周转困难，也要垫出银子，扶植这家买卖。使其争相与大盛魁来往，这样，自然可以保证货源，又能保证质量。

此外，大盛魁对于那些在其初创时期给予帮助或支垫过的商号，则永远恭而有礼。并以极低利息给予借贷，以示感恩；对于和他共事年久，或是大量供货的商号则于账期不仅请其柜上全体人员，还另给经理下两道请帖，在高级饭馆单独招待。一般"相与"则给柜上下一道请帖，在大班馆子设宴招待。凡此种种，不仅为大盛魁争来了一个善待"相与"、厚道的美名，[①] 同时还保证了大盛魁的货源和货物质量。

为了在竞争中能够站稳脚跟并进一步发展，不仅要注意货品的质量，在进货方面，还应特别研究顾客的生活习惯和喜好。比如，根据蒙民以肉食为主，喜欢饮用砖茶以助消化；俄罗斯与欧洲人喜喝红茶；而内地之华北一带老百姓爱喝花茶的不同习惯，它的小号三玉川即根据这种不同需求及销量，在产地组织加工成不同种类的茶，分类包装，北运销售。由于其货物对路，所以总能做到快运快销，从无积压。

另外，其销售方法也很特别。

鉴于广大蒙族牧民手中缺乏大量现银，于是他们采取一种特殊的赊销办法。送货不收现银，到期也不要现银，而是以牧民的牲畜、皮毛折价付款。而后再将这些畜牧业产品转运内地销售。在这里，大盛魁的骆驼队货房子，既是蒙古牧民日用生活品的供应者，也是蒙族牧民畜产品的收购者、推销员。他们及时而高效的双向服务，深受蒙族牧民的欢迎。

至于蒙古王公贵族每年进京值年班的物资供应和奢侈生活品的特殊需要以及资金借贷，则由大盛魁以及天义德等商号分别包了下来。不仅获取推销商品的利益，也赢得了蒙古王公贵族以及喇嘛们的欢心。在王

---

① 《旅蒙商大盛魁》，《内蒙文史资料》第12辑，内蒙文史书店1984年第1版，第90页。

公们的支持下，他们可以在蒙古草原参加一种特别的会议，蒙语叫朝格勒尔，也有译作"楚古拉"的。这种会议是由清政府驻蒙代表、祁、太旅蒙商大盛魁的代表联合组成。一般情况下，每年会议一次。其主要内容有二：一是由蒙古王公根据上贡清室和自己奢侈生活的需要，确定各盟、旗牧民所应承担的贡赋份额，然后以票据形式写明，交付给大盛魁去向牧民索取所负担的债款和利息。一是讨论确定每年牧民以物抵债时，马、牛、羊、皮毛、药材等价格。一经朝格勒尔会议确定，任何人无权修改。所以，朝格勒尔实质上是一种议定大盛魁向蒙古王公特权贷款的会议。

为此大盛魁专门开设了印票庄，根据蒙古王公的需要，印制大量的贷款票据，这些票据一经朝格勒尔通过，就都要加盖蒙古王公的大印，故称印票。根据印票的数据，大盛魁要保证蒙古王公的一应生活需求，王公们可依数向大盛魁支取现款；各王公向清政府上交的贡金，也由大盛魁统一办理。这在事实上就形成了一种：蒙古王公只有通过大盛魁的印票庄，才能向他控制下的牧民征收到几十万两银子的贡赋，蒙族牧民只有通过大盛魁的印票庄，才能把他们生产的牲畜及其畜产品，折成白银，作为向王公上交的贡赋。如欲赊购商品，也须持蒙古王公加盖大印的印票，交给大盛魁的商号，大盛魁即可以通过印票这种特殊贷款，获取王公们的借款利息；又可以通过印票所赋予的特权，不等价地折收牧民的畜产品。这种由蒙古王公们加盖大印的票据，不仅是对贷款（或欠款）者负证明的责任，而且对贷款（或欠款）者负保证还清的责任。据说，印票上写有"父债子还，夫债妻还；死亡绝后，由旗公还"[①] 的字样。由于有这样的印票，大盛魁给王公们的贷款以及赊销给牧民的商品，就不愁收不回来。

在信用与印票的保证下，大盛魁通过它的小号和相与，把蒙古地方各族人民所需要的日用品，诸如砖茶、绸缎、布匹、三白、哈达、铁器、铜器、蒙古靴子、马革占、木碗、木桶、药包、白酒、炒米、糕

---

① 内蒙政协文资委编：《旅蒙商大盛魁》，《内蒙文史资料》第 12 辑，内蒙文史书店 1984 年第 1 版，第 65 页。

点、饽饽等等，举凡蒙民所需，应有尽有，源源不断地运往蒙古各地，蒙古牧民生产的畜产品，也通过他们源源不断运往内地或口岸。

正如大盛魁一副对联描述的那样：

集廿二省之奇货裕国通商□□□□□□□□□

步千里之云程披星戴月方能以其所有易其所无

其对联虽已残缺不全，但其对大盛魁营业内容与区域的传神描绘，依然清晰可见。另外，大盛魁还有一个突出的特点：采购货物，巨细靡遗，蒙民之所需，即它之所销。所以，当地人至今留传着：大盛魁的货，"上至绸缎，下至葱蒜"，样样俱全。同时，还不断开发新产品。比如在没有冷冻机械的条件下，他们利用西北地区冬至以后气温很低的特点，用白面和羊肉包成大量水饺，予以冷冻，运往蒙古各地销售，深受牧民欢迎①。同样，由于冬天缺草，将羊只赶回内地不易，便利用当地低温，宰杀大量羊只，制成冻羊肉卷，运至北京等地，也为京城人民所喜爱②。

所有这些都说明，大盛魁由一个货郎出身的人发起创立商号，进而发展成为一个拥有1,500多名正式职员的商号，雇佣人员，包括工人、牧民达5,000多人，营业网络西至甘、宁、新疆；西北至乌里亚苏台、科布多；北至库伦、恰克图，甚至经营远到莫斯科的出口生意；东至张家口、北京、多伦诺尔、安东、营口、锦州；南至晋、豫、鄂、湘、苏、广诸省，可谓遍及全国大小名城，其分支机构也随之扩散到国内各省重要城邑③（见《晚清大盛魁贸易形势图》），营业额达一千多万两白银。形成如此雄厚的资本和庞大的商业网，使大盛魁对归化市面以及蒙古地方完全形成了垄断。这与平、祁、太商人特有的商贸战略眼光和卓越的商贸组织才能以及坚忍不拔的毅力，是分不开的。

---

① 内蒙政协文资委编：《旅蒙商大盛魁》，《内蒙文史资料》第12辑，内蒙文史书店1984年第1版，第5—6页。

② 内蒙政协文资委编：《旅蒙商大盛魁》，《内蒙文史资料》第12辑，内蒙文史书店1984年第1版，第112页。

③ 内蒙政协文资委编：据《旅蒙商大盛魁》一书提供之分号、小号分布及活动情况综合、整理绘制而成。

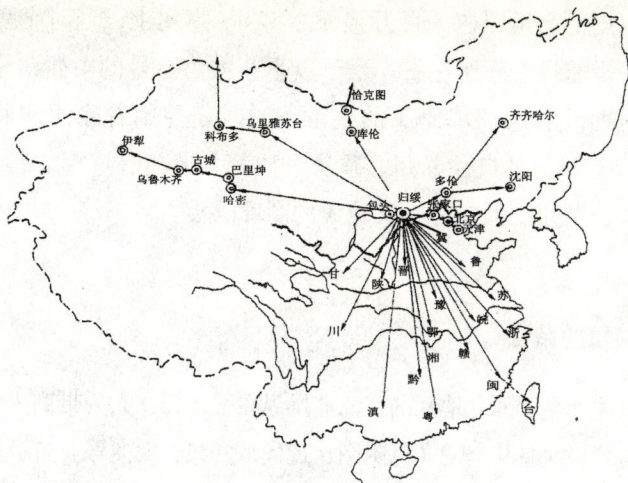

晚清大魁贸易形势图

图片来源：据《旅蒙商大盛魁》，一书提供之分号、小号分布及活动情况综合、整理绘制而成。见内蒙政协文资委编：《内蒙古文史资料》1984 年第 1 版第十二辑。

与大盛魁差不多同时，归化城还有元盛德、天义德两个大商号，被时人称之为归化城旅蒙商三大号。其中元盛德的创始人是山西祁县南社村的段泰，其出身是一个拉骆驼的。天义德的财东，除创始人郭姓、范姓、马姓三家各一股外，稍后，段泰的元盛德加入二股，成为该号持有最多股份的股东。因此，也可以说天义德是祁县的商号。因此，说祁、太人垄断了归化市面以及蒙古地方的贸易，也是不错的。

耐人寻味的是，与祁、太之大盛魁、元盛德、天义德三大号垄断归绥以及蒙古地方商贸的同时，太谷的曹家号左右着朝阳、建昌、凌原、八沟（今平泉）一带。祁县乔家的豆腐铺使本来属于萨拉齐厅管辖区西部边缘的一个居民点——西脑包，成为举世闻名的包头城。平遥的颜料业，早在明末就已遍布于京、津一带。入清，其商号又挺进西北，开拓宁夏和青海的市场。宁夏的商业鼎盛时期，是 1937 年抗战爆发前。其时宁夏有商号 420 多家，晋商就居十之六。它们绝大多数在这里都是设庄收购皮毛和药材，通过水路、陆路转运到天津出口。当时（1914 年以后）这里经营出口的最大商号，就是早在 1813 年以前就已经创立的平遥老号祥泰隆。仅它一家每年出口皮毛金额即达一百万银元之多①。事实上，当时宁夏一带的出口贸易是由平遥祥泰隆所左右。至于以平祁太为总号的山西票号，则不仅是控制当时西北各大商埠码头的金融，同时还控制着除西北而外，如北京、天津、上海、汉口、苏州、重庆、成都、厦门、广州、营口、周口、苏州、长沙、兰州、西安等，其他大的商埠码头。

三、简短的结论

综上所述，整个西北地区的工商业操纵在平、祁、太一带商人手中。至于其商号的辐射，则遍及全国（见附图：近代平、祁、太商号分布示意图）。

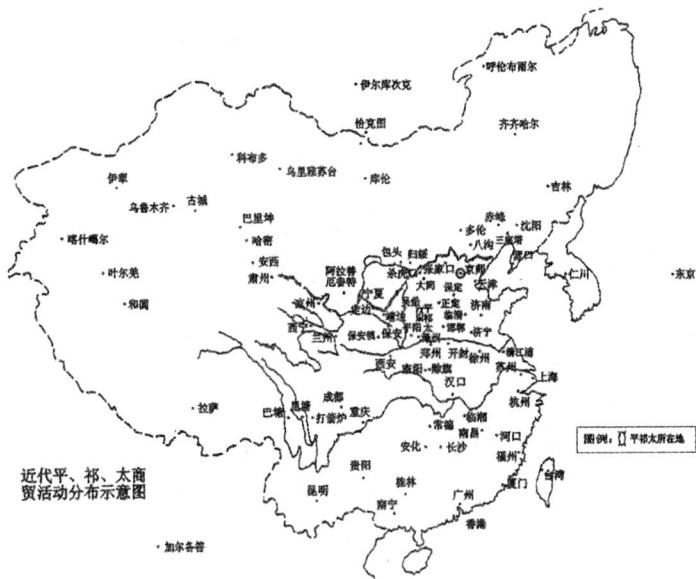

近代平、祁、太商贸活动分布示意图

图片来源：据平祁太留存碑刻中，各商号提供的地址统计整理绘制而成。平祁太留存碑刻，见史若民编著：《平祁太经济社会史料与研究》山西古籍出版社2002年5月版史料部分。

---

① 史若民编著：《平祁太经济社会史料与研究》山西古籍出版社2002年版，第186页所记《1818年平遥重修市楼碑记》布施花名中有"祥泰隆元银一两"的记录。渠绍森《晋商晚期西北出口业务》，1996年晋商文化研讨会论文。

所有这些商号，无论祁、太人掌管的大盛魁，还是祁县乔家的复字号，抑或太谷在东北的曹家号、平遥在宁夏的各商号；无论是经营茶叶、烟草、绸缎、布匹、日用百货，还是开办账庄、票号，都有一些共同点。

第一，它们的创始人大都是平、祁、太一带的穷苦人，他们都有吃大苦，耐大劳的精神，都有诚实、纯朴、讲信用的美德；

第二，他们都有一套成文的或不成文的严格号规。治号、治家都极其严谨，都能做到致富不忘本；

第三，都注重职业教育，都注意在实践中选拔人才；

第四，他们都是由北方边地发家，而后返回家乡投资，进而将分号遍布各地；

第五，他们与经商的同时，都善于在各地做社会调查，从物价高低、银色、平砝，到民风、民俗、喜庆婚嫁，都要记录在册，巨细弥遗；他们都善于向各地的各行各业人等学习，这就使他们能够很容易地融入当地的主流社会之中。也使他们在积累财富的同时，积累了在全国通商、通汇的知识基础，为创立在全国乃至国际专营汇兑的票号，创造了条件。

第六，他们都是在商号遍布全国，取得良好的社会信誉后，投资金融业，随之创立票号，争夺全国金融业之牛耳。

第七，他们在经营管理方面，大多实行经理负责制，顶身股（也叫人力股）制，以及经营权和资本所有权分离的制度。在红利的分配上人股、银股享有同等权利。这与近代股份制企业几乎是并驾齐驱。而人力股之股份化，则更是近代股份制企业经营管理方面的光辉创新，较之美国的内部职工持有股早了150多年。因为雇员一旦在事实上与主人能够处于平等地位，那将对雇员在工作上形成极大的动力。这正是平、祁、太在短短的一百多年里能够聚集巨大财富，成为大富之区的力量源泉和奥秘所在。有关管理方面的创新，详情请阅拙著《票商兴衰史》第七章第五节，此不赘。

实际上，从票号创立之日起，此后的一个多世纪，正是中国进入近代的一个世纪。他们不仅为中国的民族资本商业服务，而且为中国的民族资本工业服务。在十九世纪末二十世纪初的资产阶级掀起的爱国运动中，他们冲锋陷阵，为收回中国的利权与帝国主义进行了坚决的斗争，为创办中国近代化的企业贡献出自己的力量。其思想境界之高尚，其行为之坚决，其成果之辉煌，不仅为中国经济界所注目，也为世界各国所重视。过去，人们总以为他们不过是奸商，除了批判而外，没有什么好研究的。不可否认，他们中确曾有过唯利是图的奸商，但那不是主流，那些唯利是图者，同样为主流社会所鄙薄。那么，曾经代表晋商第三阶段主流社会的思潮究竟是个什么样子？需要用什么语言文字来表述？就让我们读一读平、祁、太留存的碑刻，看一看他们当年的告白，再对他们的思想境界再下结论吧。1907年《太谷重修大观楼记》说："彼夫文学彬彬，胚胎欧化者，雅典之大观也。厂肆栉比，工商云集者，论敦之大观也。学校林立，农业称胜者，柏灵之大观也。此数大观者，岂仅以其地哉？亦其人为之耳。晋地唐虞故都，开化最早，民俗纯良，为中夏最……今夫天下之事，有所观感，则易于兴起。迩者，中外交通，文明浸灌执柯伐柯，取则不远，观于声光电化诸学术，则为士者可以兴矣。观于商埠租界各公司，则为商者可以兴矣。观于肥料工宜之精审，机械器用之便捷，则为农工者可以兴矣。沿海诸省所为智慧渐开，文化日进者，职此之由。晋人财力聪明岂遽出他人下，不于此时，急起直追，将何以立于天演之界耶？"尽管这是大观楼记作者对"大观"二字之意的推演，但却代表了平、祁、太工商界当时对中国时局发展的普遍看法。平遥的商界，在资产阶级爱国运动的推动下，早在1905年在市楼的碑刻中就提出了在"商战益烈"的形势下，向西方学习，以便实现"东西渐被""阛阓勃兴"①的新气象。祁县早在1906年秋，合盛元票号鉴于外国银行来中国开设者日多，以致商政财权浸为所夺，于是就谋挽回利权之法。1907年，该号在其告白中不仅发出了与《重修大观楼记》相同的声音，而且付诸行动。"启者，近来环球大通，商务争胜，而国家特设专部鼓励讲求，唯我商人亦须及时起发，以图扩充。乃观各国银行来吾邦开设者甚多。其晋之汇业一途，亦与银行所司无异，然独不能出洋半步，良可慨也。（本号）有鉴于此，用特选派妥人，提出重

---

① 史若民编著：《平祁太经济社会史料与研究》山西古籍出版社2002年版，第372页，光绪三十三年（1907年）太谷《重修大观楼记》和第198页《重修平遥县市楼碑记》。

款，先渡东洋各处，创设支庄"① 。这个告白的思想境界是高尚的。他们的实际行动，旨在维护中华民族在国际交往中的各项利权，旨在争取中华民族在国际交往中应该享受的平等权利。更是值得称道的。

（本文写于1997年5月，收入《平祁太经济社会史料与研究》于2002年5月由山西古籍出版社出版发行。）

---

① 《大公报》1907年3月22日。

企业凝聚力刍议

　　企业是现代国家重要的经济细胞。企业经营的兴衰成败，直接关系到社会生产力进步的程度。任何一个企业在市场经济条件下，其经营不可能是一帆风顺的。快速发展时期固然有，然而更多的是在竞争发展中多有急流险滩。如何使企业全体员工在任何情况下都具有强烈的凝聚力，以企业为家，奋力拼搏，古今中外，一些工商业者、企业家以及经济学家都曾经为此煞费苦心。有的曾经创造过一些很好的经验，但限于历史的原因，在我们这个国度里，它已经是明日红花；有的在国际上已崭露头角，各国企业竞相采纳，然而在我们这里，由于各种原因，可以说还很少有人宣传。为此，本文拟将中、美两国企业界创造的经验，加以述评，以供借鉴。

一、中国金融界、工商界中的人力股

　　中国在近代是个后进的国家，在企业的创立与建设方面，可以说大多东施效颦，没有什么建树。然而在我们土生土长的金融业这个行当中却出现了一个一枝独秀的奇葩，这就是从诞生到衰落长达一个多世纪之久的山西票号。它独特管理方式，使当时各个票号从业人员有着强烈的凝聚力和奋力拼搏精神，为我们今天的社会主义建设特别是企业管理，留下了一份弥足珍贵的精神财富。其中，它吸收前人创造的人力股经验，并加以改进，使其更好地为企业的发展发挥作用，就是明显的例证。

　　关于人力股（或身股）的创造，并非山西票号发其端。追本溯源，还应当归功于明代以来，在北部沿边之辽东、宣府、大同、延绥（今榆林市）、宁夏等军事重镇进行贸易活动的商人。人们习惯上称其为边商。《明经世文编》中有史料说，明代隆庆年间，沿边一带之延绥镇"穷荒边徼，远商鲜至……间有山西远商前来镇城，将巨资交于土商，朋合营利，各私立契券，捐资本者计利若干，躬输纳者分息若干，有无相资、劳逸共济，宜其不相负也。"① 这则史料说明，山西商人到达偏僻、贫乏的延绥镇后，向缺乏资金的当地商人提供资本。与当地商人合伙经营盐、粮业。双方签订契约：规定获利后按财股（即提供资金的山西商人，将其资本金等量分成若干股）和身股（即当地出劳力经营的"土商"、"躬输纳者"）的比例分红。财东（山西商人）信任领本的经理（土商），经理不辜负财东的信任。这就是所谓"有无相资、劳逸共济"的银股、人股（即身股）合作经营方式。入清后这种银股、人股的合作经营方式，又有变化。其突出表现是吸收晋商传统伙计制中"身股变化"与"永远股"的合理因素，把它加以契约化、制度化。前述《明经世文编》中所说之"捐资本者计利若干，躬输纳者分息若干"都是在契约中规定了的。也就是说，银股多少，身股多少，在商号开张前就已经定死了的。至于未能在契约中明确规定的一些后来被录用于本商号的成员，如何调动其积极性，使其都能以商号为家，忘我地工作，并未明言。后来，在平、祁、太一带最具影响力和在蒙古地方最有实力的旅蒙商号大盛魁在多年的经营实践中，对于解决这一难题，做出了比较满意的答案。由于该号是一家没有财东，只有人力合伙的商号，所以一向注意人员的选拔、培养和使用。在这方面，它有一整套逐渐形成并流传下来的严格的规章制度，对于从业人员进行约束。它又有雄厚的"公积金"为物质基础。能够以高额利润和发展前程，如顶生意（即顶身股，又称人股、力股）来诱导和笼络它的从业人员，尤其是广大学徒（它的号规规定："经理和所有顶身股的大小掌柜，都必须是本号学徒出身，概不从外号聘请。入号的学徒，除年龄、体格和文化水平都有一定的条件外，还必须是未曾在其他商号当过学徒者"②），使之为它尽忠效力。

① 庞尚鹏：《清理延绥屯田疏》，《明经世文编》卷339。
② 中国人民政治协商会议内蒙古自治区委员会文史资料研究委员会（以下简称内蒙政协文资委）编：《内蒙文史资料》第12辑，第35页。

"大盛魁对从业人员的考核，首先是看其遵守号规情况如何。看其服从经理的程度如何，看其与从业人员之间相处的关系如何，这是几条基本的标准，只有在这几方面达到经理所要求的标准才有条件继续受到考核①"，进而通过业绩考核，进入顶生意（顶身股）的行列。大盛魁的顶身股是从"几毫开始"②的，而后逐渐增加。直至升到九厘九毫，或一分，即一股生意的大掌柜③为止。鉴于这样的考核和晋升，所以，进入大盛魁的学徒，无不积极进取，忠于职守。一旦顶了生意，即有了身股，根据号规，在结账分红时，就要"提存护身"以为该企业之公积金。"每个顶生意的，顶够一厘生意，就是提存百分之四十。一千两银子的红利，按四百两提存；顶够二厘生意，按八百两提存；顶够三厘生意以上的，顺序递增。顶一厘生意只提存一次，名为护身，非至出号或死亡，不得支取④。"另外，还有"人力公存：凡顶生意的人，在公存账上都有户头，每个账期分得红利后，都要积存，积存数量多寡不等，按股份多少，由公众评议，经理决定。公存的款银不给出利，但遇婚丧事故，可以借支，而借支者，亦不出利。"这种人力股的设置及其红利分配与公积金之积累，不仅扩大了该企业的公积金，同时，也给这些顶人力股生意的人以企业为家，奠定了物质基础。大盛魁的这种通过经理考核，不断地在结账期给其成员"顶生意"（顶身股）的鼓励，在平、祁、太一带的各种大的商号中，都普遍地实行了。这算是大盛魁以及平、祁、太一带大商号在经营实践中，对始自明代边商创造的身股制的一种发展。在这种情形下，尽管财股不变，人力股则因企业人员的劳绩的变化而逐步增加。一般来说，人力股的增加以及随之而来的"护身"和"人力公存"的金额（后来票号商把它称之为"护本"或者"统事"⑤）的增加，都意味着企业的发展和实力的壮大。

另外，大盛魁对"身股"的发展，还表现在"永远身股"的设立上。

---

① 内蒙政协文资委编：《内蒙文史资料》第12辑，第26页。
② 内蒙政协文资委编：《内蒙文史资料》第12辑，第31页。
③ 内蒙政协文资委编：《内蒙文史资料》第12辑，第31页。
④ 内蒙政协文资委编：《内蒙文史资料》第12辑，第33页。
⑤ 史若民著：《票商兴衰史》，中国经济出版社1992年第1版，第87页。

由于大盛魁企业的创始人王相卿一生为企业的发展辗转奔波于蒙古草原，饱受精神和肉体的艰辛劳苦和折磨，最后病死在漠北蒙古乌里雅苏台的分号任内。王相卿去世后，为纪念他对企业的创建和发展所作的贡献，经商号之伙计会公议，在大盛魁企业中为王相卿立一"永远身股"。其家眷子孙可以继承其"身股"，并按年分取红利。这种对商号创始人和经营有所贡献者的世袭身股，到了近代，在一些票号的资本中，又将其加以改进并予以制度化，这就是大德通等票号中"协帐制度"的来由。

以上就是山西边商创立之人力股（身股），及其在后来实践中发展变化的大致情况，这种人力股，也可以称作是企业内部的职工股。

票号的股本及其经营，用今天的话说，就是股份无限责任公司，其股本分银股和人股①。银股是财东提供的资本。当时，由于财东提供的资本是银子，所以，把这种资本等量分为若干股，以便结算分红，故称银股。实际上就是资本的本金股。至于由财东遴选的领本人员，则没有资本，只出人力经营。如何给予经理以及其他经营人员以报酬，才能使其在经营上尽心竭力，财东们吸取前人的经验，并加以改进，设立人力股。即让经营人员不仅在付出劳动时得到报酬（即薪金），同时还要使经营人员，特别是经理、协理等，在薪金之外，参与红利分配，使这些人既是本号的雇员，同时，也是在本号拥有股份的财东。他们在日常经营方面不受财东干预，独立自主，在红利分配上，又以人力股与财东的银股平等分红。这种享受人力股的成员，并不限于经理、协理，凡是干得好的，成绩突出的票号成员都可以享受。这种人力股在数量上尽管很少，但作为经理等经营人员在心理上已经感到平等②。因此，所有票号从业人员，无不以号为家，尽心竭力，努力经营。对于银股、人股的发展情况，我们以大德通票号为例作了单项研究。

大德通票号1884年成立时，银股十万两，分为20股，人力股仅有高珏等领本人享受三厘，到1908年大德通票号银股未变，人力股则增加到12股，在24年中人力股增加了40倍。所有成绩卓著的经营人员，除薪金

---

① 卫聚贤：《山西票号史》说文社中华民国33年版，第67页。
② 史若民著：《票商兴衰史》中国经济出版社1992年第1版，第93页，第379页。

外，都可以以所享受的人力股与股东平等地参加红利的分配。即使在该雇员离职或去世以后，还可以根据协账制度享受故股①，这就是说，在该雇员因年事已高而离职或去世后，他所从业的票号根据他的业绩，允许他的人力股继续参加该票号若干账期的红利分配，一般为 4 年，设若允许其人力股参加三个账期的红利分配，那么，他在离职或去世以后，还可以在 12 年内享受三次红利分配。难怪票号从业人员对于各自的票号都具有强烈的凝聚力和奉献精神。

这种将雇员逐渐地变为与股东有平等地参加分红的权利，并以此调动雇员积极性的管理方式，不仅在 19 世纪的中国工商业者经营的企业内部有，而且到 20 世纪 50 年代，一些发达国家如美国在新的情况下，为缓解劳资间的紧张关系，调动职工的生产积极性，也采取了就其本质来说与中国票号是同样的办法。而中国票号使用内部职工持股要比美国要早 132 年之多（详情见后）。这无疑是中国经济界在企业管理方面的创造，也是中华民族的骄傲。

二、美国的"职工拥有股票计划"

过去我们一讲到资本主义社会的根本矛盾时，就常常提到资本主义社会生产资料私有制和生产高度社会化这一根本矛盾。在我们看来，这是导致资本主义制度最终必然为社会主义所代替的根本原因。然而，对于资产阶级来说，并不都会那么消极地等待着掘墓人将其埋葬。他们也在设法寻找影响资本主义社会生产力发展的自我调节机制。

第二次世界大战结束之后，美国财富迅速地集中在极少数人的手里。据美国国会联合经济委员会、联邦储备委员会及联邦审计署分别调查证实，到 20 世纪 50 年代中期，当时占美国人数 1% 的人，占有全国私人资本股份的 50%。这就是说全国私人资本的一半以上。被仅占美国社会当时人口 1% 的富豪所占有，这种状况严重地阻碍着美国广大职工的生产积极

---

① 卫聚贤：《山西票号史》说文社中华民国 33 年版，第 57 页。

性。不利于提高社会生产力。为此，美国联邦政府曾企图"通过利用税收及社会再分配的传统途径来扩大财富拥有者阶层，以使较多的人增如收入。但长期以来的事实表明，这种办法，殊难奏效，不利于提高社会生产力"①。1956年，美国旧金山著名律师、经济学家、投资银行家路易斯·凯尔索根据自己多年调查研究的结果，提出了一条著名的论断，他说："除非把资本所有权分散到千千万万人的手中，使社会上的许多人都拥有一定的资本，否则，很多问题无法解决。②"在这里，他不仅否定了美国联邦政府企图通过税收及社会再分配的传统办法来缩小贫富差别的主张，而且大胆地提出了在资本主义制度下，极大地分散资本权的主张。这种办法之一就是通过使广大劳动者拥有资本而不是简单地通过税收及社会再分配的办法来使人们普遍富起来，从而实现较大的经济民主，产生较好的综合社会效益。其基本做法是：（一）企业资本家应以优惠的价格向雇员出售股票；（二）向雇员赠送股票；（三）企业应给雇员购买股票的特权③。他认为这种做法的结果不仅有利于扩大投资，挽救濒临破产的公司，还有利于刺激雇员的积极性，有利于改善劳资关系，提高劳动生产率④。

这种办法自1956年提出后，美国企业界虽然有过不同的看法，但随着部分企业的实践，引起了美国国会议员以及联邦政府的重视。美国国会先后颁布了《经济恢复优惠税法》等20多项支持雇员拥有股票计划的联邦法规，明确要求实行雇员持股计划的企业，要根据社会公平原则、经济效益原则和政府收益原则进行经营，同时对参加雇员拥有股票计划的职工个人也规定了参与原则、限制原则、利益分享原则。由于得到了政府法律的明确保证，美国雇员拥有股票计划发展的势头较猛。据美国《商业周刊》载文说："雇员拥有股票计划像一块巨大的力量，正在席卷美国整个企业界，数百万雇员正在获得他们所在公司的股票的直接拥有权，从而一只脚

---

① 王柱成主编：《股份公司的创立与运作》，当代中国出版社1992年版，第124页。
② 王柱成主编：《股份公司的创立与运作》，当代中国出版社1992年版，第124页。
③ 王柱成主编：《股份公司的创立与运作》，当代中国出版社1992年版，第126－127页。
④ 王柱成主编：《股份公司的创立与运作》，当代中国出版社1992年版，第128页。

跨进了历来只对极少数富人开放的大门。①" 20 世纪 80 年代初，全美雇员拥有股票协会在华盛顿应运而生，据统计，美国已实行雇员拥有股票计划的企业，1975 年有 1,600 家，1987 年有 9,000 家，1990 年有 15,000 家，已参加雇员拥有股票计划的职工 1975 年为 25 万人，1987 年为 890 万人。1990 年为 11,000 万人，职工持股总额 1990 年为 700 亿美元②。持股总额在美国的资本金额中所占比例并不大，但就人数而言，持股的职工却达到美国人口的一半以上。这就说明美国的企业之所以有活力，正是因为通过这一雇员持股计划使本来属于受雇于人的无产阶级，通过这一计划成了股东大军中的一员，即使是一位持股数额很少，但除了工资之外，还可以以股东身份获得一部分红利，使雇员在心理上与握有多数股票的资本家趋于平等了。不论这种心理上的平等是多么的虚弱。然而它在社会综合效应，即社会的安定，劳资关系的改善，生产效率的提高，生产力的不断发展上，却发挥了不可估量的作用。

三、简短的结语

回顾历史，看看现实，我们在大力推进大中型企业改革的进程中，无论是过去被我们视为历史的垃圾或者今天被我们看作是洋人的模式，其实，都是在试图解决企业发展过程中的凝聚力的问题。如果在国有资产清理核实结束后，原有的国有资产得到不断增值的保证的情况下，无论我们采取何种形式经营国有大中型企业，上述两种方式即票号实行的人力股与美国推行的雇员拥有股票计划，无疑都是可以借鉴的一个重要方面。

（本文写于 1996 年 12 月收入 2002 年 5 月山西古籍出版社出版的史若民编著：《平祁太经济社会史料与研究》。）

---

① 王柱成主编：《股份公司的创立与运作》，当代中国出版社 1992 年版，第 124、125 页。
② 王柱成主编：《股份公司的创立与运作》，当代中国出版社 1992 年版，第 125 页。

《山西票号研究综述》读后感

解洪文同志是一位十分敬业的金融工作者，之所以这样说，是因为我读了他写的这个书稿后，觉得作为一个金融工作者，他读了许多关于金融史方面的书，而且读得都很认真，提出了许多问题。在目前学术界浮躁之风盛行之时，难得他读书读得如此认真，因而抓住了问题的要害，排比出了研究票号的学人们在一些问题上各自观点之间的差异。这不仅对票号研究的深入发展有好处，而且对于纠正学术上的不正之风，也是有好处的。仅从他认真读书的情况，亦可以感知他在做事方面认真、敬业的一斑。

票号，作为近代中国晋商金融行当里的巅峰之业，为世人所瞩目。票号的诚信精神，票号利国利民的经商理念，票号高瞻远瞩的进取视野，票号与时俱进的创新勇气，票号经营管理体制上的实践与理论创新，都为我们留下了极其宝贵的精神财富。欣赏它的人，尽量挖掘它所创造的精神财富，以为后人之师；批判它的人，则坚定地站在所谓无产阶级革命立场上，对其进行批判，说它"发国难财"，是"暴发户"，以至于把它当作敌人。认为它在近代中国，不发展生产力，使生产力萎缩，给近代中国人民造成灾难，"使之陷入更加贫困的境地"，[①] 有它还不如没有它。何以会出现如此巨大的反差呢？我觉得这里有一个对于极左思潮的反思问题。

自从 1957 年"反右"运动以来，真正敢于讲真话的人，必须拿出舍得一身剐的精神。就高层人士而言，彭德怀庐山会议讲了真话，落了个一身剐。刘少奇七千人大会上，就饿死数以千万计的农民，讲了"三分

---

① 这是《中国近代金融史》票号部分撰稿人孔祥毅先生的观点，中国金融出版社 1985 年版，第 51 页、第 113 - 114 页。

天灾，七分人祸"的真话，也因而遭忌，落了个一身剐。至于下层老百姓，因讲实话、真话而遭迫害者，更是不计其数，造成了许多人，不论遇到什么问题，总是"宁左勿右"。尽管改革开放已经30余年了，然而，鉴于极"左"思潮的余威，人们还是认为"左"比右保险，不愿意讲真心话。但我仍然不死心，还想在这里讲几句真话，为咱中国的老祖宗先贤们，争得点应有的历史地位。这就是关于资本家与雇员之间的关系：是阶级对立、对抗乃至斗争的问题，还是可以和谐共处、合作共赢的关系？

在差不多同一个历史时期，即19世纪20年代—60年代，由于各自不同的社会背景，东方商人与西方哲人在对待资本家与雇佣劳动者或雇员这个同类问题上，认识是不一致的。西方哲人从商品、货币入手，进而探求资本的产生、阶级的形成以及资本家与雇佣劳动者的关系；东方商人则从晋商的东伙合作制开始，对资本所有者（即资本家）与经营者（经理、雇员）的合作模式，进行了一个多世纪的实践。尽管前者是理论研究，后者是具体的经营实践，但核心内容，都涉及资本家与雇佣劳动者或雇员的关系问题。我正是由于研究票号在经营实践中这一现象的缘故，才怀着尊敬的心情，几次三番地仔细阅读了马克思的《资本论》。但我看到的，只是资本家与雇佣劳动者（或雇员）的消极依存，却没有看到资本家与雇佣劳动者（或雇员）为了共同的利益而亲密无间的合作。按照马克思的资本理论，只能得出阶级对抗的结论（尽管在1860年代股份公司出现以后，马克思在这方面的看法已经有所改变，但在我们的理论界却无视这一变化）。而中国票号，在一个多世纪的活生生的经营实践中，却证明了另外一种情形：资本所有者（即资本家）可以和经营者（即经理、雇员或雇佣劳动者）通过资本化了的人力股，结合得既亲密而又平等，可以说是有阶级而不对抗，有贫富而不斗争，和谐共处，共创双赢。这种资本所有权与经营管理权以及人力资本化的两权分离模式，使雇员的主动性能够充分得到发挥。这种状况，对于我们有没有启示？我们应当如何评价这种历史现象，如何继承这一份珍贵的历史遗产？实在是耐人寻味的。

在这里，我绝对没有贬低马克思《资本论》在理论方面的深刻意义，但我也不能由于马克思没有提出过的理论概念，而在中国人的实践中，早已创立并实行了资本家与经营者（即人力资本化了的雇员）可以和谐共处、合作共赢的经营模式及其范例，而湮灭中国人在经济活动中的智慧。为此，我们有必要把这一事实昭示社会，以供那些有天赋的理论家们研究，以创造更新的理论。

近日，解洪文同志所写的《山西票号研究综述》书稿，经由山西经济出版社的刘晓宇同志阅后寄我，并要我发表自己的看法。我觉得，解洪文同志以这种述而不评的方式，把山西票号研究中的各种观点排比列出，既是对前一个历史阶段票号研究中的一些问题的认真梳理，又是对今后票号研究的有力促进，有利于票号研究的深入发展，是件大好事。同时，随着讨论的深入，它将对于正确认识中国人的金融智慧、企业经营管理智慧，树立中国人的自信心，也都是大有益处的。所以，它的出版无疑是必要的，是有价值的。

至于把马克思《资本论》中揭示的资本本质、阶级对立与对抗的思想、理论与经由雷履泰集晋商东伙合作制之大成而进一步规范化、契约化了的票号资本家与经营者（含雇佣劳动者）可以和谐共处、合作共赢的经营模式对照研究，则是解洪文书稿中原本没有的议题。而是我多年来思考的、至今没有能够解决的一个问题，只是想借此机会把它提出来，以供关心它的人们深入探讨。这样的对比研究，也许在一些人看来，是否有点儿对马克思在《资本论》中揭示的思想、理论有大不敬之嫌呢？老实说，我从来没有这样想过。但我觉得，即使被人怀疑，也要把它提出，因为这是事关国家发展、民族兴衰的大事，不能不讨论清楚。

回顾八大以来，我们亲身经历过的这段中国发展史，使我们不得不对这种以阶级斗争为纲的理论产生质疑。1956年的中共八大决议认为，在我国"三大改造"已经完成，无产阶级同资产阶级之间的矛盾已经基本解决，社会主义制度已经基本建立起来，大规模的急风暴雨式阶级斗争已经过去。我们极需解决的主要矛盾是人们对于经济文化迅速发展的需要同当前经济文化不能满足人们的需要的状况之间的矛盾。然而，八大决议的墨迹未干，阶级斗争的大旗又举了起来。1957年，整个一年，全国各地按照比例抓右派，据档案公布，这一年共抓右派 3,178,470 人①，占 1949 年全国小学毕业以上知识分子 74,185,000 人②的 4% 还多，占 1949 年全国中学毕业以上知识分子 4,185,000 人的 7.9%，是我们实际公布 50 多万右派分子的 5.6 倍。③ 致使在中国社会上形成了一种知识越多越反动，没有文化最革命的愚民舆论。说右派是内部矛盾，实际处治，较之敌我矛盾，有过之而无不及。以此而家破人亡、妻离子散者，不计其数。从此，我们国家陷入"万马齐喑"的局面。此后，钢铁元帅升帐，各行各业让路，千军万马上山，砍树、挖矿、炼钢；粮食亩产放卫星，一时间，稻谷亩产十三万斤（广西环江），小麦亩产十二万（河北徐水），山药卫星更罕见，亩产一百二十万（徐水）。人们明知是胡闹，是吹牛皮，但不敢反对。否则，不是右倾，即是白旗，而遭批斗。致使"棉花吊了孝，柿子上了吊，谷子撒遍地，豆子放了炮，"丰产而不能丰收。加之大搞人民公社，大办食堂，所谓"一天等于二十年，跑步进入共产主义"。实际是"一平二调"、浮夸风、共产风，极大地挫伤了农民的生产积极性。浮夸风带来的是高征购，有的地方甚至有这样的命令："完不成征购提头来见"。④ 高征购则夺去了农民的基本口粮，于是造成了三年大饥荒。在饥饿中挣扎的人们，想外出逃荒也不让跑，活活饿死几千万。随后，又是"四清"、"文化大革命"，下自生产小队，上至中共中央，斗了几十万乃至上百万的大大小小"走资派"，把我们的国民经济斗到了"崩溃的边缘"。这正是这一理论在极"左"思潮的指导下，给我们带来的恶果。

马克思剩余价值学说，讲的是资本主义生产方式中，资本的积累，导致了资产阶级与无产阶级的对立、对抗。而我们在已经完成"三大改造"的情况下，国有经济在国民经济中占压倒优势，我们又口口声声地说工人阶级是领导阶级，人民当家做了主人，难道还有两个阶级的对立？这岂不

---

① 见郭道晖：《毛泽东发动整风的初衷》，载《炎黄春秋》2009 年第 2 期，第 10 页。
② 见《剑桥中华人民共和国史》，上海人民出版社 1990 年版，第 197 页。
③ 《中国近代金融史》票号部分撰稿人孔祥毅先生的观点，中国金融出版社 1985 年版，第 51 页、第 113－114 页。
④ 杨继绳：《"通渭问题"大跃进五十周年祭》，载《炎黄春秋》2008 年第 10 期，第 41 页。

是荒唐吗！如果真有，岂不是自打嘴巴。如果没有，那岂不是为了个人争权，故意人为地制造矛盾，挑起群众斗群众吗？这实际上也是民粹主义者对于农民小生产者的一种恐惧心理。他们想当然地以为用人民公社这种形式对农民实行准军事化管理，就可以从根本上铲除滋生资本主义的土壤。实际上，他们错了，而且是彻底地错了。因为从一种社会形态到另一种社会形态的过渡，绝不是某个个人意志所能转移得了的。列宁缔造的苏联共产主义，在卫星上天、核弹憬世的情况下，由于不符合社会发展规律，加之特权阶层制造的特权，使整个社会不能和谐发展而自行解体，就已经说明了这个道理。我们今天能不能解决这一问题，能不能和谐发展，这是每个有责任心的中国人都在思考的问题。我觉得，晋商创立的东伙合作制与经由票号经理雷履泰规范化、契约化了的人力资本股的票号经营模式，只要加以改进，就可以成为解决民营企业和谐发展的最佳途径之一。而西方企业家在其企业中实行的内部职工持有股（尽管它与票号的人力股有所区别，但其基本精神是一致的。）的经验，是解决国有大中型企业和谐发展的最佳途径之一。我之所以强调票号资本家与通过人力资本化了的经营者之间的关系，正在于此。试看今天西方许多大企业实行的内部职工持有股，就可以说明这种人力股或内部职工持有股在现代企业发展中的效应。

美国在二战以后，财富迅速集中。据统计，19世纪50年代中期，占美国人口1%的人，占有了全美私人资本股份的50%。这种严重的两极分化，严重地阻碍着美国广大职工的生产积极性。其时，美国的一位经济学家针对这种状况提出了一条著名的论断，他说："除非把资本所有权分散到千千万万人的手中，使社会许多人都拥有一定的资本，否则，很多问题无法解决"。为此，他主张极大地分散资本所有权，并建议政府，要求企业通过赠送或以优惠的价格允许职工购买等方式，让职工拥有股票，成为拥有资本的雇员。这一建议，引起美国国会的重视，并先后为此颁布了20多项法规，支持雇员拥有股票计划。明确要求实行雇员持股计划的企业，要根据社会公平原则、经济效益原则和政府收益原则进行经营。对职工则规定了参与原则、限制原则、利益分享原则。由于得到了政府法律的明确保证，美国雇员持有股票的计划迅猛发展。据统计，到1990年，企业内部职工拥有股票者是 11，000 万人，几乎占到美国当时人口的一半以上。[1]
美国企业之所以有活力，社会相对和谐，而少有罢工，这就是其中的奥
秘。以此也就可知那种资本导致阶级对立、对抗理论的局限了。

诚然，在资本主义社会，资本可以导致阶级的对立、对抗，但是只要
使用得当，即使在资本主义社会，也可以弥平由它造成的裂痕，使资本所
有者和经营者（通过人力资本化或人力股权化）的合作，创造双赢，何况
我们还是社会主义的国有经济呢？

对于这一点，中国人早在明代隆庆（1567 年—1572 年）年间，就使
用了，这就是"有无相资，劳逸共济"的东伙合作制。它是中国传统文化
"和合"思想，在经济活动中的产物。它的使用，如果从隆庆末年的 1572
年算起，较美国早了近 300 年。如果从经由以雷履泰为代表的票号经理们
契约化、规范化了的人力资本股的票号创立的年代 1824 年算起，比美国早
了 132 年。[2]

然而遗憾的是，我们向西方学习时，考虑到夺取政权的需要，只学了
阶级斗争和所谓无产阶级专政这一招，却对西方为了社会和谐和经济发展
的其他招数没有重视。更为遗憾的是，连我们祖宗几百年来行之有效的东
伙合作制，也都被批了个一塌糊涂。1949 年 4 月，刘少奇到天津视察，就
如何对待资本家时，指出"今天资本主义剥削是合法的"，要做到"劳资
两利"，强调了东伙合作，搞好关系，发展生产。与此同时，毛泽东接见
太行区党委时，也做过类似的指示。谁知建国后，这竟成了刘少奇的罪
过，什么阶级调和论、阶级斗争熄灭论，等等，不一而足，直到把刘少奇
斗死为止。执政者谋资本家与劳动者关系之调和是"人类的幸福"，这是
我们党的创始人陈独秀的思想。[3] 然而，在取得政权之后，我们党的执政
者，不思继承传统文化中的优秀部分，使劳资双方的矛盾消弭于无形，建

---

① 详见史若民著：《企业凝聚力刍议》，《平祁太经济社会史料与研究》，山西古籍出版
社 2002 年版，第 112 页。

② 详见或若民著：《企业凝聚力刍议》，《平祁太经济社会史料与研究》，山西古籍出版
社 2002 年版，第 112 页。

③ 盖军：《早期陈独秀是社会民主主义者》，载《炎黄春秋》，2008 年第 9 期，第 64 -
65 页。

立和谐社会，反而出尔反尔，一味争权，不惜以所谓的无产阶级专政推动所谓的"文化大革命"，并以"马克思主义的道理千头万绪，归根结底一句话，造反有理"，蛊惑青年人到处造反夺权，人为地制造了十年动乱。再强大的国家也经不起不停气儿的斗争和折腾，何况我们还是个穷国、弱国呢？

　　往事不堪回首，教训不应忘记。时至今日，改革开放已经 30 余年了，极"左"思潮并没有因此销声匿迹，还在以各种形式时时干扰着我们的改革开放大业。其中，近年发生的重庆"彭水诗案"、山西"稷山文案"、海南"儋州网案"、安徽"五河短信案"、河南"高唐诽谤案"①，对照我们的宪法，都是侵犯人权的。都是只有在封建专制统治横行时期和极"左"思潮盛行时期，才会出现的"文字狱"，而在强调法治的今天，居然再次出现了上述无法无天的侵犯人权的最新版本，甚至至今未能得到彻底解决，实在匪夷所思。2003 年河北徐水的孙大午案，② 则是这种思潮在金融领域制造出来的最新冤案。在学术界，也还有那么一些人利用改革开放中的一些不尽人意之处，以极"左"思潮的思维定式来评断历史，混淆是非，妄图搅黄我们的改革开放大业。对此，我们绝不能掉以轻心。

　　至于在票号研究领域里，由于受极"左"思潮的影响而对票号历史制造的谎言，一定要本着历史唯物主义的态度，将其放在当时的历史环境中，予以考察。且要耐得住寂寞，以坐穿冷板凳的决心，逐条核对原始史料。逐段、逐句体会原版理论，只有如此认真，才能去伪存真，还历史以本来面目。切不可人云亦云，上当受骗，使先贤受委屈，给历史添谎言。使我们这些还可以算作是从事历史教学的人，反倒成为历史的罪人。

　　当我阅读到本书稿中罗列的一些不同观点时，想起曾经发生的一个学术讨论中本不该出现的故事，也与这一思潮有关。2005 年 8 月，在太原晋祠召开了一次国际晋商学术研讨会。会上我就票号资本性质研究中的有关问题发了个言，指出有人在研究票号问题时，使用理论的态度不严肃，引

---

① 见萧锐：《那些"跳档新闻"从此了无声息？》（萧锐）据《中国青年报》，《生活文摘报》2008 年第 51 期，第 10 版。

② 王建勋：《再说"孙大午案"》见《炎黄春秋》2009 年第 3 期，第 58 页。

用的史料不可靠，所下的结论与史实不符。我的发言：《从光绪廿二年至廿三年日升昌长沙分号流水账看票号资本的性质》，① 会后，这位先生利用晚餐后餐桌上只留下我们二人时，一本正经地对我说："你的文章，等于给我写大字报。我有那么多博士生，你就不害怕吗？"我听了很是震惊。学术讨论是求真理的一种方式，不是搞一言堂，有不同意见很正常。它毕竟不是打架，弟子多，又能怎么样？博导，培养博士，是让学生在本专业领域追求真理，创新理论，更好地服务社会，并非让您在学术上培植私人势力！我真不敢相信一位曾经担任过某大学一把手的高干、博导，在听到一点批评意见后，竟能够说出如此有失身份的话。真的是太煞风景了！

至于弟子与导师的关系，按照中国民间的说法，叫做"一日为师，终身为父"，那是十分地尊敬！之所以如此，是因为传统文化中有"师也者，传道、授业、解惑也"的重要功能。假如导师"强不知以为知"，不仅不能给学生解惑，反而传授了些邪门歪道的东西，那就不一定会受尊敬了。章太炎是近代中国鼎鼎大名的国学大师，他的老师是近代经学大家俞樾，对传统文化的整理有重大贡献。章太炎师从俞樾整整七年，对其很是尊敬。当他的老师拒不接受人类进步的文化遗产，依然抱着"君君臣臣"的封建伦理而不能与时俱进时，他毅然写了著名的《谢本师》一文，公开宣布与俞樾断绝了师生关系。此后，他就传统文化资源的简择问题，提出了两条标准：一曰"学以求是，不以致用"；二曰"用以亲民，不以干禄"。② 前者是坚持实事求是的态度，把追求真理、真实、真相看作是最高标准，摈弃短视的实用主义态度；后者是坚持以利于民众、民族为根本出发点，摈弃一切迎合权势，曲学阿世的恶劣风气。他的这种学术上的独立人格，为后世所敬仰。我想，作为21世纪的硕士、博士，应该是我们国家的栋梁、时代的先锋、民族的灵魂、社会正义的卫士、科学技术的中坚，具有独立人格，当然更是其中应有之义了。所以，我衷心地希望这位博导，让他的学生好好读读我的有关文章，对我赐教。我将不胜荣幸感激

---

① 见张正明等编：《中国晋商研究》，人民出版社2006年版，第189－208页。

② 见《国粹学报祝词》，《章太炎全集》第4集，上海人民出版社1985年9月版，第207－208页。

之至。

　　我不想在票号研究的问题上，使自己成为罪人，我也不想让那些制造谎言的人，继续误人子弟。我更愿与一切有志于研究票号的学人共勉，把祖宗留下来的这份珍贵遗产，继承下来，把票号先贤们的诚信、创新精神、和衷共济、共创双赢的共事风范，发扬光大。对与不对，就算抛砖引玉，做个开场白吧。

　　（本文作为代序载于解洪文所写的《山西票号研究综述》，于 2010 年由山西经济出版社出版。）

平、祁、太一带的民俗教育与商贸发展

民俗教育与商贸活动密切联系，尤其是与边贸活动密切联系，是明清以来平、祁、太经济社会的一大特色。边贸活动的繁荣，极速地改变着平、祁、太一带的城镇农村面貌，又是近代以来平、祁、太一带社会变化的突出表现。研究平、祁、太一带的民俗教育，回顾近代以来平、祁、太一带商贸的发展，不仅对于总结晋商的历史经验十分有益，对于今天山西乃至于整个西北经济的发展，都会具有积极的借鉴意义。

一、民俗教育的内容

俺娃亲，俺娃蛋，

俺娃长大了捏兰炭，

捏不回兰炭吃不上饭。

※　※　※

俺娃蛋，俺娃亲，

俺娃长大了走关东，

深兰布，佛头青，

虾米、海菜吃不罄。①

---

① 赵荣达：《晋商故事》，新华出版社1996年版，第104页。原文"虾米、海菜吃不清。"意义不明，似应改为"罄"字，即吃不完的意思。

这是明季以至于有清一代流行于祁县、太谷一带妇女中对男性婴儿进行幼教的摇篮曲。

此外，还有对女性婴儿进行幼教的摇篮曲：

咚咚喳，娶来啦，

俺女儿不嫁啦，

不嫁你那掏粪的，

不嫁你那砍地的，

俺要嫁的是字号里的掌柜的！①

一股浓烈的重商主义气息，通过这两支摇篮曲的哼唱而弥漫开来，使这块原本在信息方面就落后于沿海的黄土高原上，出现了一个不大不小的商贸群体。它们希图摆脱传统观念的束缚，在孩子们还在褴褓之中时，就开始调适他们与时俱进的社会意识。

生存教育是生物的本能。作为万物之灵的人类，对于生存教育，尤其重视。

平、祁、太一带的孩子们，从褴褓之中起，就开始接受一种由其妈妈哼唱的生存教育歌。上述摇篮曲就代表了祁县、太谷一带的妇女对其幼小子女述说的，有着强烈反差的两种不同生存方式的教育内容。

一种是种地农民的生活画面：他们种地、打粮、捡炭、吃饭，其结局是：捡不回兰炭就吃不上饭。一种是到关东或外地经商的商人的生活画面：其结局是：有穿有戴，好吃好喝，虾米、海菜享用不完。

从褴褓之中就鼓励经商，而且是鼓励到远处经商。这在幼儿的心灵上就牢牢地播下了一颗到边远地方谋生，成就一番事业的深深的种子。这对这一带的青少年成年以后的心理健康是十分有益的。所以明清以来，这一带各种商号都规定学徒期间三年不许回家，有的甚至十年不许回家。

---

① 史忠新等：《平遥览要》，山西省新闻出版局内部使用图书准印（1998）第 12 号，第 171 页。

而当时这一带的青年人都能甘心忍受，与这种教育的潜移默化是不无关系的。

在工商活动中遭受各种各样的挫折，这是这一带当时的青年人常常遇到的事情，他们不仅不会被挫折所压倒，而且往往在挫折后，能再次奋起（如太谷的曹三喜、王相卿，祁县的乔贵发等都是如此），也是与这种教育的潜移默化分不开的。

继"褓褓"教育之后，到了六七岁或七八岁时，有的直接进入私塾，接受文化教育，有的鉴于种种条件，连进私塾都不可能，如果识字心切，就得靠《俗言杂字》来充实内心世界的空白了。

《俗言杂字》是以本地日常生活以及常见的日用生活工具、生产工具的名称和流行于当地方言中的词汇为主，用当地方言俗韵将其编成七言一句或八言一句，读起来朗朗上口，因而易学、易记、易懂，又与当地生活、生产密切相连，学了即可用得上的一种地方性识字抄本。它是乡下文人专为那些上不起学而又渴望识字的乡村孩童和成人编写的。一般不著撰人，不刻版印刷，内容也不断增删，凡欲识字者，可以向人借抄本一册，请人教认，其自学方法，因人而异。一般利用农闲或雨天歇工，找识字的人教读，每次少者一至二行，多者三行、五行不等，学者将其熟读背过之后，正楷默写在一个本子上。这样，日复一日，年复一年，待这本杂字识认完毕后，也就正楷抄成了一册。《俗言杂字》就是通过这种方法流传、散布开来的。笔者幼年在原籍也曾背过这种杂字，但内容不同。可见《俗言杂字》这种教本，在当时的各地乡村流传之广泛。

我们搜集到的这本《俗言杂字》，是出自平遥商人光绪十七年（1882年）在《对应书》中保存下来的《杂字》本子。它的原本应该比这个抄本还要早得多。全文共有5,600余字。其中涉及的生存方式有三：一为务农；一为经商；一为做官。

与中国传统的崇本抑末思想相一致，《杂字》强调："七十二行首数庄农"。尽管它又认为"说起庄稼受苦营生，天旱雨涝收成不定，钱粮差务吃穿逼人"，但它仍然盼望"运气通顺好年十景，收秋拾夏五谷丰登，打下粮食出粜与人，换成银钱把债还清，省吃俭用熬成富翁。"对于靠农业生存，抱有一线希望。

至于为官，受中国传统官本位思想的影响，《杂字》对从读书做官，到入阁封侯，"官衔极品赏戴花翎"等，有关官员威风的情景作了详尽的描绘，但对皇权的至高无上及其滥用，顾虑重重："日伴君王如居虎口。若要吃我不死不忠，侍奉君王难以到头。老牛力竭刀下乾休，想在其间有些烂心。"

这种心态，到底是出于一种"吃不到葡萄就说葡萄酸呢"？还是《杂字》的作者有意危言耸听？众多的事实说明，这种心态的出现，以至于影响一方民俗风情，既非前者，亦非后者。它是山西人民从许多血淋淋的事实中，悟出来的一个道理。

朱明王朝从1368年建立起全国性的专制政权后，到1644年被李自成起义赶出紫禁城止。在长达276年专制统治过程中，无时不在挖空心思地提高士的社会地位，甚至一方面大力宣传宋人所谓"天子重英豪，文章教尔曹，万般皆下品，唯有读书高"的劝学诗；一方面从法律上歧视商人，如《明史·服舆》洪武十四年规定："令农衣绸、纱、绢、布；商贾止衣绢布；农家有一人为商者，亦不得衣绸、纱。"以便为其统治的队列中补充一些忠心耿耿为皇帝效劳的走卒。

当时的山西人，大凡有条件读书的，可以说人人都是"头悬梁"，个个都是"锥刺股"，"焚膏油以继晷，恒兀兀以穷年"，希望有朝一日金榜题名。但有明一代官场许多严酷的现实，使山西士人为之心灰意冷，头脑开始清醒起来。

据有人统计，《明史》列传中，山西籍官员列名者111人，其中：

1. 被诛死、抄家灭族者……………… 10人

2. 战死疆场者………………………… 16人

3. 被逼自尽而死者………………… 17人

4. 被逮捕下狱或遭戍者……………… 20人

5. 被削籍为民者…………………… 23人

6. 被贬官降职使用者………………… 14人

7. 善终者·································　11 人①

除战死疆场的 16 人外，其余 95 人中，善终者 11 人仅占 11.58%，遭遇厄运者达 84 人，占到列传中所列官员的 88.4%。即使是得以善始善终的，如大理寺少卿、礼部右侍郎兼翰林院学士、在士人中有着广泛影响，而被称为薛夫子的薛瑄，在他任大理寺少卿时，由于秉公办案，也曾被权奸陷害，判以死罪，后经朝野上下舆论的强烈不满，俱言"薛瑄实冤"，才迫使权奸王振等不得不免其死罪。后来英宗复辟，由于薛瑄的刚正不阿，在众望所归的情况下，天顺元年（1457 年）正月，在薛瑄 69 岁高龄时，被升为礼部右侍郎兼翰林院学士，入阁参与机务。但他并未因曾坚持正义而受判死刑的打击意志有所削弱，相反，在复出后，依然刚正不阿。当英宗在权奸的唆使下，杀害民族英雄于谦时，他当着英宗的面，愤然力争。不果时，毅然决然辞官归里。后人评价薛瑄是："《传》曰，'富贵不能淫，贫贱不能移，威武不能屈'者，先生殆兼之矣。②"就是这样一位地位很高，在皇上左右参与机要，品德高尚的人，竟因坚持正义，几经挫折，甚至曾以死罪相加，人们如何能不为朝廷及其官场黑暗残酷而寒心？所以，在《杂字》中就出现了"想在其间有些烂心"、"不愿做官"而愿意"在家养亲"的心态。

至于经商，《杂字》的作者讲得最为详尽，从如何步入商界，到如何经商做人。发财后，如何才能体面威风，以至于如何生活享受，都作了说明。

现仅将这本《杂字》中的有关部分引出：

> 过了灯节各行出门。
>
> 诸般买卖都要公平，量力求财本分营生。
>
> 大富由命小富在勤，三教九流懒惰难精。
>
> 舍药算卦相面之人，九散膏丹包盒随身。

---

① 赵汝泳：《明清山西俊秀之士何以弃仕从商》，《山西大学学报》，1987 年第 4 期。

② 杨一民、周兴春：《薛瑄的政治风范》载山西孔学会编《传统文化》，1991 年第 1 期，第 45 页。

三才磕竹虎笼摇玲，求食之法亦不害人。
赶集上会到处安身，江湖博士巧妙不同。
耍耍戏法百艺护身，要学手艺打铁倾银。
土木泥匠石匠裁缝，铜匠锡匠钉缸厨工。
油漆纸匠裱画字屏，竹筛筐箩上箩修笼。
剃头割足下等营生，船行脚牙说话待人。
游访僧道提笔卖文，走马卖艺戏子游人。
肩挑贸易力小身贫，盗娼鼓手不算良民。
只些本事都可养身。

　　这一段是教育人们做生意的起步手段，除了盗窃与娼妓而外，《杂字》的作者认为上述这些本领都是与人无害，可以养身的。经过一段艰苦的打工或行商生活，而有一定的积蓄和经商经验之后就要设法开办商店，由行商进入坐贾。下边即是进入坐贾时期各行各业的经营要领：

生意买卖要领财东，赚钱赔本自古常情。
安下生意写立合同，俸股伙计掌柜相公。
算盘戥则砝码天平，笔墨砚台钱柜账本。
原入利出足用耗存，局子当铺估衣客人。
盐店银号珠宝人参，收买出换贩卖商人。
茶商木客兑会票银，粮店面铺百家所用。
油盐酱醋酒食饭铺，花店布行杂货绸缎。
走水放账出外登程，搭连被套马褥鞍笼。
择个吉日搭件起身，脚骡驼子大家送行。
酒肉盒子热闹轰轰，尔斟一盏我尽三盅。
酒量有限还要行程，亲朋乡邻使礼打躬。
众位请回一路福星，住店赶路时刻留心。
行李沉重惕防小人，水路写船旱路步行。
日落歇店日出起身，花街柳巷切莫浮行。

197

> 热闹码头最要谨慎，到了铺内和气温厚。
> 出外走水戴月披星，起标发货各省驰名。
> 本多利厚生意兴隆，每年开傣足有千金。
> 镜面元宝水光纹银，几年光景十万有零。

经商虽然容易致富，但在中国这个封建制度的官本位体制下，士农工商，商人排在末位，无论多么有钱，都难免市侩之羞。要想在社会上活得体面，就要设法弄个顶戴，而取得顶戴的最基本工程，在明清时期就是首先要买一个国子监学生的文凭，简称监生。而后从最低级的"从九品"官衔捐起，有钱还可以逐步买到五、六品的官衔。于是在你的帽子上就可以镶上象征六品官员的水晶顶戴了。从此以后，无论平时游行街市或有事出入衙门，再也不用低声下气了，但要显得威风气派还得起盖高楼大厦，下边则是对在经商致富后如何才能显示威风气派的描述。

> 没有顶戴体面不成，捐个国学监生前程。
> 要请诰封加捐州同，六品职衔顶子水晶。
> 房屋低小不得威风，修房盖屋地基要平。
> 土木泥匠都要言明，犒劳干净不许歇工。
> 砖瓦木料预备现成，水桶锹镢筐笼索绳。
> 淋下熟灰麦瓤要寻，良时吉日立木石根。
> 东西厢房左右两分，书馆花院前后窑庭。
> 南厅过道门房卷棚，坎窗隔扇帘架风门。
> 棹椅兀子条几围屏，平面立柜圪塔序柜。
> 红罗纱帐满汉凳床，纱灯字画钟表宝瓶。
> 毡毯褥子安笼坐墩，出入门户顶马跟人。

经商做到如此程度，就算是很成功了。如何生活享受这就是当时发了财的富商们下一步考虑的问题。《杂字》为此作了详尽的叙述。先说衣着打扮：

　　要做衣服去唤裁缝，尺子铬铁剪子熨斗。

　　绸缎绫娟锦锻裁绒，哔叽哈喇毡毯洗绒。

　　大呢小呢羽毛哦噔，山梭布疋葛夏罗文。

　　青蓝白绿红黄天青，湖色酱色驼色古铜。

　　细毛皮皮貂鼠银针，狐皮灰鼠又暖又轻。

　　水獭领袖海骝拔针，如今衣服俱要时行。

　　铰对尺寸飞线走针，包工作活坐夜点灯。

　　絮绵袷单衫袄裤裙，袍套马褂合衫裹身。

　　雨衣罩子套裤帐裙，被窝枕头坎肩背心。

　　官肩元领蟒袍朝裙，靴鞋袜铺服分职品。

　　荷包烟袋扇子手巾。槟柳包子眼镜水晶。

　　春夏凉帽样法时行，到了冬天江獭貂绒。

　　辫绳腰带绣花云金，丝线绦子妇人所用。

　　栏杆衣服袖挽织金，金珠玉石翡翠玲珑。

　　最多零碎难以叙明。

其次，再讲吃喝：

　　想要吃喝又有厨工。

　　刀案朳子笊篱肉墩，勺碗盘碟砂锅磁盆。

　　酸甜苦辣鹹臭素荤，清香美味烧炒爆蒸。

　　鱼翅蛏蚶燕窝海参，野鸡酱瓜鲍鱼洋粉。

　　烧肉酥肉蹄则清蒸，糊烙鲤鱼火锅十景。

　　糯米糟肉茄子鹌鹑，乾饼丸子会碗珍馐。

　　糊蹄杂会蟹黄桃仁，玉田烙肉火腿鱼肚。

　　葛鲜苡米驼腰猴头，罐则大肉鸡鸭汤羹。

　　会脑脊髓猪头烹蒸，拈肠变蛋拌肉藕根。

醋坛盐钵铁鏊燎支，炭仓火炷水罐茶壶。

锅盖火全揽子笤帚，黄酒烧酒木瓜绍兴。

佛手露酒壮元瑰红，蘑菇木耳青笋香荤。

山药韭菜蒜苔香葱，虾酱青酱香油芥根。

海粉紫菜油炸豆腐，大米乾饭八碗漏羹。

要吃点心炉食铺中，蜜夥中果马蹄自酥。

烧饼圐连麻花糖饼，沙糖元宵十景南果。

乾炉饽脆雪炙包包，龙凤饼饼七巧炉棍。

绿豆红糕乾面火烧，牛腰油旋大米凉糕。

烧馍捞饼蒸馍馒头，瓦酥鸡清蜜和油酥。

蜜粘樱桃糖粘桃仁，闵姜桔饼丹皮查糕。

文冬瓜条蜜枣桃仁，渴了饮茶寿眉银针。

香片色黄武彝茶清，吃袋香烟玉蓝蒲城。

太极奇品双毛各针，社塘青烟凤翔有名。

丫鬟斟茶小斯满樽，铺床叠被美女侍奉。①

　　《杂字》的内容尽管有的属于封建糟粕，值得批判，但那是时代的烙印，总的内容对我们研究那个时代，提供了第一手社会史料。从《杂字》的内容，回顾平、祁、太一带近代社会的演变历程，经商、捐官、发财、建房以至于生活方式的变化，无不与《杂字》的内容相一致，与孔夫子的经书在这一带的影响相比较，《俗言杂字》似乎比经书的影响更为强烈。它成为当时人们生活的指南，行动的纲领，对当地人们的生活、思想施加着强烈的影响。

二、《俗言杂字》影响下的平、祁、太社会

　　在这种民俗的熏陶和教育下，平、祁、太一带入清以来，特别是乾、

---

① 以上所引《杂字》均见史若民编著：《平祁太经济社会史料与研究》山西古籍出版社 2002 年版，史料部分。

嘉以来，经商的人很多，到同治年间几达十分之八。① 产生了许多富商巨贾。咸丰三年（1853 年）4 月 11 日和硕惠亲王等奏折说："伏思天下之广，不乏富庶之人，而富庶者，莫过广东、山西为最。风闻数月以来，在京贸易之山西商民报官歇业回籍者，已携资数千万出京。"② 接着福建道监察御史宋延春又于六月二十九日奏报在京师的较大票号、账局名单清单，恭呈御览。所报清单共 53 家，其中有据可查并通过拙编：《平、祁、太布施工商户、人碑刻统计与说明》（未刊稿）核对，属于平遥的计有：日昇昌、天成亨、蔚泰厚、蔚丰厚、新泰厚、义兴永、隆盛长、德成永、聚发源、万成和、昌裕和、德合长（成）润生公（润生明、润生久）、宽裕义（永）等 14 户；属于太谷的有：敦义裕、永锡号（局）、锦（晋）玉成、永泰玉、承光庆、志一堂、聚盛堂、庆元堂、恒义乾（谦）、庆和堂、永义成、蔚昌顺（信）、德新号（顺）等 13 户；祁县由于碑刻毁坏殆尽，仅据捐资档案可知，其清单中之巨兴和属于祁县。

仅就确认的上述 28 户，已占当时全国在京师富商 53 户的 52.8%。

广西道监御史章嗣衡于十月十三日奏报说，就他目击列出的富户有：浙江慈溪之候选道冯云濠，议叙运同衔冯云祥昆弟二人富约五六百万；内阁中书冯本怀昆弟三人，富约三四百万；山西太谷之孙姓富约两千余万，曹姓、贾姓富约三四百万。榆次县之许姓、王姓聚族而居，计阖族家资约各千万。介休县百万之家以十计，祁县百万之家以数十计③。以上列出姓氏的、三百万两以上的富户全国有七户，平、祁、太即占了五户，占全国富户总数的 71.4%，就其资本数而言，平、祁、太占了绝对多数。另外，上列山西富户中的介休富户所创票号之总号均在平遥，榆次富户所创票号与商号均在太谷设总号。所以说，上列所谓山西富户，其财富均集中在平、祁、太三县之中。

---

① 汪锡纶：《怡青堂文集》卷三，第 26 页。
② 《和硕惠亲王等奏折》咸丰三年四月十一日，《军机处录副奏折》，以下简称《军录》，革命运动类，卷号 477－4。
③ 《广西道监察御史章嗣衡奏折》咸丰三年十月十三日，《军录》革命运动类，卷号 1217－28。

在这种民俗影响下，这一带商人捐官的最多。（见下表）

平、祁、太商人捐官表

人名	单　位	籍贯	身份	捐款	官　　衔
程清泮	日昇昌	平遥	俊秀	750两	监生加布理问
张河锦	天成亨	平遥	从九	450两	捐监加捐守御所千总衔
毛鸿翔	蔚丰厚	平遥	贡生	400两	守御所千总
毛成缙	隆盛长	平遥	俊秀	362两	捐监加捐从九
王培绪	万成局	平遥	俊秀	360两	捐监加捐卫千总衔
王克新	聚发源	汾阳	俊秀	360两	捐监加捐盐运司经历衔
王培义	万成局	平遥	从九	330两	改捐监加捐州同衔
王思恭	义兴永	平遥	从九	330两	改捐监加捐布经历衔
郝清凝	蔚丰厚	平遥	布理衔	300两	请封伯父母
孔其芳	蔚泰厚	平遥	监生	250两	捐卫千总衔
赵巨渊	新泰厚	介休	俊秀	236两	捐监加捐从九品
胡学陛	光泰永	平遥	从九	230两	改捐监加捐库大使衔
范兴红	光泰永	平遥	从九	230两	改捐监加捐库大使衔
刘承统	新泰厚	平遥	附生	144两	常例加捐贡生
牛联奎	义兴永	平遥	俊秀	120两	常例捐监生
王如椿	新泰厚	平遥	俊秀	100两	常例捐从九
张仰之	蔚丰厚	阳曲	俊秀	100两	常例捐从九
刘锡龄	蔚丰厚	平遥	俊秀	100两	常例捐从九
王家隽	蔚泰厚	平遥	俊秀	100两	常例捐从九
王家宾	天成亨	平遥	俊秀	100两	常例捐从九
王培德	万成和	平遥	俊秀	100两	常例捐从九

续表

人名	单 位	籍贯	身份	捐款	官 衔
李 维	聚发源	汾阳	俊秀	100 两	常例捐从九
贾存业	巨兴和	祁县	从九	330 两	常例捐监生加捐布理问衔
孟 棠	巨兴和	太谷	俊秀	100 两	不详
温秉玙	巨兴和	祁县	俊秀	100 两	不详
冀以和	其昌德谦盛亨	介休	员外郎	6500 两	议叙知府衔加一级
乔致广	大德通大德恒	祁县	国子监典籍	4200 两	议叙员外郎职衔
王作丰	协和信	协同庆榆次	员外郎	4000 两	员外郎职衔
李箴言	日昇昌日新中	平遥	光禄寺署正	2800 两	员外郎职衔
王 镜	协和信协同庆	榆次	监生	2500 两	议叙光禄寺署正职衔并加一级
尹承伟		平遥	商民	2500 两	议叙光禄寺署正职衔并加一级
曹培蕃	锦生润	太谷	商民	1800 两	议叙都司职衔加一级
王谦德		太谷	商民	1800 两	议叙都司职衔加一级
贠 亿	志成信	太谷	国子监典籍职衔	1467 两	中书科中书职衔加一级
李兰溪	日昇昌	平遥	中书科中书职衔	1400 两	光禄寺署正职衔并加一级
侯祉昌	蔚字五联号	介休	监生	1200 两	州判职衔加一级
侯礼昌	蔚字五联号	介休	监生	1200 两	议叙司务职衔并加一级
侯銮阶	蔚字五联号	介休	员外郎	1000 两	议叙加三级
孙中伦	元丰玖	祁县	监生	两	赏给举人
曹培亨	锦生润	太谷	廪生	1000 两	复议训导职衔加一级
孙 郅	元丰玖	祁县	郎中	17200 两	捐复郎中原官归部选用

续表

人名	单　位	籍贯	身份	捐款	官　衔
孙淑伦	元丰玖	祁县	监生	20000 两	
曹培滋	锦生润	太谷	举人	两	郎中不论双单月选用，并赏戴花翎再加三级
貟不镛	志成信	太谷	守备衔	两	注销守备衔作为贡生以道员分发陕西分缺先补用，并赏戴花翎
武邦昌等10名		太谷	员外郎衔	12110 两	
陈履庆等3名		祁县	议叙中书衔	5000 两	
李兰士	锦生润	平遥	附生	1212 两	
乔英甫	宝丰隆	潏川源官银号经理 介休	介休		荣禄大夫钦加二品衔花翎，直隶候补道四川商会总办

资料来源：上表数字是根据咸丰三年山西巡抚哈芬、咸丰四年吏部尚书柏俊和咸丰六年山西巡抚王庆云等为山西绅民捐输恳请奖励清单和有关《上谕档》编制的。具体花名单见中国人民银行山西省支行、山西财经学院编：《山票号史料》山西人民出版社 1990 年版，第 50－51 页、第 54－56 页。

在这种民俗影响下，这一带商人发财后，起盖高楼大院的多。留下了一批精美绝伦的建筑，除现在列为旅游景点的乔家大院、渠家大院、三多堂外，现存完好的还有何家大院、颉家大院、长裕川茶庄、渠本翘故居、大德通票号旧址、大德恒票号旧址、三晋源票号旧址、日昇昌票号旧址、日昇昌掌柜侯殿元七间七檩包厦厅、百川通旧址、蔚泰厚旧址、孔祥熙旧居等均极富丽堂皇。这些富商已经衰败了大半个世纪，但至今平、祁、太一带的民宅，即使是最富庶的人家，也难以与之相媲美。

在这种民俗影响下，这一带富商及私人组建的戏曲"班"、"社"多。

在长期的商业活动中，晋商在全国各地建立了许多会馆，会馆的作用虽然说主要是联络同乡感情、维护商业利益、处理商务纠纷和神祇活动。但还有更为重要的一条，即是为演戏娱乐提供场所，会馆大多建有戏楼，无不巍峨壮观。

晋商出于商业活动和日常事务生活的需要，经常邀请戏曲班社演出。以旅蒙商大盛魁为例，每次"过骡子"和"过标"（商业结算期），都要邀请戏班助兴。平时商业往来亦请客看戏。适应这种需要，大盛魁总柜所在地归化城便出现了许多"大戏馆子"，专演名班大戏，顾客吃饭看戏两不误。从冬到春，天天满座。平、祁、太商界分春夏秋冬四标，总计要演三十六台戏，以每台三天计，一年要唱一百零八天戏，以达"商以戏繁荣，戏以商远播"之目的。因此清代后期，平祁太一带戏曲班社林立，从道光年间至抗战前夕，有据可查者仅平遥就有30余家。祁、太两县也为数不少，有些富商家里都有戏班和戏台。如祁县渠家家里就盖有上下聚梨园戏台，戏台两边对联是：

寻常人物为将为相为帝君，
些小戏台可家可国可天下。

※　※　※

借古喻今教化众生知伦理，
以假乱真规劝世人明是非。

现仅就各个时期有名的戏班列表如下。

近代平、祁、太戏剧班、社表

县别	戏班名称	成立年代	成立人	班主	戏种	演出地域
祁县	云生班	嘉庆三年	祁县张庄村富商岳彩光	岳彩光	蒲州梆子	晋冀蒙宁
平遥	复盛班	道光四年			蒲州梆子	晋冀蒙宁
平遥	万和班	道光年间			蒲州梆子	晋冀蒙宁
平遥	小平遥班	道光年间			蒲州梆子	晋冀蒙宁
祁县	三庆班	咸丰年间			中路调	晋冀蒙宁
祁县	上聚梨园	同治七年			中路调	晋冀蒙宁

县别	戏班名称	成立年代	成立人	班主	戏种	演出地域
祁县	下聚梨园	同治七年	聚源淦等		蒲州梆子	晋冀蒙宁
祁县	四喜班	同治年间	聚源淦等		蒲州梆子	晋冀蒙宁
祁县	四兴班	同治年间	聚源淦等		蒲州梆子中路调	晋冀蒙宁
祁县	双庆园	同治年间	聚源淦等		蒲州梆子中路调	晋冀蒙宁
太谷	四盛和	同治年间	聚源淦等		蒲州梆子中路调	晋冀蒙宁
太谷	坤梨园	光绪十年到宣统	聚源淦等		蒲州梆子中路调	晋冀蒙宁
太谷	锦梨园	光绪十六年到宣统	杨成斋1916—1930		中路梆子	晋冀蒙宁
祁县	荣升班	光绪十六年到宣统			中路梆子	晋冀蒙宁
祁县	永盛园	光绪十年到宣统			中路梆子	晋冀蒙宁
平遥	同春园	1870—1900	侯殿元	侯殿元	蒲州梆子	晋冀蒙宁
平遥	祝丰园	1876—1910	尹光录	尹光录	蒲州梆子中路调	晋冀蒙宁
太谷	曹家班	1876—1910	曹克让	曹克让	中路梆子	晋冀蒙宁
祁县	渠家班	1876—1910			中路梆子	晋冀蒙宁
太谷	万福园	1916—1930	胡万义	胡万义	蒲州梆子中路调	晋冀蒙宁
平遥	自成园	1883—1921	田永富	田永富	中路梆子	陕甘宁
平遥	同义园				中路梆子	
平遥	生梨园					晋蒙宁
平遥	锦艺园	1922	平遥人冀鸿义		晋剧	晋蒙宁
祁太	德盛社	1897		老双龙四杆旗	秧歌剧	晋中

　　资料来源：上表依据：刘俊礼：《中路梆子溯源及其发展概况》；梁培卿：《戏商联姻，梨园竞秀》；寒声：《晋商在晋剧形成中的历史功绩》等文所列举之班社编制而成。见乔志青主编：《史粹新观》山西古籍出版社1996年版，第283－297页。

在这种民俗影响下，这一带不少富商都留有清朝封建大吏题词的匾额。

大谷大德玉、大德川票号资本家，榆次常家，家里就保有四块巡抚一级官员的题匾：

1. 光绪三年（1877 年），因救灾捐资，山西巡抚曾国荃赠匾一块，文曰："好行其德"。

2. 光绪五年（1879 年），因捐助山西官书局刻书，巡抚曾国荃赠匾一块，文曰："义关风雅"。

3. 1903 年因资助清政府善后经费，山西巡抚赵尔巽奏请清廷皇上旨赐匾额一块，文曰："乐善好施"。

4. 光绪三十三年（1907 年）因常赞春捐助榆次学堂，山西巡抚恩寿赠匾一块，文曰："士诵清风"。

大德通、大德恒票号的财东祁县乔家先后有两位清朝重臣给他题写对联。一是陕甘总督左宗棠给乔家大门口百寿图上写的一副对子。

左宗棠在驱逐阿古柏侵略分子收复新疆后，于 1880 年 8 月被调回京，因在西征中曾受票号大德通给予军饷支持，且此次回京又路过祁县，于是左宗棠以感激之情，在路过祁县时，顺便向这位曾多次支持他而又从未谋过面的朋友乔致庸表示感谢。左到乔家后，受乔致庸之请，高高兴兴地给乔家刚刚完工的万寿图上写了一付："损人欲以复天理，蓄道德而能文章"的对联，横额：履和。

乔家大院大门上有一副锃亮的铜板对联，其文曰："子孙贤，族将大，兄弟睦，家之肥"。笔调朴实温和，遣词大雅吉祥，文意含蓄深远。它是清廷总理兼北洋大臣李鸿章，为感谢乔家为北洋海军捐资而书写制作的。[1]

在这种民俗影响下，从道光四年（1824 年）起，这一带出现了一种崭新的金融业，它是近代中国不叫银行的银行业，被人们形象地比之为中国近代银行的乡下祖父，这就是中外瞩目的山西票号。在长达一个多世纪里，从平、祁、太一带的总号向全国各重要城镇码头分设了四百多个分号。（见表）

---

① 郝汝椿：《晋商巨族二百年》，百花文艺出版社 1995 年版，第 71 页。

近代平、祁、太票号一览表

序号	帮别	名称	创办年代	前身	财东	经理	停业年代	分号数	经营年限
1	平遥帮	日昇昌	1824	西裕成颜料庄	平遥李大全	平遥雷履泰 平遥程清泮 平遥郝可久 平遥王启元 平遥张兴帮 平遥郭树楠 平遥梁怀文	1923改营钱庄	35	100
2	平遥	蔚泰厚	1826	绸缎布庄	介休侯崇基	平遥毛鸿翙 平遥范友芝 介休赵星垣 平遥毛鸿瀚 平遥杨松龄	1921	33	95
3	平遥帮	蔚丰厚	1826	绸缎庄	介休侯崇基	平遥闫永安 清源宋宝藩 平遥郝荣禄 平遥范凝静 介休侯绍德 平遥范定翰 平遥王文魁 介休张宋祺	1916年改银行	22	90
4	平遥帮	蔚盛长	1826	绸缎庄	介休侯崇基 平遥王培楠	汾阳郭存祀 平遥尚求济 平遥李梦庚 平遥赵金魁 平遥王调营 平遥王作梅	1916歇业	22	90
5	平遥帮	新泰厚	1826		介休侯崇基 平遥赵一弟	平遥侯王晋	1921歇业	26	95
6	平遥帮	百川通	1860		祁渠源浈 祁渠源洛 祁渠本立 合资	平遥武大德 祁县渠川至 平遥庞凝山 平遥刘敬义 平遥雷中寿	1918	23	59
7	平遥帮	日新中	1838		日昇昌			14	20

序号	帮别	名称	创办年代	前身	财东	经理	停业年代	分号数	经营年限
8	平遥帮	协和信	1853		榆次王栋 独资	平遥李清芳	1901更名	6	43
9	平遥帮	协同信	1901	协和信	不详	不详 1904	6	5	
10	平遥帮	协同庆	1856		榆次王栋 平遥东秉文	平遥陈平远 平遥孟子元 平遥刘庆和 平遥赵德溥 平遥张治德 平遥雷其澍 平遥温子翰	1913	31	57
11	平遥帮	天成亨	1826	细布庄	介休侯崇基 介休马铸等合资	李公 介休张沙锦 平遥侯王宾 介休刘廷栋 介休张林屏 平遥周承业	1918年改银号	23	92
12	平遥帮	乾盛亨	1862—1864	布庄一说茶庄	介休毛履泰 介休冀以和	平遥武开升 平遥武日中 平遥郝家瑞	1904	23	40
13	平遥帮	谦吉升	1862		平遥李大全 陕西高某 安徽雷某 合资	平遥李续赓	1884	12	20
14	平遥帮	蔚长厚	1864	布庄	介休侯崇基 浑源常某 平遥乔某 大同王某 合资	平遥范积善 平遥范光晋	1920	19	56
15	平遥帮	其德昌	1862—1864	德记布庄	介休冀以和	平遥宋聚源	1912	5	50

序号	帮别	名称	创办年代	前身	财东	经理	停业年代	分号数	经营年限
16	平遥帮	云丰泰	1864 1874		云南高州镇总兵杨玉科 平遥范缙合资	平遥白庚李	1881	11	17
17	平遥帮	松盛长	1875		苏州粮道英朴	平遥程绪	1880	12	6
18	平遥帮	祥和贞	1873		不详	不详	1881	3	8
19	平遥帮	义盛长	1873		不详	不详	1886	3	12
20	平遥帮	汇源涌	1881		祁县渠源潮 独资	文水段启祥	1885	9	5
21	平遥帮	永泰庆	1892		平遥毛履泰 祁县乔某 合资	文水段启祥	1900	17	9
22	平遥帮	永泰裕	1901		平遥毛履泰	文水段启祥	1905		5
23	平遥帮	宝丰隆	1906		介休乔英甫 河北许涵度 川边大臣赵尔丰合资	公休乔英甫 平遥宋聚奎 平遥段礼安	1921	16	15
24	祁县帮	合盛元	1837	茶庄	祁县郭源逢 祁县张廷将	祁县渠寿昌 文水渠庆灏	1914	14	77
25	祁县帮	大德兴	1851—1862	茶庄	祁县乔锦堂	不详	1884年改名		
26	祁县帮	大德通	1884	由大德兴改名而来	祁县在中堂在 和堂、保和堂、保元堂合资	祁县高钰 祁县高章甫 祁县王宗禹	1940年改银号	14	85

续表

序号	帮别	名称	创办年代	前身	财东	经理	停业年代	分号数	经营年限
27	祁县帮	元丰玖	1859		祁县孙郅独资巨兴隆商号东家	平遥王封晋	1893	9	34
28	祁县帮	三晋源	1862—1865		祁县渠源祯	文水武呼之	1934	12	72
29	祁县帮	兴泰魁	1875—1882		祁县翟乾阳	钱某	1884	2	7
30	祁县帮	存义公	1862—1865	布庄	祁县渠宝廷祁县渠源祯祁县张祖绳合资	祁县颉鲆五祁县罗秀一文水文敬山	1916	20	54
31	祁县帮	巨兴隆	1862 1874		祁县载和流祁县杜某合资	祁县王德洪	1886	2	22
32	祁县帮	长盛川	1884	长源川茶庄	祁县渠原潮等合资	不详	1909	13	26
33	祁县帮	大德恒	1881		祁县乔家四堂合资	祁县闫竹甫祁县闫维藩太谷车月川祁县赵子咸祁县乔辉业	1940年改银号1948年停业	25	68
34	祁县帮	大盛川	1889	裕盛魁钱铺	大盛魁投资祁县张廷将祁县史孝敬太谷王伸	祁县颉匹麟交城吴佐绪	1929	18	40
35	祁县帮	大德源	1888	福生达茶社	祁县乔兰三	文水张孝义	1892		5
36	太谷帮	三和源	1875		榆次常家				

序号	帮别	名称	创办年代	前身	财东	经理	停业年代	分号数	经营年限
37	太谷帮	协成乾	1860		太谷吴道促 太谷张堂村 太谷孙阜年 太谷杜资深堂 太谷房映宾 太谷侯姓 文水安立志	吴士廉 祁县程力川	1913	12	53
38	太谷帮	世义信	1893	钱铺	太谷杨生泰 即杨老五	祁县罗长汗	1921	4	28
39	太谷帮	锦生润	1903		太谷曹师宪 榆次常安生	文水张子宽	1917	15	28
40	太谷帮	大德川	1907		榆次常万达	太谷侯铭	1913	4	6
36	太谷帮	志成信	1844—1837	绸缎杂货庄	太谷貟纯管堂 太谷曹福善 堂等19家合资	太谷孔宪仁 太原王正国 榆次马应彪 太谷胡墨庵 定襄齐梦彪 徐沟杨健	1914	24	80
42	太谷帮	大德玉	1885	茶庄	榆次常立训	榆次常恽 常子训	1913	13	28

资料来源：中国人民银行山西省支行、山西财经学院编：《山西票号史料》山西人民出版社1990年版，第642—666页。

在相当长的一段时期里，就是上述表中所列到的各个票号左右着北京、上海、天津、汉口、重庆、苏州、广州、沈阳、归化、库伦、三原、西安、兰州、包头、张家口、营口、长沙、厦门、常德、巴塘、打箭炉等地的金融市场，它在近代中国通商银行和大清户部银行诞生前，早已承担了本应由近代银行承担的存款、放款、汇兑、贴现、发放银票等一系列的银行业务，成为晚清以来全国的金融调拨中心。不仅如此，还从平、祁、太票号总号向国外分设银行支店，开中国银行业在国外设立分支机构之先河。

在这种民俗影响下，这一带出现了许多大茶庄。它们不仅控制了福建、湖南、湖北等地的茶叶生产和收购，而且垄断了从陆路出口到俄罗斯、西伯利亚的茶叶贸易。成千上万的平、祁、太人供职其中。这一带留传着，"坐官的入了阁，不如茶票庄当客"，其著名茶庄主人原籍不是平、祁、太一带的人，便是后来在平、祁、太开设茶庄、票号的财东。现将著名茶庄（表1）以及在两湖产茶区开办制造专供从水路运往欧洲的所谓洋庄家数（表2）列表如下：

表1　平、祁、太著名茶庄一览表

茶庄名称	创立年代	创办人	字号地址
长顺川	乾嘉年间	渠映璜	祁县城
长盛川	咸丰年间	渠映璜	
长源川	乾嘉年间	渠映璜	祁县城
长裕川	咸丰年间	渠家	祁县城
巨贞川	不详	不详	祁县城
巨贞和	不详	不详	
大玉川（三玉川）	不详	大盛魁投资	祁县城
永聚祥	不详	不详	祁县城
大德诚	不详	乔家投资	祁县城
大德川	不详	榆次常家	祁县城
大德兴	咸丰年间	乔家投资	祁县城
宝巨川	不详	不详	祁县城
天恒川	不详	不详	祁县城
巨盛川	不详	不详	祁县城
恒中恒	不详	不详	祁县城
合盛元	嘉庆年间	郭源逢等	祁县城
福生达	1888年以前是茶庄后改票号	乔兰生	祁县城
大德玉	1727	榆次常家	恰克图
大升玉	1826	榆次常家	恰克图
大升玉	不详	不详	张家口

茶庄名称	创立年代	创办人	字号地址
大泉玉	1842	榆次常家	恰克图
大泉玉			张家口
大美玉	1867	榆次常家	恰克图
独慎玉	1880	榆次常家	恰克图
独慎玉分号		榆次常家	莫斯科
大昌玉	1882	榆次常家	汉口
锦泉涌	乾嘉之际	太谷北洸曹家	恰克图
锦泰亨	乾嘉之际	太谷北洸曹家	恰克图
三晋川			临湘桃林
大涌玉	不详	榆次常家	聂家市
大涌玉	不详	榆次常家	临湘横溪
怡 和	不详	不详	临湘横溪
怡 和	不详	不详	监湘五里牌
晋裕川	不详	不详	临湘横溪
晋裕川	不详	不详	聂家市
兴隆茂	不详	不详	临湘五里
天顺长	不详	不详	临湘五里
兴 华	不详	不详	临湘羊楼司
顺 记	不详	不详	羊楼司
顺 记	不详	不详	聂家市
新 记	不详	不详	聂家市
德泰隆	不详	不详	临湘五里牌
和 记	不详	不详	临湘清水源
义 兴	不详	不详	临湘百里畈
义 兴	不详	不详	临湘横溪
义 记	不详	不详	临湘桃林
瑞和祥	不详	不详	羊楼司
德 泰	不详	不详	羊楼司
乾丰和	不详	不详	临湘滩头
春生利	不详	不详	临湘滩头

茶庄名称	创立年代	创办人	字号地址
春生利	不详	不详	临湘五里牌
德生祥	不详	不详	临湘云溪
德裕昌	不详	不详	临湘五里牌
祥发永	不详	不详	张家口
广全泰	不详	不详	张家口
广全泰	不详	不详	库伦
恒隆广	不详	不详	张家口
公合全	不详	不详	张家口
祥发源	不详	不详	北京丰台
祥发源	不详	不详	汉口
公和全	不详	不详	张家口

资料来源：大德《诚茶商行商遗要》见史若民编著：《平祁太经济社会史料与研究》山西古籍出版社 2002 年版，第 481－539 页；渠绍森、庞义才《山西外贸志》《山西文史资料》第 106、110 辑；《调查张家口用及库伦之商务状况》《商务官报》第七册，1909 年刊。

表 2　民国元年两湖洋庄家数表

地址	家数	地址	家数
湖北蒲圻洋楼洞	23	湖南聂家市	21
黄沙堰	1	白荆桥	5
湖南临湘羊楼司	3	云溪	7
临湘悬	1	湖北咸宁柏墩马桥	6
沙坪	2	崇阳大沙坪	8
驳岸	1	宜昌	12
湖南平江长寿街	17	狮村	7
平江	10	浯口	5
湖南浏阳	6	高桥	29
普迹	5	礼陵	8
永平大村	4	湘阴	6
龙阳阴	4	湖南娄底	4

续表

地址	家数	地址	家数
沩山	1	杨市	1
蓝田	5	北港	4
安化小淹	4	江南	8
硒硐	14	黄沙坪	18
硐口	6	东坪	17
边江	1	合计	280

资料来源：大德诚茶商：《行商遗要》见史若民编者：《平祁太经济社会史料与研究》山西古籍出版社 2002 年版，第 481-539 页。

在这种民俗影响下，平、祁、太一带的男性青少年一般到了十四五岁，其父辈们便托人介绍到商店当学徒。至于这一带各个时期有多少商店可以为这一带成千上万的青少年提供就业机会，史书中是找不到答案的。近年我们考察平、祁、太保存下来的各个时期的部分石碑，为我们了解这一问题提供了部分可能。见附表《平、祁、太碑刻及工商人、户布施统计表》。

从上表看，现存于平、祁、太一带的碑刻最多。其中，平遥 71 通，太谷 32 通，祁县只有 1 通，共 104 通。

在这些碑刻中，参与布施的工商户与人名均有者，而且年代确切者始于康熙二十五年（1687 年）的《重修净信寺碑记》。此后，在寺庙的重修、增建中工商铺户参与布施者，总的趋势是逐年增加的。具体到一个寺、一个庙，也是如此。我们以净信寺为例，见附图。

附图：

清代太谷重修净信寺工商铺户布施升降图

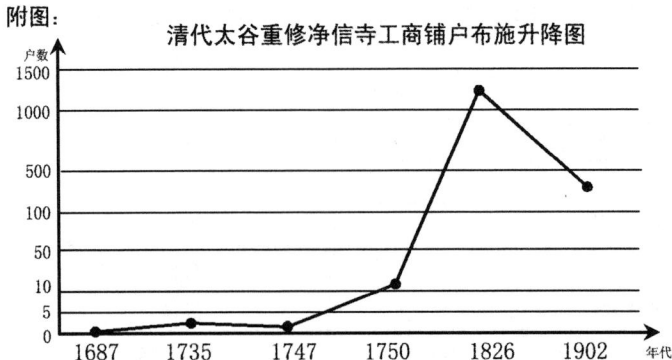

平、祁、太碑刻及工商人、户布施统计表

年代		县别				现存地址	布施情况												备注
公历	阴历	碑数	平遥	祁县	太谷		个人					姓别		工商户					
							总数	官吏	监生	生员	和尚	男	女	总数	本城	阖社	阖行	外地	
1092年	宋元祐七年	1	1			清虚观													
1510年	正德五年	1	1			南神庙													
1513年	正德七年	1	1			南神庙													
1541年	嘉靖廿年	1	1			白云寺													
1562年	嘉靖卌一年	1	1			南神庙													
1564年	嘉靖卌三年	1	1			双林寺													
1571年	隆庆五年	1	1			清凉寺													
1615年	万历卌三年	1			1	大观楼													
1617年	万历卌五年	1			1	净信寺													
1622年	天启二年	1			1	净信寺													
1623年	天启三年	1			1	净信寺													
1630年	崇祯三年	1			1	净信寺													
1682年	康熙廿一年	1			1	大观楼													
1687年	康熙廿五年	1			1	净信寺	516							1	1				
1703年	康熙卌二年	1			1	净信寺													信士
1714年	康熙伍三年	1			1	净信寺													
1732年—1740年	雍正十年至乾隆五年	1	1			清虚观	129							87				32	会银纠首8

217

续表

公历	纪年	次	碑	地点	数值1	数值2	数值3	数值4	数值5	数值6	数值7	数值8	备注
1735年	雍正十三年	1	1	净信寺	543						3	3	
1735年		1	1	清凉寺							3	3	
1736年	乾隆元年	1		净信寺									
1747年	乾隆十二年	1		净信寺							2	2	
1750年	乾隆十五年	1		净信寺							14	14	14
1752年	乾隆十七年	1	1	镇国寺									
1757年	乾隆廿二年	1	1	清虚观									
1758年	乾隆廿三年	1	1	市楼	192	3			189		138	138	10
1764年	乾隆廿九年	1		净信寺									
1764年	乾隆廿九年	1	1	白云寺	707				52	13	642		信士
1766年	乾隆卅一年	1	1	清虚观							128	128	三祖师庙碑
1769年	乾隆卅四年	1	1	白云寺		5			22	509	31	31	12户不清
1777年	乾隆卅二年	2	2	清虚观	274	6	27	8	148				
1784年	乾隆卅九年	1	1	白云寺									
1786年	乾隆伍一年	1	1	白云寺	809	5	3	1	75		35		
1789年	乾隆伍四年	1	1	南神庙	285	5					2	2	2
1793年	乾隆伍八年	1	1	白云寺							22	15	7
1795年	乾隆六十年	1	1	清虚观									
1796年	嘉庆元年	1	1	白云寺									
1796年—1823年	嘉庆元年至道光三年	2	2	清虚观							281	281	关帝庙

公元	朝代纪年				庙名									备注
1797年	嘉庆二年	2	2		白云寺	400	6	6	43	70	46			
1798年	嘉庆三年	2	2		白云寺	635	3	5	68	54	3	3		
1809	嘉庆十四年	1	1	1	白云寺	527	3	8	22	8	104			
1812年	嘉庆十七	1			净信寺									
1813年	嘉庆十八年	2	2		市楼						563		563	
1814年	嘉庆十九年	1	1		市楼						574		574	
1815年	嘉庆廿年	1	1		南神庙	216	1	12						
1816年	嘉庆廿一年	1	1		白云寺						276		276	
1820年	嘉庆廿五年	2	2		镇国寺						275	19	3	三官庙
1820年		1			清虚观									
1826年	道光六年	10			净信寺	778	23	7			1410	117	1293	
1829年	道光九年	1	1		南神庙						6			
1835年	道光十五年	1	1		双林寺	284	19	11			30			
1837年	道光十七年	2	2		市楼	40					222	222	14	
1838年	道光十八年	1	1		清虚观	91								七佛殿
1839年	道光十九年	2	2		文庙									
1842年	道光廿二年	1		1	大观楼	459					571	571		
1844年	道光廿四年	2	2	1	无边寺									
1849年	道光廿九年	1	1		文庙									文庙

续表

公元	年号				庙宇							备注
1856年	咸丰六年	8	8		清虚观	124	15	15	62	62		断碑仅存
1862年	同治元年	1	1		文庙							
1863年	同治二年	1	1		文庙							
1870年	同治九年	1	1		市楼				178	178	3	均大字号
1877年	光绪二年	1	1		清虚观	7	7					商捐官
1882年	光绪八年	1	1		文庙							
1885年	光绪十一年	1	1		清虚观				1	1	2	
1895年	光绪廿一年	1	1		白云寺							
1898年	光绪廿四年	2	2		清虚观				420	420	1	
1899年	光绪廿五年	1	1		南神庙				274		7	
1902年	光绪廿八年	1	1		净信寺				429	29	400	
1904年	光绪卅年	1	1		镇国寺				194	194		
1907年	光绪卅三年	1	1		大观楼							借钱庙
1907年	光绪卅三年	1	1		无边寺							
1911年	宣统三年	2	2		市楼				282	282	11	
1911年	宣统三年	1	1		双林寺				51		5	
1924年	民国十三年	1	1	1	延寿寺				269	20	249	
1925年	民国十四年	1	1		无边寺	53			399	118	281	孤公庙
1932年	民国廿一年	1	1		双林寺				1	1	1	
合　计		104	71	1		32						

资料来源：见史若民编者：《平祁太经济社会史料与研究》山西古籍出版社2002年版，第157—480页碑刻统计而来。

本年度（即 1687 年）布施者信士 516 人。工商铺户只有一个永兴铺。此后将近半个世纪之久，有过三次重修与增建，只有雍正十三年（1735 年）《净信寺重修佛殿金妆圣像增建社房门亭碑记》中有大成店、永顺店、武油店等三户工商户参加布施。由于修建资金仅靠从本地人民中募集和由地亩摊派，已经难以为继。（见 1714 年 1735 年碑记①）。于是根据本地在外经商人员的力量，从乾隆十二年（1747 年）开始，太谷阳邑镇净信寺重建北禅堂院时，向阳邑镇及太谷县在宣化、沈阳等地经商人数较多的地方进行了募化。本年度，太谷在宣化经商的有 14 人（仅是能看清的人数）捐了资，尽管银数不多，人仅三钱②，但它说明在外地经商的太谷人开始参与家乡的公共建设事业了。由于东北之沈阳远在关东，一般商号多为三年一个班期，所以此次从东北募集来的捐款，只有到乾隆十三年年（1750 年）募化人下班回来时，才能将施者名单见诸石碑。故净信寺至今还保留着乾隆十五年（1752 年）《后续重修北院禅堂碑记》，所谓"后续"，续的就是乾隆十二年（1749 年）到沈阳商号上班捎带募集资金的杜资深（该家族到 1860 年成了协成乾票号的财东。）所募集到的布施银子的人员和商号名单。从这次沈阳 14 户商号布施的情况来看，排列在布施名单最后的一个商号源发号仅捐资者就达 11 人，说明这个商号并不算小，然而它的捐资仅一两。排列在前面的广盛号、元章号、鼎新号捐银均是三两，肯定比源发号的规模要大得多。③ 如果我们按每号平均 11 人计算，那么，这时太谷阳邑在沈阳经商的至少也在 150 人左右。可见，这时太谷的阳邑镇或者扩大点来说，太谷人在沈阳经商已经有一个不算是很小的集体了。作为阳邑镇大家族之一的杜氏，在沈阳势力尤大，就碑刻中所看到的 14 个商户中，至少有五个商号是杜家所控制。据此，可以断定 14 个商号主人的原籍就是太谷阳邑镇。

---

① 见史若民编著：《平祁太经济社会史料与研究》，山西古籍出版社 2002 年版，第 402 - 415 页（1714 年）重修净信寺碑记和（1735）净信寺重修佛殿金妆圣像增建社房门亭碑记。

② 见史若民编著：《平祁太经济社会史料与研究》，山西古籍出版社 2002 年版，第 425 页（1747 年）阳邑镇净信寺重建北禅堂院碑记。

③ 见史若民编著：《平祁太经济社会史料与研究》，山西古籍出版社 2002 年版，第 426 页（1750 年）后续重修北院禅堂碑记。

太谷商贸在沈阳发展的这种情况与祁、太一带妇女中流传的摇篮曲完全吻合，这可能就是这首摇篮曲诞生的具体时代。也可以说是太谷商业由起步阶段进入发展的时代。

此后，又经过半个多世纪的发展，进入19世纪，太谷商人不仅遍及东北各地，而且在这个基础上向全国各地发展。道光六年（1826年）的重修净信寺碑记说明了这一点（见下附表）。

道光六年（1826年）《重修净信寺碑记》工商人、户布施者地域分布表

城 别		工商户数	行业别		人数	备注
原名	现名		当铺	不清者		
京都	北京	127	14	113	无	
邯郸	邯郸	34	5	29	无	
永年县	河北省永年县	13	1	12	无	
萨拉齐厅	内蒙土默特右旗	19	无	19	无	
宁远州	辽宁省兴城县	不详			无	捐银二十四两无店铺名
河口	江西省铅山县	16	3	13	无	
塔子沟	河北省建昌县	58	14	44	无	
保安	陕西省志丹县	14	1	13	4	
保安州	河北省涿鹿县	20	4	16	无	
新城	吉林省扶余县或河北新城	18	9	9	无	
通州	北京通县	72	4	68	无	
濬县	河南浚县	15		15	无	
丰台镇	北京丰台区	6	3	3	无	
归化城	呼和浩特市	55	11	44	无	
广平	河北省广平县	35	20	15	无	
岐山县	陕西省岐山县	9		9	4	
固原州	甘肃省固原县	3	2	1	无	
普西	？	12		12	无	
磁州	河北省磁县	12		12	无	
赤峰县	内蒙古赤峰市	42	6	36	无	
房山县	北京市房山县	17	4	13	无	

续表

| 城别 | | 工商户数 | 行业别 | | 人数 | 备注 |
原名	现名		当铺	不清者		
琉璃河	北京市琉璃河	28	9	19	无	
承德府	河北省承德市	60	19	41	无	
成安县	河北省成安县	41	5	36	无	
卫中县	？	61	10	51	无	
中卫	宁夏	中卫	22	6	16	
武安县	河北省武安县	67	6	61	6	无
张家口	河北省张家口	38	8	30	无	
武功县	陕西省武功县	24	4	20	无	
善坊村	？	12		12	无	
香河县	北京	香河	11	2	19	
宁夏府	宁夏	30	1	29	无	
绥远城	呼和浩特市	24	10	14	无	
沈阳	沈阳	16		16	无	
多伦诺尔	内蒙	多伦	13	8	5	
汤阳县	河南	汤阴	11	1	10	
宝鸡县	陕西	宝鸡	19		19	
兴化镇	内蒙古多伦市兴化镇	24	12	12	无	
黎城	山西黎城	29	6	23	无	
清风县	？	20	6	14	无	
抚宁	河北省抚宁县				无	
潞村	山西省运城市	24	2	22	无	
陕西	陕西	13	5	8	无	
马驹桥	北京市马驹桥	13	2	11	无	
扶风县	陕西省扶风县	22	3	19	无	
延庆州	北京市延庆县	14	1	13	无	
天津	天津	9	5	4	无	
本镇		117	7	110	778	无

资料来源：史若民编著《平祁太经济社会史料与研究》山西古籍出社 2002 年版第 432－474 页。(1826 年《重修净信寺碑记》)

由上表可知，本次捐资 1400 多户，其中当铺 239 户。

对于上述表中反映的情况，我们也曾经提出过这样的问题：这 1400 多个商号是募化者从全国各地募集而来，他们的原籍是否都是太谷？或者扩大点说，他们的原籍是否都是平、祁、太一带的商号？

对此，我们的回答是肯定的。这是因为：一是，净信寺并非全国著名的寺院，太谷人因重修净信寺而到外地向外省或外县人募化，其理由是不充分的。即使太谷人亲去化缘，外省籍的商号或外地区籍的商号并不一定买他的账。何况各地均有各地地方性的神祇，为什么要给一个离他们很远的神祇捐资，求得保佑呢？二是，从 1747 年杜资深到沈阳募化的情况看，主要也是向阳邑的商人募集，太谷以外的其他商号并未涉及，这就说明，所谓四外募化并非向太谷籍以外的所有商号募化，而是仅限于太谷籍商人。或者扩大一点说，是向平、祁、太一带籍贯的在外地经商的人的募集。所以上述所有商号，不是平、祁、太一带商人在外地直接开设的商号，便是其商号的分号，这是毫无疑问的。

与太谷阳邑镇道光六年（1826 年）重修净信寺碑记所反映的商贸发展情况相一致的是，进入 19 世纪之后，太谷的县城以及平遥、祁县的商贸，也都在上述民俗教育的影响下得到了长足的发展。其中太谷在 1842 年重修大观楼时，本市捐资商户即达 571 家①。

平遥工商业的发展，主要是反映在市楼、清虚观和城外镇国寺等的重修碑记上。

据乾隆二十三年（1758 年）重修市楼碑记布施名单看，平遥城内当时有工商铺户 138 家。另有 10 个集体商户是以合行名义登碑的。尽管数量不少，但绝大多数都是规模不大，资金不怎么雄厚的小店铺。其中称铺者占了 86 户，称店者占了 15 家，而称作某某某记的大字号仅只有 11 家。捐资最多者只有义合铺一户四两，其余均二两以下乃至几分了。②进入 19 世纪后，情况就大为改观。嘉庆十八年（1813 年）重修市楼碑文中提到平遥市

---

① 见史若民编著：《平祁太经济社会史料与研究》，山西古籍出版社 2002 年版，第 363－371 页。

② 见史若民编著：《平祁太经济社会史料与研究》，山西古籍出版社 2002 年版，第 157－161 页（1758 年）市楼碑记《今将捐资姓名开列于后》。

面繁荣情况时就说："迩来商贩云集，居奇罗珍，增前数十倍。"此次捐资分三次进行，其中 1812 年捐资的商号有 563 户，1813 年捐资的商号有 574 户。还有一次是 1811 年，已漫漶不清①

至于城内工商铺户，比较清楚而且准确的要算 1837 年捐资重修市楼碑记了。本年捐资的工商户仅称为某某某记的大字号就达 222 家。另外，还有以阛社名义捐资者共 14 个集体户，大约也有百余家商户。捐资最高者为十六两②，较前（1758 年碑记中最高捐资者③）提高了 4 倍。

进入近代以后，工商铺户的数量虽未有明显增加，但大字号多了，各商号的实力大大增加了，捐资的数量多了。如 1856 年平遥修城开河碑记所载，捐资之最高者为每户 400 两，100 两以上者至少是 62 户（因断碑能看清的是 62 户④）。最高者较前（1837 年碑记中最高捐资者⑤）提高了 25 倍。

祁县由于绝大部分石刻已经毁坏殆尽，无法查考。但它夹在平遥和太谷中间，近代以来又有"金祁县，银太谷"之说。而且近代以来祁县的商人垄断着包头、外蒙的商贸，其粮行还垄断了北京。有闻名全国的富商乔家、渠家，其商号的数量亦不会少于北邻太谷，南邻平遥。县城内的商号至少也在二三百家之上，在外地所设商号及其分号也不亚于平遥、太谷。

综上所述，有清一代，特别是 19 世纪以来，平、祁、太一带的工商业是迅速地发展了，它的发展固然有着许多因素，但平、祁、太一带的民俗教育的功劳，是绝对不可以抹杀的。尤其是在今天中国这个人口众多的国度里，要想稳定发展，健康的民俗教育，就显得尤其重要了。

---

① 见史若民编著：《平祁太经济社会史料与研究》，山西古籍出版社 2002 年版，第 161 页。有"前岁辛未"（即 1811 年）捐资"二千余金"的花名单已经看不清了。

② 见史若民编著：《平祁太经济社会史料与研究》，山西古籍出版社 2002 年版，第 191 页。

③ 见史若民编著：《平祁太经济社会史料与研究》，山西古籍出版社 2002 年版，第 157 页（1758 年）捐资最高的是义和铺"施银四两。"

④ 见史若民编著：《平祁太经济社会史料与研究》，山西古籍出版社 2002 年版，第 244 页、第 191 页。

⑤ 见史若民编著：《平祁太经济社会史料与研究》，山西古籍出版社 2002 年版，第 244 页。

平、祁、太商人与"三北"地区文明

戴月披星似鹏程，历尽沙漠极边路；
栉风沐雨若豹变，鸿开乌科万世基。①

　　这是清代由祁、太人开设的商号大盛魁在春节时贴的一副门联。门联中的"戴月披星"、"历尽沙漠极边路"和"栉风沐雨若豹变"等都不是一般文人对大盛魁这种商号的捧场之词，而是对当时旅蒙商人艰苦创业精神的逼真写照。

一

　　"三北"地区，既有美丽富饶的东北大平原，也有广阔无垠的蒙古大草原，然而在高原与山地之间，却也有浩瀚无边的大戈壁、大沙漠。中国的几个大沙漠地带，诸如：沙博尔台沙漠、伊林塔拉沙漠、库布齐沙漠、毛乌苏大沙漠、乌兰布和沙漠、腾格里沙漠、巴丹吉林沙漠、阿洛坦大沙漠、修尔腾霍勒雷沙漠、古尔班通古特沙漠、塔克拉马干沙漠、柴达木沙漠等都在这一地区。如按省区划分，全国沙漠化土地面积占全国土地面积的8.5%②，其中沙漠化土地主要分布在新疆、甘肃、青海、宁夏、陕西、内蒙、山西、河北、辽宁、吉林、黑龙江等11个省区。

---

① 内蒙政协文资委编：《内蒙古文史资料》第12辑，1984年12月第1版，第42页。
② 朱震达、陈广庭等著：《中国土地沙质荒漠化》，科学出版社1994年版，第39页。

226

　　这些地方，正是晋商当年活动的主要地方。而这个时期晋商的核心成员，平、祁、太一带的商人，正是从这些地方起家的。上述对联中提到的商人活动环境，不仅仅是指大盛魁一家商号，而是千千万万个晋商活动的环境。

　　在这种环境中，从事商业活动，最可怕的是缺水，最常见的灾害是黄、白毛风以及狼群和土匪。据《旅蒙商》一书记载："无论严冬酷暑，商人在旅途中完全是风餐露宿，有时一连数日人畜没有饮用水，或只有草原上枯干的苦涩碱水小泊，有时甚至靠饮用牲畜尿解渴来渡过荒漠戈壁地带。另外，草原上春夏季节干旱多风，一连数十日天昏地暗，看不到对面三尺外的景物。而且黄沙泥土飞扬，迎面扑打人与牲畜颜面，不仅脸面上扑满一层厚厚的沙土，连耳、鼻、眼、口孔也常常被沙土堵塞。冬天，蒙古高原严寒异常，冰天雪地，气温经常在摄氏零下40度以下，且朔风刺骨，狂风卷雪的'白毛风'刮起，常常是天地白茫茫地浑然一体，难以分辨出东西南北的方向。同时，在广阔无垠的荒原上狼群出没，袭击人畜；还有以掠劫谋生的'马贼'、'匪盗'，亦经常活动在人迹稀少的草原上，拦路抢夺往返商旅。总之，在这种自然地理环境艰苦，社会治安秩序尚不太平的蒙古地区经商贩运货物，长途跋涉，在运输商品中所遇到的辛劳艰难是不言而喻的。①""他们为了经商，不仅与自然进行搏斗，与野兽进行搏斗，与土匪、马贼搏斗。在蒙古地区人们的记忆中，留下了许多传说。至今他们为解决在戈壁中缺水的问题，对蒙古地方的开发还留下了许多遗迹"就以大盛魁对召河与可可以力更一带的发展而言，有记载说："自从内地与外蒙商业贸易频繁，召河逐渐形成为羊马集散地以后，召河至可可以力更一带也有了很大的变化和发展。可可以力更逐渐形成为大青山北的一个小城镇。这个小城镇的特点，是以通事行和六陈行为主要商业，以拉骆驼的和跑趟子车的为主要居民。大盛魁的从业人员，也有在这里落了户的。通事行主要的几家商号，有义盛昌、万盛公②、庆生厚、义盛隆、隆

---

　　① 卢明辉、刘衍坤著：《旅蒙商》，中国商业出版社1995年，第132页。
　　② 万盛公为平遥商号，见嘉庆十七年重修市楼众善募化芳名碑记，载史若民编著：《平祁太经济社会史料与研究》，山西古籍出版社2002年版，第167页。

和义①和兼营六陈行生意的广成魁；六陈行主要的几家商号是元盛兴和天合公等。可见，这一个小城镇是由于旅蒙商发展而形成的。是先有商业然后才有居民，农业更是以后才发展起来的。

召河与可可以力更之间的村落以及可可以力更周围的村落，也都是先有商号后有居民，先有商业，后有农业的。这一带较大的和历史较长的一些自然村，都是以商号的名称命名，便是证明。如福如东、大兴长、西成丰、四和义、广义泰、三义元、康油房、大盛和与西火房等，都是以最早的商号的名称作为自然村的名称。而且那些商号并不是一般行业，绝大多数是通事行兼营六陈行，少数商号是以开油房、开骆驼店为行业的。当然一个自然村不只是仅有一家商号但是村名总是根据最早最大的商号起的。如三义元自然村，最早仅有三义元一家商号，以后又增加了三义成、元生厚、万兴盛等三家通事行兼营六陈行生意的商号。还有一家万盛和毡房，但村名仍叫三义元。另外有一些搞通事行生意的，虽不开设商号，而是以一个居民户的面貌出现，定居下来，但他们实际还是搞生意的。如小五号自然村的居民张太和、张公和、张生和等户都经营通事行的生意。规模都相当大，甚至比三义元的规模还大。这又说明，这一带的社会发展情况，不仅是先有商业后有居民，而且是先有搞商业的居民，特别是搞通事行商业的居民。其中有一些商号和居民，是随着大盛魁的发展而定居下来的。"

召河周围的自然村很多，其中有一些较大的和历史较长的自然村，是随着清朝的军事和政治的发展而形成的。如厂汗木台村，是先有驿站后有居民的。"厂汗木台"这个名字就是一个"台站"的名称。这个"台站"，是从归化城到乌里雅苏台的一个较大的台站。先有了这个台站，以后才围绕着台站住下居民，形成了自然村。所以台站的名称就成为自然村的名称。又如大文公和小文公，是先有驻军后有居民的。康熙征噶尔丹以后，随征的费扬古所统率的骑兵，除留少数的部队在乌里雅苏台驻防外，大部分骑兵没有回到杀虎口，而是调驻在大、小文公一带，这里才逐渐发展成为村落。乾隆四年（1740年）绥远城建成后，这些骑兵才移住在绥远城。

---

① 隆和义，是平遥城内一家大字号，可镇之隆和义是平遥城内隆和义的分号。见道光十七年平遥重修市楼众善乐输芳名碑记，载见史若民编著同上书，第191页。

以后召河、百灵庙、可可以力更和乌兰花等地，就成为土默特的骑兵经常驻扎的防地。可见清朝对召河一带始终是很重视的。

从召河到可可以力更，有一条互相连贯的大营路，而且在"设并"地和牧场地之间有一片相连接的大草原。这对旅蒙商的驼队和羊、马群的活动，更为便利。以后大部分草原虽然被开垦，但还留下一条近四丈宽的大营路。本来这条道路已经够宽广的了，但当时大盛魁还认为羊马活动不开，请求再加宽幅度，并请严禁两旁的农民、套种大营路所占用的地。如今，大盛魁、元盛德、天义德三大号，早已经不存在，但大营路现在仍然是召河和可镇之间的一条通道。

大营路两旁的居民特别稠密，一二百户的大村庄相望于道。这一带村庄的水井特别多，有些水井不是在村子中心，而是在大营路的两旁。据说："这些有井的地方，是当初三大号扎房子的地方，是为了羊、马和骆驼饮水方便而打下的井，以后这些扎房子的地方就逐渐形成了大村庄。①"

以大盛魁为首的三大号通过商业活动对这一带的开发竟有如此大的影响力，而成千上万个晋商的商号对"三北"地区的开发其影响力就十分可观了。

《清代蒙古史》一书在论及旅蒙商以及蒙古经济发展时指出："十八世纪后期，随着蒙古社会经济与内地市场联系的加强，蒙古各地又出现了一批以汉族商业、手工业者居多数的草原城镇。继早期发展起来的归化，张家口，多伦诺尔、库伦、恰克图、乌里雅苏台、科布多、张家屯、卜奎、船厂、西宁、丹噶尔等，围绕着日益发达的牲畜、毛皮业交易，相继发展成新兴城镇的还有通辽、乌兰哈达（赤峰）、呼伦布雨尔（海拉尔）、包头、东胜、百灵庙等。②"蒙古地区城镇的分布点日趋扩大，使蒙族人民从传统的单一的游牧业生产中分化出来，成为商人或手工业者，这对变革蒙古社会的那种"以天地自然之利，养天地自然之物"的落后游牧自然经济，起到了积极的促进作用。随着蒙古草原和内地商贸经济的频繁往来，草原地区的牲畜及皮毛，就成为带动当地城镇经济发展的杠杆。所谓"皮毛一动百业兴"正是这种情况的反映。当时以晋商为主体，以平、祁、太

---

① 内蒙政协文资委编：《内蒙古文史资料》第 12 辑，第 127 – 129 页。
② 卢明辉：《清代蒙古史》，天津古籍出版社 1990 年版，第 145 页。

为核心的旅蒙商，正是通过开发蒙古当地的土特产——牲畜、皮毛等，使蒙古社会由原始的以物易物的交换关系，迅速地被纳入到全国统一的市场经济范畴。这对蒙古社会多种经济发展以及与内地资本主义市场紧密联系，都具有积极的作用。

至于人们熟知的"先有曹家号，后有朝阳城；先有复盛公，后有包头城；先有祥泰隆，后有定远营"，则更是平、祁、太商人对西北地区开发的明证。

二

除对上述地区的城镇发展起巨大作用外，在一些行业中对"三北"地区的商业经济社会发展还起着开创性和领导的作用，如金融业和六陈行以及戏曲文明。

先说金融业

货币以及金融业是商品经济发展的产物，北疆蒙古地区以粗放游牧（狩猎）等为基础的自然经济社会，银钱货币的使用和金融业的产生与发展都较晚。清代蒙古地区金融业的产生与发展，首先是伴随大的旅蒙商号在归化、张家口等城市兴办银号、钱庄而产生和发展的。

早在顺治年间，在归化城经营商贸的范家号、宏图号、天元号等老三号，以及康熙年间发展起来的天义成、元盛德、大盛魁等新三号和东万和、西万和、王盛斋、商盛斋、聚盛斋、兴盛斋等都是顺、康之际到归化城经营蒙古贸易而发展起来的富商巨贾。为解决商业资金的周转和交纳官府税银等，这些商号在归化城就组织过"崇厚堂"，负责与官府税官的联络以及商号货物报关和纳税等业务。为解决商号与商号之间的资金周转和银钱拨兑，到雍正年间，开始设立万福兴银号、福茂泉钱庄、三晋源账庄等经营借贷拨兑业务的金融机构。"这些都是由晋商祁县、太谷帮的旅蒙商号创办①"的。

乾隆初年，归化城、张家口、八沟（平泉）、乌兰哈达（赤峰）等地

---

①　卢明辉等：《旅蒙商》，中国商业出版社 1995 年版，第 154 页。

聚集商号甚多，清政府在这些城镇设立了"榷税"机构，为便于商号之间资金周转、银钱拨兑以及税金的兑付，归化城的各银号、钱铺还联合成立了"宝丰社"，社设总领一人，由各家银号和钱铺轮流担任，负责办理税银兑付、银钱拨兑以及钱市交易。嗣后，旅蒙商贾之贸易活动更为昌盛，内而漠南、漠北蒙古各部、盟、旗和新、甘、宁等地卫拉特、哈萨克诸部贸易大增；外而恰克图、尼布楚、祖鲁海图、塔尔巴哈台等边境口岸与俄罗斯、哈萨克等地贸易，与日俱增，范围愈来愈大。为解决异地银两汇兑问题，于道光初年诞生的山西票号祁、太、平各帮，先后在归化、包头、张家口、大同、北京等地设立分庄与各地早已成立的钱铺、账庄、银炉等，形成了系统而又各司其职的银钱业服务体系。

光绪以降，归化城的钱庄、银号、票号等金融业发展到了32家。其中，祁县帮的钱庄、分号就有：东义源、协和诚、谦益恒、法中庸、谦益永、德太和、义成德、瑞盛庆、谦恒永、永和号、复泉茂、万昌涌、隆昌旺、大德生、达泉胜、蔚隆泰、开亨永和账庄中兴永等18家。占当时归化城金融户数的56.3%，如果加上祁县帮的票号分号大德通、大德恒、合盛元、大盛川、三晋源、崇（存）义公等六家，那么，祁县的金融业钱庄、票号、账庄等共24家，占当时归化城金融业32家的75%，处于绝对优势地位①。

至于包头，嘉庆年间，随着其商务的兴旺发达，"各行业交易频繁，互相借贷关系日密，于是复字号的复盛公、公和源、公和泰、兴盛号、兴隆长、天兴恒等钱庄，先后在包头开设"②。所以说，有清一代，蒙古各地的金融业，是由平、祁、太为核心的晋商——旅蒙商所开创，而陕、甘、宁、青、晋、冀乃至黑、吉、辽一带商业结算清偿，普遍以太谷所创立的标期制度为结算期限，就是这种情况的明证。

再说六陈行

所谓六陈行，就是《三字经》中"稻粱菽，麦黍稷"等六谷的粮食加

---

① 参见卢明辉、刘衍坤：《旅蒙商》，中国商业出版1995年版，第152－157页。
② 渠自安：《包头的钱行业》，载内蒙政协文资委编：《内蒙古文史资料》，第33辑。

工行业。有人怀疑它是经营鸦片业的①。显然是误会了。随着"三北"地区的农业和商业的渐次发展，农作物及其加工制品的产与销，在以归化为中心的内蒙地区就成为经济活动的主要内容。其中尤以碾米、磨面为大宗。又由于这一带的碾米、磨面业多为山西人经营，故依山西的习惯用语将这一行称为"六陈行"。

最早在归化城开设的面铺业是一家名为"天怀祥"的商号。其籍贯不详。其后，陆续有40家面铺开设，至乾隆年间形成了面行，包括碾米在内。与此同时，碾米的碾房开始附带酿酒和榨油。六陈行的业务随之扩大为米、面、油、酒四大类，内部分工日趋明显，为便于管理，磨面业从其中分离出来组织起"福虎社"，碾米业同酿酒、榨油合组"青龙社"。六陈行遂包括磨面业、碾米业、酿酒业和榨油业四个行业。

米、面、油、酒是满、汉、蒙、回等各族人民日常生活共同的必需品，市场潜力大，利润厚，是归化、包头一带商人非常乐于投资的项目。因此，许多有雄厚资本的山西商人纷纷投资于斯。其中尤以祁太帮、忻州帮、代州帮、崞县帮为最。他们先后开设了德兴长、天义公、复盛元、万盛兴、德和兴，庆隆茂、三和兴、复兴泉、复顺公、聚隆昌、复顺泰、丰盛魁、天和兴、天兴魁等面铺、碾房与缸房。从1883年——1911年，除一部分老字号外，归化城仅新开的面铺、碾房和缸房就有一百余家。为了控制原料和取得利润，它们在归化、包头一带推行一种叫做"买树梢"②的收购原料方式。由于这一带的农业劳动者大多属于春来秋去的"雁行"，春种时，所带资金有限，又急需种子和农具，不得不告贷于当地经营粮食的六陈行，秋收后急于脱手手中收获的粮食，也得求助于六陈行，于是，六陈行的商人根据这一情况，即在青黄不接，农民急需现金时，应农民的请求，以其庄稼青苗抵，议定极低的价格贷款给农民，秋收后，照议定价格交粮，是为"买树梢"。或把现货以高价赊给农民，到期清偿债务。

---

① 张正明：《清代汉口的山陕会馆》，见李希曾主编《晋商史料与研究》，山西人民出版社1996年版，第439页。事实上，六陈行系根据《三字经》中所载："稻粱菽，麦黍稷，此六谷，人所食"一语之意而来，与鸦片无关。

② 参见贾汉卿：《归化城的六陈行》，内蒙政协文史委编：《内蒙文史资料》，第39辑。

这叫"期口生意"。两种方式都具有垄断性质，因此对农民有着严重的剥削。但就"雁行"农民来说，这种方式确实也提供了方便。而且，这种方式对商人来说，也有相当大的风险，如情况预测失准，则大商号因此倒闭者比比皆是，称雄于包头的祁县复字号，就曾两次遭遇过"买树梢"的挫折。然而，从当时荒凉人稀的"三北"地区来看，它还是有利于当地生产发展的。

由平、祁、太一带商人在"三北"地区经营金融业所创立的标期制度，虽然随着建国后的社会主义改造和新式金融业体系的建立而不复存在，但六陈行却永远地留在蒙古高原"三北"地方。并且，随着近代科学技术的发展，六陈行在1919年由大盛魁在筹建归化发电厂，及其以后在该厂附设面粉厂安装起第一台电动石磨，就标明是这个六陈行首先把蒙古社会生产力带入近代社会的门槛的。

伴随着平、祁、太商人的活动，由平、祁、太商人组建和支持的中路梆子戏曲也在"三北"地区十分走红。至今，"三北"地区的人民群众对于中路梆子晋剧，仍然十分喜爱。据《东河史话》一书说，平遥富商尹光禄组建的"祝丰园"戏班，在这一带演出最为频繁。每次一演就是半年。清末民初，包头的升平茶园从张家口邀请山西祝丰园剧团到包头演出。主要角色有蛮馨、夺馨、李翠芳、玉石娃娃、三盏灯、张宝魁、刘少珍、红菊花、赵天星、一声雷、陈宝林、侯仪山、张玉玺等，可谓名角荟萃，阵容齐正，"一时轰动全城。日夜人山人海，水泄不通，演了半年之久，场场满座。"

除中路梆子为"三北"地区各族人民所认同并受到欢迎外，由于晋商的人数众多，在长期交往中，使"三北"地区人民的语言也带上了山西口音，人们称它为"山西口音的内蒙话①"。

---

① 见色永芳主编：《东河史话》，天津人民出版社1993年版，第264页。

三

以晋商为主体，以平、祁、太为核心的旅蒙商在"三北"地区的商贸舞台上奋斗了三个世纪之久，它们对"三北"地区各方面的文明发展都给予了极大的影响。然而，它们的辉煌业绩毕竟已是明日黄花，而西部的大开发，则是 21 世纪全国经济腾飞的重要课题。

让我们以史为鉴，从先贤们的身上吸取毅力和勇气，在发展西部经济的同时，采用新技术，恢复和建设西部壮丽的秀美山川。

（本文写于 1997 年 5 月收入史若民编著：《平祁太经济社会史料与研究》一书 2005 年 5 月由山西古籍出版社出版发行。）

也谈近代山西烟祸

关于山西近代烟祸，《山西师大学报》曾先后两次载文论述，颇有见地；但有些问题，语焉不详；有些则有失误。为此，撰成此文，也许有助于这一问题的讨论。

一、鸦片贩运入晋与罂粟在山西种植的时间问题

鸦片走私的猖獗，烟毒的泛滥，严重地损害着中国人民的身心健康，摧毁了无数个家庭，这是西方殖民主义者强加在中国人民身上的恶疾。它的泛滥过程，是由沿海地区逐渐向内地蔓延，由达官贵人渐次向下层社会传染。山西作为一个内陆省份，也不能幸免。但它何时贩运入晋，何时在山西开始种植，与山西票号有无关系，虽说无关宏旨，但作为探讨山西近代的烟祸专题，似应交代清楚。1990 年第 1 期《山西师大学报》在《近代山西烟祸》一文中这样说："清代山西人以经商著名，遍布全国各地以至东南亚及日本的山西票号，是山西商品经济发达的标志。山西的富商大贾，一方面，促进了本省与东南沿海，甚至国外的商品贸易；另一方面，为了牟取暴利，将当时严禁贸易的鸦片，私贩入晋。设立烟馆，并传入种罂粟制鸦片的方法，早在道光初年就引起一些敏感人士的注意。"① 以上论述欠准，我看到一些材料，或许有补一二。

关于鸦片贩运入晋的时间，据《清实录》载，早在道光元年（1821

---

① 王金香：《近代山西烟祸》，《山西师大学报》1989 年第 3 期，第 38 页、40 页。

年）二月，御史郭泰成就上奏《请严禁晋省私贩鸦片烟》折。二月丁未，道光帝即有"谕内阁"，……鸦片烟一项，败坏民风，久经饬禁，兹该御史奏称"山西太谷、介休等处竟有富商大贾，贩此牟利者，著成饬属严查，将贩卖之人拏获，按律惩治"①的上谕。可见，山西地区私贩鸦片，早在嘉庆年间就开始了。到道光帝登基之后，已经发展到使清廷御史们不得不奏请严禁的程度了。据此，还可以说明，鸦片入晋确属西商贩运，但与票号并无关系。中国历史上第一家票号——平遥日昇昌，是在道光四年（1824年）成立的，其后，他们的被辞出号的经理们或许有吸食鸦片之人，但将鸦片私运入晋的始作俑者，确与票号沾不上边。

关于罂粟在山西种植的时间，文献上也有反映。道光十一年（1831年）皇帝要求内地各省查办私贩、私种鸦片。据当时山西巡抚阿勒清阿奏称："山西省尚无种鸦片烟地方。唯太谷、平遥、介休各县民人多在广东及南省等处贸易，日久沾染，颇有嗜吸之人，此烟既非晋省所产，则系来自远方。"②八年以后，情况发生变化，道光十九年（1839年），正月丙寅的一则上谕说"风闻山西地方，沾染恶习，到处栽种（罂粟）"③，说明山西种植罂粟是在道光中叶开始的，其后愈演愈烈。

二、山西"丁戊奇荒"发生的根本原因，不能仅仅归结为烟祸

《近代山西烟祸》一文，论及烟祸的影响时说：近代山西烟祸泛滥，"首先，严重影响了农业生产的发展，种罂粟可获厚利，农民往往将大量的肥沃土地种上罂粟，粮食反而种到硗瘠之地。到光绪初年，山西种罂粟土地，已占全省耕地面积的1/9。""本省粮食产量减少，省外无粮接济，加上连年干旱，终于酿成了光绪初年的山西特大灾荒。"同时，该文还综合了曾国荃、张之洞二人的言论，得出"省内广种罂粟是造成这次奇荒的

---

① 《清实录》中华书局本，（33）第265页下，（37）第979页上，第853页下。
② 中国近代史资料丛刊：《鸦片战争》（1），第446页、504页。
③ 《清实录》中华书局本，（33）第265页下，（37）第979页上，第853页下。

人为的根本原因"①。其实这个结论，仔细推敲，不无偏颇之处。第一，使用的材料不可靠。山西耕地面积当时与罂粟种植面积之比，不是9：1。查该文所依据的材料，是赵矢元同志《丁戊奇荒述略》中所引过的。赵文中说："1877年山西省耕地面积约为530万亩，有60万亩好地种鸦片，占九分之一强。"② 如果真是占1/9的好地种了鸦片，加之"省外无粮接济"，从而"造成全省1/3的人口死亡和外逃"③，当然是有道理的。但是，事实并非如此。查"丁戊奇荒"前五年，即同治十二年（1873年），山西耕地为53,285,401亩④。光绪四年（1878年），曾国荃在《申明栽种罂粟旧禁疏》中说："查晋省地亩五十三万余顷，地利本属有限，多种一亩罂粟，即少收一亩五谷"⑤。强调了罂粟夺占粮田的问题。赵矢元同志不慎，或误"顷"为亩，或误"千"作百，以致造成山西当时耕地成十倍的失误。以他所估算的鸦片种植面积60万亩计，相当于山西当时耕地5,300万亩的1/90，而不是1/9。第二，不合乎逻辑。由于实际上种植罂粟并未占那样多的耕地，所以把"省内广种罂粟"作为"造成这次奇荒的人为的根本的原因"，在逻辑上是讲不通的。事实上，从光绪二年（1876年），就开始的这场大旱，持续了三年，饿死的人数，恐怕还不止500多万，即1/3。因为光绪二年山西人口为16,419,000人，大灾以后30多年，即宣统年间，仅有10,099,135人⑥，相差600多万，难道大灾之后的30年间，人口就毫无增长吗？可见，大灾期间，饿死的不止1/3，逃亡的也不少。如果我的这种推论多少还有点道理，那么，"省内广种罂粟是造成这次奇荒的人为的根本的原因"，恐怕就更不能成立了，第三，赵矢元同志尽管所引资料有错误，但他在下结论时，还比较审慎。他说："简单地把灾荒归结于社会原因，那当然

---

① 《山西师大学报》1989年第3期，第38页、40页。
② 赵矢元：《丁戊奇荒述略》《学术月刊》1981年第2期，第67页、66页。
③ 王金香：《近代山西烟祸》《山西师大学报》1989年第3期，第38页、40页。
④ 梁方仲：《中国历代户口、田地、田赋统计》，人民出版社1980年版第380页、264页、268页。
⑤ 曾国荃：《曾忠襄公奏议》卷8。
⑥ 梁方仲：《中国历代户口、田地、田赋统计》，人民出版社1980年版第380页、264页、268页。

是不妥当的。这次大天灾，首先是自然现象的反常引起的。北方经常出现旱情，但连续三年大面积的奇旱，还是罕见的。然而，天灾又恰恰和人祸相伴随，吃人的社会制度，必然造成吃人的天灾。"① 当然，烟祸在这场奇荒所造成的灾难中，确实起了推波助澜的作用，也是无需讳言的。

三、烟祸与山西炼铁业、潞绸等的衰落

《近代山西烟祸》一文，在论及烟祸的影响时，还说到对山西炼铁业、潞绸等手工业生产的影响。诚然，烟祸在山西与在全国各地一样，不仅对吸食者本身造成危害，也影响到山西的经济，致使山西出现银贵钱贱。道光十一年（1831 年），八月丙戌的一则上谕说："以山西银钱昂贵，暂停宝晋局鼓铸。"② 这种银根紧张，制钱贬值的情况，不仅加重了农民和手工业者的负担，在山西，还加深了河东盐政的危机。因为"民间买盐用钱，商人赴汤领盐纳课俱用银。银价加往日一倍，即系以一岁完两岁之课，是病商也；若盐价照银（价），亦加往日一倍，是病民也。无怪乎国课不前，而私盐充斥矣！"③ 然而，所有这些都是烟祸对近代社会的一般消极因素。当我们探讨炼铁业的衰落时，就不能简单地把它归结于烟祸了。

鸦片战争后，西方殖民主义对于中国的经济侵略，不仅仅依赖鸦片，还依赖于它的工业品。事实上，在山西烟祸已经泛滥开来的咸丰、同治诸朝，即十九世纪七十年代以前，山西的炼铁业依然十分繁荣。仅晋城一地就有炼铁炉"千余座之多"④，此外，荫城（长治县属）、高平、阳城、沁水、平定、太原、盂县也是山西产铁中心。年产量的概数在 12.5 万吨至 13 万吨之间⑤，而且质量很高。"在欧洲的进口货（洋铁）尚未入侵以前，足有几亿的人是从凤台（即晋城）取得铁的供应的"⑥。这说明鸦片战争

---

① 赵矢元：《丁戊奇荒述略》《学术月刊》1981 年第 2 期，第 67 页、66 页。
② 《清实录》中华书局本，（33）第 265 页下，（37）第 979 页上，第 853 页下。
③ 中国近代史资料丛刊：《鸦片战争》（1），第 446 页、504 页。
④ 《中国实业志》（山西省），第 171 页（丙）。
⑤ 彭泽益：《中国近代手工业史资料》第 2 卷，第 145 页、178 页、175 页，316 页。
⑥ 彭泽益：《中国近代手工业史资料》第 2 卷，第 145 页、178 页。

以后，直到光绪登基以前的 30 多年里，烟祸尽管蔓延，山西炼铁依然繁荣。光绪年间开始衰退，究其原因，可分为三：一是由于洋铁输入，土铁受到排挤。据一份材料说：1869 年以前，山东铁货业使用的铁，大部分由山西泽州府（即晋城）供应①，此后，随着洋铁的输入，人们"遂弃土铁而用洋铁"。1869 年以后，山东手工业所使用的土铁，"几乎已经完全被洋铁所代替"②，山西炼铁业，从此开始走下坡路了；二是自然灾害的影响。正当炼铁业"深深感受到外国竞争的有害影响"③ 的时候，可怕的"丁戊奇荒"席卷三晋，一时，"百业萧条、炉数顿减大半"④，可以说，丁戊奇荒是山西炼铁业衰落的催化剂。三是封建官吏、奸胥蠹役对炼铁业的敲诈勒索。清末，慈禧垂帘，政治腐败，社会黑暗已极，贪官污吏们变着法儿敛钱。山西炼铁业，也是他们勒索的对象。"丁戊奇荒"过后，当时的凤台（今晋城）知县赖昌期，曾就劝令炼铁炉主复业一事，报告山西巡抚曾国荃。曾于批复中指出："大抵生意歇业，时势居其半，人事亦居其半"，就时势而言，"东南大乱之后，人民较稀，所用物力较少，此时势为之也。"就人事而言，"民间有利之事"，炉户不肯复业，"必为奸胥蠹役所垂涎，往往以稽查为名，假公济私"，"故民间欲为之者，必须将衙门内外人等，各予以年例、规费而后其事得行，迨其事行，而其利己无几矣"⑤。所有这些才是山西炼铁业衰落的根本原因，简单地归结于烟祸或者天灾，都欠科学。

至于烟祸与潞绸衰落的关系，当我们清楚烟祸与丁戊奇荒的关系后，这一问题也就迎刃而解了。除了洋货的排斥与封建剥削而外，天灾，则是重要原因之一。因为天旱则桑荒，桑荒则茧荒，在连续三年的大旱之后。桑荒、茧荒，潞绸生产也就成了无米之炊了。

（本文以张明为笔名发表于《山西师大学报》1990 年第 1 期。）

---

① 彭泽益：《中国近代手工业史资料》第 2 卷，175 页。
② 彭泽益：《中国近代手工业史资料》第 2 卷，第 316 页。
③ 彭泽益：《中国近代手工业史资料》第 2 卷，第 145 页、178 页、175 页，316 页。
④ 《中国实业志》（山西省），第 171 页（丙）。
⑤ 彭泽益：《中国近代手工业史资料》第 2 卷，第 145 页、178 页、175 页，316 页。

"计然之策" 刍议

"计然之策"，是春秋后期，晋国产生的杰出思想家辛文子的经济思想。然而，千百年来，对此众说纷纭。笔者就"计然之策"发表刍见，求教于方家。

一、"计然之策"的内容

《史记·货殖列传》载：

计然曰："知斗则修备，时用则知物，二者形则万货之情可得而观也。故岁在金，穰；水，毁；木，饥；火，旱。旱则资舟，水则资车，物之理也。六岁穰，六岁旱，十二岁一大饥。夫粜。二十病农，九十病末。末病则财不出，农病则草不辟矣。上不过八十，下不减三十，则农末俱利，平粜齐物，关市不乏，治国之道也。积著之理，务完物，无息币。以物相贸易，腐败而食之货无留，无敢居贵。论其有余不足，则知贵贱，贵上极则反贱，贱下极则反贵。贵出如粪土，贱取如珠玉，财币欲其行如流水"。①

"计然之策"约分三个部分，一部分是论及社会形势、天道、农业形势以及与战备有关系的；一部分是论及平粜以调动农、工、商各方积极性的；一部分是讲贸易、商品货币流通，如何猎取利润的，三者是一个有机的整体，互相为用。为便利说明，现分三个部分。

第一部分，"知斗则修备，时用则知物，二者形则万货之情可得而观

---

① 司马迁撰：《史记》《货殖列传》中华书局 1959 年版，第 3256 页。

也"。是计然从当时的现实出发，认为世界是有矛盾和斗争的，国与国之间不免要发生战争，因此，作为一个国家，为了应付突如其来的战争，就必须有所"备"。就当时而言，所谓"备"，就是备粮食、备钱、备布帛等物资。但是，这些物资也不是随时都可以备的，如果碰到歉收年，你要备这些物资，人民生活就可能受到影响。所以准备战争的物资，要选择时机。在当时，农业居支配地位的条件下，要巧妙地积蓄备战物资，就必须掌握天时的变动。这个天时的变动，就是人们按照当时的天文常识与农业丰歉总结出来的，半是科学、半是迷信的所谓：岁在金，则穰（即丰年），岁在水，则毁（即歉收）等的规律，也即"计然之策"说的"六岁穰，六岁旱，十二岁一大饥"的那个规律，去主动地预测农业丰歉以及由此而引起的谷物贵贱等"万货之情"，以便利用它巧妙地进行战时的物资准备。这是计然的战备经济指导原则。

第二部分，计然称之为"治国之道"。一个国家要长治久安，兴旺发达，有经济实力创造霸业，除需战备外，重要的还在于调动国内劳动者农工商的积极性。他的方针是："平籴齐物，农末俱利"。他说："夫籴，二十伤农，九十病末"，这里虽没有提及谷物和价格的计算单位，但也不妨碍我们对其基本意思的理解。他的意思是：如每（石）谷物只籴二十钱，会造成谷贱伤农的后果；如每（石）谷物籴九十钱，会造成因谷价高昂，而使工商户吃亏的后果。工商业者受到损失，就可能出现无制造和贩运货物的人；农夫受到损失，则会出现无人开辟田地种植五谷的情况。所以他主张通过平籴，控制谷物价格，使谷物价格上（即贵）不过八十，下（即贱）不减（不低于）三十，在国家控制的价格幅度内浮动。这样，就会使农末俱利，百业兴旺，货物源源不断，关市不至于匮乏。

第三部分，计然称之为"积著之理"。实际上就是如何进行贸易，如何获取利润。他的原则：一是"务完物，无息币"。做生意要赚钱，首先就得购买质量好、畅销对路的货物，以便容易销售出去，否则，次货难销，造成资金积压，不能周转，就无利可图了。二是"货无留，无敢居贵"。生意人手中掌握的商品，一旦价格上涨就应出手，不要"居贵"，老等更高的价格。要按照天时变动以及由此而引起的农业丰歉的规律，判断国用之有或不足，就可知货物之将贵或将贱。而且就商品来说，贵贱都是不断变化的，贵上极则反贱，贱下极则反贵。因此，他主张商人在所存商品价格已贵时，应当像抛粪土一样，毫不吝惜地立刻脱手，当物价下降时，应把便宜了的商品像取珠玉一样，尽量收购。这样，就可以在资金、货物如流水的快速周转中获得利润。

以上就是计然经济思想的基本内容。对此，范蠡称之为"计然之策"，还有人称它为"计然之术"，应当说，这也是一种尊称。至于策或术，都是一回事，并无争议。然而一提到"计然"，争论就来了。

二、关于"计然"的争论

主张"计然"为人名者，首推《汉书》的作者班固。他在《汉书·古今人名表》上肯定计然是一个人，并将其列为四等。其后《史记·正义》称："计然者，范蠡之师也"，还有引《范子》书："计然者，葵丘濮上人也，姓辛氏，字文子，其先晋国亡公子也，尝南游于越，范蠡师事之。"①

主张计然是人名，但认为计然不是晋国辛文子，而是楚国的文种者《光明日报》，1962 年 5 月 9 日。，则为赵捷民先生。其理由：一是他认为计然是文种的别名，司马迁在写《史记》时知道这一情况，所以在《货殖列传》中提计然，便不写文种；在《越王勾践世家》中，提文种，而不写计然；二是有关计然的历史记载，在很多地方恰与文种的记载相合。比如《货殖列传》中，计然有"旱则资舟，水则资车"；《国语·越语》上也有大夫种曰；"臣闻之：贾人，旱则资舟，水则资车"；《货殖列传》中范蠡说："计然之策七，越用其五而得意"；《越王勾践世家》上也有，越王曰："子教寡人伐吴七术，寡人用其三而败吴"；三是，古代传说计然是范蠡的老师，而范蠡在越灭吴后，竟直呼其名，不合礼节。

主张计然是书名，首推蔡谟，其后则有钱穆先生。钱先生列举十大理由支持蔡说，断言"范子书，别名计然"，所谓"范蠡师计然……皆子虚

---

① 司马迁撰：《史记》《货殖列传》中华书局 1959 年版，第 3256 – 3257 页。

乌有"。另外，钱先生还就"计然之策"的具体内容进行分析说。以"计然语论之，大抵言农事，言财币贸易，此乃中原李悝、白圭以后人语耳。范蠡当春秋世，何由作此论? 则《汉志》、《范蠡》，殆亦后人假托也"①。为此，胡寄窗先生以有人主张"计然"为范蠡著书篇名为由，将"计然之策"列入范蠡思想，加以论说，并说："他既是范蠡之师，把他的思想列在范蠡名下，以弟子而传师说，也还是合理的。"

三、对钱、赵二位"计然论"的意见

先说钱先生的论断。如果我对上述钱先生的论断和分析理解得不错的话，钱先生的这段议论和分析，包含两个方面的内容。第一"计然之策"的思想，即"大抵言农事，言财币贸易"的思想，是中原李悝、白圭以后人的议论和思想，也就是说，是进入战国时期，中原人的议论和思想；第二，春秋时期，地处东南，远离中原的越国，由于其落后的社会经济环境使然，越国没有产生这种思想的经济基础，范蠡乃春秋时人，又居越，不可能有此高论。有之，则为"后人假托也"。

撇开钱先生的结论不说，首先，我认为钱先生主张从一个地区的社会经济发展历史背景来判断一种思想之能否产生，是颇有见地的，是符合唯物主义认识论的。可惜钱先生没有顺着这一思路进一步深入下去。依据马总《意林》引《范子》十二卷"计然者，葵丘濮上人，姓辛氏，字文子，其先晋国之公子也"的这一说法，我们用钱先生提出的这一原则，结合晋国的社会经济发展状况，看"计然之策"有无可能在晋国产生。

春秋时期，作为中原的大国，晋国地跨今山西、河北大部地区，向西延伸到黄河西岸，向南兼有河南北部和西北部地区，最远达于汝水之滨。它的农业、手工业、商业，都远比其他地区和诸侯国发达。就农业而言，春秋后期，晋国部分地区已经使用牛耕和铁铧②，生产力显著提高。农作

---

① 钱穆：《先秦诸子系年》上，中华书局，第104、107页。
② 畅文斋等：《侯马北西庄东周遗址的清理》，载《文物》1959年第6期，第42－44
页。转引李孟存、常金仓：《晋国史纲要》山西人民出版社1991年版，第142页。

物不仅有冬小麦、水稻、粟、梁、黄豆等的种植，还有甜瓜、桃、杏、枣等干鲜水果以及葛、麻等纺织纤维植物的栽培。人们已经懂得只要施肥、中耕、精耕细作，就可以获得丰收。如晋卿赵文子就打过这样的比方："譬如农夫，是镈是芟，虽有饥馑，必有丰年。①"与农业生产相联系的粮食贸易也比较频繁。晋惠公时，秦晋之间通过渭河、黄河、汾河上的水道进行大宗粮食贸易，史称"泛舟之役②"。晋文公时，推行"轻关易道，通商宽农"的商业政策。晋悼公时，曾采纳魏绛建议，"输积聚以货，自公以下，苟有积者尽出之"③。由于粮食贸易已经是一种带有普遍性、经常性、规模较大的贸易行为，所以，战争中，有的部队竟假装成籴粮的商队④，麻痹对方，以便对敌方突然袭击，出奇制胜。

至于考古发掘中发现的晋国铜器铸造作坊、陶器作坊，可以充分说明晋国当时手工业发展的繁荣景象，恕不赘述。与农业、手工业紧密相连的商业，春秋后期已十分活跃。我们不仅在文献中可以看到"千丈之城，万家之邑"⑤、"三里之城，七里之郊"⑥、"城方八里，材士十万，粟支数年"⑦ 等有关新兴城市的记载，还在文献的记载中发现，春秋后期晋国的富商大贾已经可以和贵族一样"金玉其车，文错其服"⑧ 了。

与商业紧密相关的货币铸造，在晋国特别发达。从已经发现和见之于著录的晋国货币空首布的铸地就有：智（今山西临猗北）、武（武遂，今河北武遂）、留（今山西屯留）、示（祁字的省文，今山西祁县）、同（铜的省文），是（提的省文），铜提（今山西沁县南）、虞（山西平陆）、董（董阴，今山西万荣）、雩（大樗，今地不详），亘（今山西垣曲）、鄂（今山西乡宁）、白（柏人，今河北隆尧）、古（即苦城，今山西运城）、

---

① 《左传》昭公元年。
② 《左传》僖公十三年。
③ 《左传》襄公九年。
④ 转引《晋国史纲要》第 142 页。
⑤ 《战国策·赵策》。
⑥ 《墨子·非攻》。
⑦ 《战国策·东周策》。
⑧ 《国语·晋语八》。

宁（河南修武）、吕（山西霍县）、甘丹（今河北邯郸）① 等 14 处。

与货币铸造相联系的就是空首布的流通量，也是相当多的。建国后，随着各地基本建设的开展，原晋国境内不少地方发现了晋国货币空首布。1957 年—1958 年侯马市牛村古城遗址发现空首布 30 多枚；1958 年寿阳县上湖发现两瓮无文空首大布；1959 年侯马牛村古城遗址出土耸肩尖足空首布十二枚，其中一枚铸有"新晋共黄（斤）"五字；1963 年侯马牛村古城遗址中又发现一枚钱文为"幺金"或"邑金"的空首布；1981 年稷山县吴城村出土了二十三枚钱文为"甘丹"的空首布。尤其是侯马晋国都城新田遗址上出土的铸铜作坊遗址中，发现了大批铸钱的陶范，有的范中还带有空首布②，这些都充分说明春秋后期晋国商业的繁荣景象。应当说，这是"计然之策"经济思想产生的社会经济基础。

另外，我们在一些文献中，还可以找到有关"计然之策"中的某种思想在晋国实施情况的一些蛛丝马迹。如晋楚城濮之战前，晋国曾从三方面了解国内民众的思想状况，其中一个方面，就是商人和商业状况。因为他们害怕一旦打起仗来，商人乘机囤积居奇，大发战争财，他们的争霸战争就很难取胜了。因此，他们除了平时对商民的教育而外，战前还要对这一教育实施的情况作一检查。这次，他们了解到的情况是："民易资者，不求丰焉，明徵其辞"③，即商人们都能做到像他们曾经表白过的誓词一样，遵守国家所定的价格活动幅度，不追求过高的利润。这一史实，不仅说明了"计然之策"中的"平籴齐物"思想，早在晋文公时期就作为一种政策，在晋国施行过，也说明了晋国确曾推行过国家对物价的管理措施，否则，城濮之战前，对商民思想及商业的了解就无意义了。正由于晋国曾经在经济上实施过类似"计然之策"中的一些政策，所以，晋国的经济蒸蒸日上，左丘明称赞当时晋国的经济是："国无积滞，亦无困人。"④ 至此，

① 以上见《山西通志·金石录》；朱活：《古钱新探·布钱新探》，转引《晋国史纲要》山西人民出版社 1991 年版，第 195－197 页。
② 张守中：《1959 年侯马牛村古城东周遗址发掘简报》，载《文物》1960 年第 9 期；朱华：《稷山县出土"甘丹"空首布》载《中国钱币》1984 年第 2 期。
③ 《左传》僖公二十七年。
④ 《左传》襄公九年。

我们对照春秋后期的"计然之策",就不会感到它是无源之水,无本之木了吧。至此,我们说"其先晋国之公子",后移居葵丘濮上的计然,他在中原农业、手工业以及商业经济文化生活的影响下,有可能发出"计然之策"中的有关议论了吧。

至于赵捷民先生的论断,我是这样看的。

依据赵捷民先生的分析,计然即文种。我们知道文种是楚之郢人,后居越。楚越在春秋时期的经济状况如何,是关系到"计然之策"中的思想能否在楚国诞生的重要条件。依据钱穆先生的意见,春秋时期的越国没有产生"计然之策"中的经济思想的社会基础、经济基础。楚国是否有?司马迁在《史纪·楚世家》中没有谈到这方面的情况。《史纪·货殖列传》中谈到了楚越这一方面的情况,但所写时间是汉代时期的楚越,并非春秋时期的楚越。我们摘录于下,以便分析。

……楚越之地,地广人稀,饭稻羹鱼,或火耕而水耨,果隋蠃蛤,不待贾而足,地埶饶食,无饥馑之患,以故呰窳偷生,无积聚而多贫。是故江淮以南无冻饿之人,亦无千金之家。[①]

楚越之地的经济社会,一直到汉代仍然是一个无"千金之家"的地方,很难设想如何会产生像计然那样一位"天才的特殊性"的经济思想家。

另外,赵捷民先生列举《国语·越语》中"大夫种进对曰:臣闻之:贾人……"和《货殖列传》中的计然曰:"……"并不完全一样。因为从语气来说,一个是他听来的,一个是他自己说的,听别人说的,也可以重复别人已经说过的话,当然就有可能和"计然"的话一样了。

所以,我以为所谓的"计然之策",就是春秋后期,原籍晋国,后居葵丘濮上的辛文子的经济思想。尽管我们在计然、辛文子身上可以提出疑问,但计然为楚人文种之说,基本可以否定。

（本文发表于 1991 年《山西大学师范学院学报》第三卷第三期）

---

① 司马迁撰:《史记》《货殖列传》中华书局 1959 年版,第 3270 页。

山西票号的民间银行梦

金秋 10 月，是北京一年中最好的时节。然而对于商家来说，1914 年 10 月日昇昌票号的突然倒闭，就像一股强烈的寒流，闻之令人不寒而栗。

由西裕成颜料庄掌柜雷履泰首创的"日昇昌"票号三个金光闪闪的大字招牌，自 1824 年在平遥西大街的出现后，便意味着中国从此有了专营银两汇兑的金融机构。这对于众多商家的大宗贸易来说，在银块重量不一、成色不一、各地称量银两的砝码不一，携带又极不方便，常常不得不请镖师保护运送才能完成交易，费时、费力、又费钱且又极不安全的情况下，无疑是一次具有革命性的、很大的进步。因此，在其诞生之后的二三年间，很快就垄断了长城内外大江南北的商家银两汇兑。在此后的一个多世纪里，由于其取携方便，安全可靠，换算公平，并兼营存、放款以及贴现业务，为当时所有商家所认可，成为近代以来没有银行之名，却具银行之实的近代银行业，因而继日昇昌之后，先后有蔚泰厚、蔚丰厚、大德通、百川通等数十家票号，并在全国 110 个城镇开设 480 多家分号，左右着当时中国 14 个通商口岸的金融流通。甚至远赴俄罗斯、日本、印度、朝鲜开设分支机构，为部分国际金融流通的汇兑服务。为此，引起了国际金融界的高度重视。英国的商务领事早在 19 世纪 70 年代初，论及中国埠际贸易的周转和货款的汇付时说："包括进口洋货和出口土货在内，差不多全由中国的票号担任，山西票号几乎对中国任何地方都签发或出售汇票。"甚至像汉口这样一个转口贸易中心，"商人同外省的业务往来，也多由富裕的山西票号占先周转。"近如湖南湘潭，远至四川重庆，都是利用票号的远期汇票，清偿货款。"差不多所有运往湘潭的货物都是用期票支付的。

湘潭商号在汉口的代理人,手头并无现款,这些期票都是七天或十天之后付款,而且必定是如期照付的。""对于四川开发的期票则为三个月至半年不等。山西票号所带来的种种便利及对四川出售货物的长期信用,使外商与中国商人竞争时,产生不少困难。"① 英国商务领事对票号如此赞叹。日本的商务领事,对票号的作用和在商界的地位更是关注有加,1906年至1907年先后出版了《清国商业总览》和《支那经济全书》给予充分论述。"外国银行初来中国,与我国商人交易,款项往来,均赖山西票庄代为汇划。"② 在他们与山西票号交往过程中,深有感触。1888年,一位上海汇丰银行的经理在离开上海前,对他的同事说:"我不知道我能相信世界上任何地方的人像我相信中国商人(即票号商人)和钱庄经营人那样快,当然,任何规律都是有例外的。但是,为表示我有充分理由作这种强有力的说法,我可以提一下25年来本行(即汇丰银行)与上海的中国人作了大宗的交易,数目达几亿两之巨,但我们没有遇到过一个骗人的中国人。"③

　　山西票号在近代中国银行没有成立之前,在工商界的作用与成就是巨大的,其诚信是尽人皆知而辉煌的。即使在1895年通商银行成立后,以及1905年大清银行成立后的一段时期内,票号在工商界的作用,银行也无法代替。

　　然而,时局在不断发展,形势亦日益变化。外国银行渐渐深入内地,中国通商银行以及大清银行和各省地方官银钱局、号的设立,使票号昔日的业务被抢去大半,银行纸币的发行,又使专营银两汇兑起家的票号业务失去不少。加之,甲午、庚子两次对外大赔款,国内银根紧张,各地金融风潮迭起,一遇到账,外国银行持其国力,大清银行挟其政权,均能不蚀其本。唯票号纯系信用放款,一旦倒欠,本息皆空。在此情况下,票号所在各商埠的经理们都觉得应当顺应时势,进行内部改革,合组大银行,以

---

① 汪敬虞:《外国资本在近代中国的金融活动》,人民出版社1999年10月版,第187页。

② 中国人民银行、山西省支行、山西财经学院编:《山西票号史料》,山西人民出版社1990年版,第72页。

③ 中国人民银行、山西省支行、山西财经学院编:《山西票号史料》,山西人民出版社1990年版,第74页。

便在新形势下生存发展。在这方面的代表人物，是时任蔚丰厚票号京都分号经理的李宏龄。1908 年，他在对 20 世纪初票号的危机作过详尽的分析，说："我晋向以善贾驰名中外，汇业一项，尤为晋商特色……乃自甲午、庚子以后，不唯倒欠累累，即官商各界生意日渐萧疏，推原其故，固由于市面空虚，亦实以户部及各省银行次弟成立，夺我利权。而各国银行复接踵而至，出全力以与我竞争。默记同行二十余家，其生意减少已十四五，存款之提去十之六七也。即如户部银行所到之处，官款全归其汇兑……我行存款至多四厘行息，而银行之存款可得五六厘，放款者以彼利多，遂提我庄之款移于彼处。彼挟国库，藩库之力，资力雄厚，有余则缩减利息，散布市面，我欲不减不得也；不足则一口吸尽，利息顿长，我欲不增又不得也。彼实司操纵之权，我时时从人之后，其吃亏容有数乎？至于外国银行，渐将及于内地，所有商家贸易，官绅存款，必将尽力所夺，外人之素习商战，则非我所能敌，试问届时，我行尚有何事可做乎？"[1] 为此，他与当时在京的山西籍京官渠本翘商量，动员各票号分号经理写信给平遥总号，希望合全行之力组织一大银行，以应付未来之竞争。得到了所有在外经理的响应。一时间汉口、重庆、广东、奉天、兰州、成都等票号分号纷纷写信，恳请总号的总理到各商埠走走，看看各地的形势发展，以便改弦易辙，合组银行。岂知各票号之总号总理一向坐享清福，大多顽固守旧，不了解世情，盲目乐观，面对各地雪片似的信函，异口同声的呼吁，不唯无动于衷，反而对倡导合组银行的李宏龄产生了怀疑，甚至对其进行人身攻击。时任蔚泰厚总号总理的毛鸿瀚，说李宏龄倡导改组银行的行动，是"自谋发财"，放言"如各埠再来函劝，毋庸审议，经束高阁可矣。"[2]

票号改组银行，本是轻车熟路。加之，百年以来的信誉，更是开办银行的无价之宝，将票号合组为银行是极有可能的事。难怪 1903 年袁世凯以直隶总督兼北洋大臣的头衔邀请山西票号加入天津官银号；难怪 1904 年户部尚书鹿传霖奉谕组织大清户部银行时，邀请山西票号投入股份，并请票号出人组织。其时票号经理多数赞同，然总号总理们出于对清政府的疑

---

① 李宏龄：《山西票商成败记》，民国六年太原监狱石印本，第 2 页。
② 李宏龄：《山西票商成败记》，第 5 页。

惧，在接到邀请函后，不唯不加入股份，连人位也不允参加。① 两次丧失了组建银行的大好时机。此次，李宏龄等各分号经理的呼吁更是那些一向坐享其成，顽固守旧，不谙世情，盲目乐观的总号总理们不能理解的。又由于票号实行的是总号总理独裁制，所以，在平遥帮票号有相当实力的蔚泰厚总号总理毛鸿瀚，一言九鼎，遂断送了票号改组银行的又一次机会。

票号合组银行不成，在竞争激烈的 20 世纪初，身孤力单，再也经不起任何金融风潮的袭击。此后"未及三年，辛亥（1911 年）事起，商务破坏"②，一时间，票商外欠则处处倒账，欠外则人人提款，加以各省纸币折收，票号受到重创，然而深知信誉重要的票号中人，为维护近一个世纪以来由票号同仁共同努力形成的"令名达于五洲，信义著于四海"③ 的辉煌信誉，在放款收不回来，存款纷纷逼提的情况下，仍然坚持恪守协议，对于存款者，有提必予，号中所存之实银，遂被提取一空。

民国成立后，随着形势的剧烈变化。一些原来坚决反对合组银行的票号总理，这时也翻然醒悟。原来攻击李宏龄倡组银行的毛鸿瀚，此时也来了个180度大转弯。其时，正好有当时社会名流梁启超从日本返京，于是，票号之在京各分号于 1912 年 10 月 28 日晚 6 时，联合宴请梁启超，希望借梁启超之大名给再次合组银行的山西票号以鼓动。④

然而，时不可失，机不再来。与 1908 年时相比，此次合组银行的客观形势与条件毕竟是大不相同了。那时，虽说危机四伏，但信誉仍然很好，前途虽有危险，但家底都还殷实。因此，当时筹办银行的资本，"每家仅出三五万，即有百万股本云集"，"三五年后，再招三五百万，似有把握"。⑤ 此时，即 1913 年上半年，袁世凯刺杀宋教仁案发生，国民党起而反抗，一时粤、赣、皖、湘四省独立，袁世凯大兵南下，形势十分紧张。对于向以"北存南放"为其特色的票号来说，南放之款，纤发难收；北存

---

① 史若民：《票商兴衰史》，第 345 页。
② 李宏龄：《山西票商成败记》序。
③ 史若民：《票商兴衰史》，第 333 页。
④ 史若民：《票商兴衰史》，第 347 页。
⑤ 李宏龄：《山西票商成败记》，第 18 页。

之款，处处逼提。所有票号都遇到了一个共同的问题，就是银根奇紧，账面盈余。看起来还有六百四十余万，① 而号内实银，即使千数百两的小数，也不易周转。因此，筹设大的汇业银行，其周转资本就成为一大难题，不得已由政府出面，息借奥地利法郎三千万，言定三十年还清。② 不料，第一次世界大战爆发，借款失败。合组大银行的梦想就这样化为泡影。

就在欧战爆发借款失败之际，1914 年 10 月，山西票号的祖师爷"日昇昌"票号倒闭了。真可谓"屋破偏遭连阴雨，船漏又遇打头风"，辉煌一个世纪的山西票号，从此风光不再。

这时年近古稀的李宏龄，听到日昇昌票号倒闭的消息后，禁不住悲从中来。他不由自主地把几年前倡导票号改组银行的往来信件翻检出来，编为二册，一曰《同舟忠告》，一曰《山西票号成败记》。回忆往事，思绪万千，感慨良久，仰天长叹："呜呼，盛衰之理，虽曰天命，岂非人事哉！"③ 耿耿之情，难以自己。

（本文发表于南方日报报业集团主办的《精英男性杂志·mangazina 名牌》2005.8）

---

① 史若民著：《票商兴衰史》，第 348 页。
② 史若民著：《票商兴衰史》，第 349 页。
③ 李宏龄：《山西票商成败记》，第 177 页。

晋商历史三段论

——兼谈荀子之儒的儒商义利观

晋商大院，是晋中旅游文化项目中的一个大项。它的宣传无疑对于晋商在国内外的知名度及其影响力的提高，起着十分重要的作用，可喜可贺。然而，对于许多不了解晋商历史的人来说，却产生了一种误解。他们读了一些文章，听了一些解说，看了一些方志，就误以为晋商的源头大概是在晋中。有些人甚至还产生了这样的结论：由于晋中地少人多，一些在家乡生活无着，实在过不下去的穷小子，不得已而走西口，从此开始了晋商的辉煌历程。其实这才是只知其一，不知其二，真是天大的误会。第一，它的源头既不是从走西口开始的，它的策源地也不是晋中。晋中汾、太商帮的崛起，则是后来的事。晋中汾、太商帮的辉煌，特别是平遥商人雷履泰于1824年创办了专营银两汇兑的票号业，则是晋商发展史上第三阶段的标志。至于晋商第一、第二阶段的标志是什么，它的代表性的商帮有哪些？也有必要进行研究并予以交代。本文试图在这方面做个粗浅的探索。为此，这里有必要重复我在《平祁太经济社会研究》一文中曾经说过的话："提起晋商，人们就会想起明代万历年间有位名叫王士性的进士，他写了一本叫做《广志绎》的书，书中说'平阳、泽、潞富商大贾甲天下，非数十万不称富。'如果仔细玩味，这里说的晋商，是指山西的平阳（今临汾地区）、泽潞（今晋东南地区）一带，并未提及晋中的任何一县。另一位也是明代万历年间的人士，名叫谢肇淛，他在其所著《五杂俎》中说：'富室之称雄者，江南首推新安，江北则推山右……山右或盐，或丝，或转贩，或窖粟，其富甚于新安'他说的山右，也是山西，但其具体所指，也是产盐、产丝的晋南和晋东南，即平阳府、泽州府、潞安府一带。显然与晋中地区无缘，与晋中的平、祁、太三县更不沾边。"从这两位人士的记录来看，明代万历以前，晋商在国内已经是很有势力的商帮，其实力远在新安（即徽商）之上，而晋中的汾太商帮，在晋商中还没有形成气候，至少还没有能够引起当时人们的注意。当时，在国内有一定影响，而势力大者，则是平阳商帮及其府属的蒲州商帮。所以说，晋商的源头，不是走西口。晋商的策源地，亦不在晋中。实实在在地说，它的源头和策源地，是在平阳府，即今天的临汾、运城一带。这里不仅商业发达得早，而且还是中国商业经营理论的诞生地，不仅是历代"中国"①的"中央政府"，最早制定正确的农工商政策，即"农末俱利"的地方。还是荀子之儒的儒商"利以义制"的发祥地。现分述如下。

一、中国商业的源头和经营理论的诞生地

《史记·货殖列传》中有言："虞夏以来，耳目欲极声色之好，口欲穷刍豢之味，身安逸乐，而心夸矜埶能之荣使。俗之渐民久矣，虽户说以眇论，终不能化。"用现在的话说就是：从原始社会末期，舜帝让位于大禹，大禹的儿子启建立夏朝以来，随着时间的推移，生产力的渐次提高，物质的渐次丰富，日常生活用品有了可供选择的条件，人们提高生活质量的欲望，也就水涨船高了。为了满足生活的需要，人们通过商业交换，以有易无，已经形成了一种爱听好听的，爱看好看的，爱用好用的，爱吃好吃的，喜欢炫耀自己的社会风气。这种社会风气，是社会进步的表现。即使挨家逐户宣传，再让人们回复到此前那种"临国相望，鸡狗之声相闻……老死不相往来"②的，朴素的，自然的，有点

---

① 尧舜禹时代的中国，指的就是晋南一带。舜即位要"之（到）中国"的"中国"，正是今天中国一词的最早来历。见苏秉奇：《华人、龙的传人、中国人》，转引《平阳方志》，2005年2期，第8页。
② 《史记·货殖列传》。

原始的社会生活，是再也不可能了。这种商业交换发展到如此水平的地区，正是大夏之墟—尧舜禹活动的中心地区—晋西南一带。依据这一记载，说这里是中国商业的源头，大概不会有错误吧。这里也是春秋时代，晋国的政治、经济、文化的中心地带。据考古发掘，今日襄汾的陶寺遗址（距临汾市 18 公里），是迄今为止黄河流域发现的龙山文化时代（即尧舜禹时期）的最大的城址，距今约 4400 年左右。椐曲沃天马—曲村遗址考古发掘证明，晋国从始封到东周初年，其国都均都于此。所谓晋国国都曾三迁之说，都没有考古学上的根据，而通过考古确认的，只有公元前 585 年晋景公迁都新田（即今侯马市）。晋之新田，承传了景、厉、悼、平、昭、顷、定、出、哀、幽、烈、孝、静十三公。加上在翼、绛（即今翼城城关苇沟—北寿城和故城村两处大型晋文化遗址）建都的叔虞、燮父等十二侯和武公、献公，晋国共承传 37 世，约计 600 多年。迨止公元前 403 年，韩赵魏三家分晋为止①，这里都是晋国的政治、经济、文化中心。我们要研究的晋商，正应当从这里开始。在这大夏之墟，不仅有着华夏民族的共同祖先，尧、舜、禹的生活及活动历史遗迹，而且有着人们日常生活必需品的食盐。它为商人们提供了最早的大宗可以交换的商品。早在春秋时期，这里就出现了以经营食盐和畜牧业而致富的巨贾猗顿，众多的商人，频繁的贸易活动，当然也就为商人在长期贸易活动中，总结经验，提供了方便。加之长期的争霸战争，使晋国人才辈出，"天才的特殊性"② 人才，"计然之策"的提出者辛文子，就是出自晋国的一位商业经营理论家。他的"知斗则修备，时用则知物"、"旱则资舟，水则资车"，"农末俱利，平籴齐物"等备战、治国理论；他的积著之理："务完物，无息币，以物相贸易，腐败而食之货无留，无敢居贵。论其有余不足，则知贵贱。贵上极则反贱，贱下极则反贵。贵出如粪土，贱取如珠玉。财币欲其行如流水"③

---

① 景元祥：《晋文化浅谈》，转引自《平阳方志》，2005 年 2 期，第 24 页。

② 胡寄窗语。

③ 《史记·货殖列传》。

等经贸方面的经验总结，就是当时的商业经营理论，这不仅在当时是最先进的经营理论，至今仍有现实意义。另外，由于晋文公上台后，推行了一系列改革，比如，有关工商业贸易的"工商食官"政策，"轻关易道，通商宽农"政策，① 以及其后继者晋悼公进一步推行的"公无禁利"② 政策等，使晋国的私营工商业，取代官商地位而迅速发展起来。其国都绛邑，甚至出现"金玉其车"，"文错其服"，"能行诸侯之贿"③ 的富商巨贾。左丘明称赞当时的晋国经济是："国无积滞，已无困人。"④ 这说明，这时的晋国，无论官营的工商业政策，抑或是私营的工商业政策，已经是很先进了，商业经营理念也很进步了，农业和工商业的社会地位，所谓"农末俱利"，也处理的比较恰当。三家分晋后，晋国虽说从此绝祀，但韩、赵、魏文化同根同源，它从华夏文化的中心地带扩展开来，发展下去，使这种情况一直持续到汉代。刘邦即位之初，社会经过长期战乱，城市人口散亡，经济凋敝。商贾乘机囤积居奇，操纵物价，物价腾贵，米至一万钱一石，马一百金（一百万钱）一匹。国家财政十分困难。这种情况，对于刘邦稳定社会秩序，巩固封建统治是很不利的。因此，他采取了"重农抑商"政策：复员士卒可给予土地和宅舍，逃亡人口回乡"复古爵田宅"⑤，减轻田租（税），十五税一，解放奴婢，鼓励农业生产。而对于商人却采取了相反的措施，"令贾人不得衣丝乘车，重租税而困辱之。"⑥，规定：商贾及其子孙不得为官吏；商贾不得拥有私有土地（按：商贾"不得名田"事，虽见于武帝以后的记载，当始于刘邦时）；商贾不得穿锦、绣、绮（chi）、纻（zhu）、罽（ji）、等名贵的丝、葛、毛织品，不得乘车、骑马，携带兵器；加倍征收商贾的算赋。同时，于迁徙"六国强族"之

---

① 《国语·晋语四》。
② 《左传·襄公九年》。
③ 《国语·晋语八》。
④ 《左传·襄公九年》。
⑤ 《汉书·高帝纪下》。
⑥ 《汉书·食货志》。

机，把不少大商人也迁至关中①，予以控制。其结果是"邑里无营利之家，野泽无兼并之民"，② 生产力的发展，显然是停滞不前了。后来，汉武帝又"罢黜百家，独尊儒术"，士之做官，成为必然。从此，士农工商的四民序列，开始形成。商人这个处于对生产力发展极具刺激性和挑动性位置的社会群体，其社会地位才降到末位。此后，历朝历代，不管其工商业政策有何变化，只要是封建专制统治，商人的社会地位，始终处于最末一等，法律上受到诸多限制。致使中国千百年来生产力的发展，一直处于徘徊不前的停滞状态。这与晋国推行的"农末俱利""公无禁利，"从而能使春秋时期的晋国，乃至战国以后的一段时期内的生产力发展，突飞猛进的情况，完全相反。由此可见，中国最早有关商人、工商业发展的正确的政策策源地，是在大夏之墟的晋国。是在以绛、翼、新田为政治、经济、文化中心的晋国国都所在地。即现在的临汾地区所辖范围之内。而晋国公子辛文子提出的"积著之理"则是我国最早的商业经营理论，"农末俱利"和晋悼公实施的"公无禁利"，它们既反映了商人的经营理念和要求，也反映了当时政府鼓励私营工商业发展的正确政策。是晋商在中国经济发展史上所做的第一个重大贡献。也是晋商发展史上，第一阶段最为光辉的标志。

二、"利以义制"，"虽利而不污"，儒商义利观的发祥地

义与利，是中国传统文化中争论最多的一个话题，古圣先贤在修身养性、培育道德方面首先要解决的就是这个问题。自从孔子说了"君子喻于义，小人喻于利"之后，义利之辩就成了君子与小人的分水岭。经过千百年的辩论、发挥，到了宋朝理学家的时代，更是将"义利之异"完全对立起来。认为非此即彼，难以两存。在他们看来，所有经商谋利的人，都成了小人的代名词。这种状况，在那"史无前例"的

---

① 《汉书·娄敬传》。
② 《东观汉记·杜林传》。

年代更是演绎到了极致。农民出卖自己的农产品往往会被称为奸商或投机倒把份子。要求农民要成为为革命而种田的纯粹的农民。其实，这种非此即彼的认识，不仅在方法上有欠妥当，在实践上更是荒谬。何况，在中国的古圣先贤中，对于上述论断持否定意见者，大有人在。原籍临汾地区安泽县的荀子就是其中佼佼者。他说："义与利者，人之所两有也。虽尧舜不能去民之欲利，然而能使其欲利不克好义也。虽桀、纣亦不能去民之好义也，然而，能使其好义不胜其欲利也。"[1] 用现在的话说，就是：义与利，是人们都有的两种欲望，即使尧舜在世，也不能去掉人们的利欲之心，但是，他们却能使人们的利欲之心得到控制，而不胜过好义之心；即使是桀纣在世，也不能去掉人们的好义之心，但是，他们却能使人们的好义之心，胜不过利欲之心。显然，在"义利之争"的看法上，荀子与孔子是有区别的。他认为就某一个具体的人而言，义与利是可以集于一身的。谋利者未必不可以为君子，好义者未必不可以是小人。这就为商人们追求自身社会地位的改变，从理论上给予了有力的支持。

　　诚然，在商人这个群体中，由于有些人见利忘义而遭到人们的批评，专制的封建皇权主义者又因商人势力的发展，不利于其独裁统治，而在法律上给予种种限制。然而"天下熙熙，皆为利来，天下攘攘，皆为利往"。只要历史在前进，那么，无论贫富贵贱，由于受利益的驱动，都在为这个商人群体增兵添将。所以禁止归禁止，限制归限制，但都只能得逞于一时，而不能疯狂于一世。它们在历史的巨轮面前，都不能不被碾得粉碎。而商人们在禁止反禁止，限制反限制的过程中，也在逐步地认识自己，提高自己。为自己的事业和社会地位而奋斗。所以，作为商人，一是如何才能使人们相信自己的服务是可靠的，自己的商品质量是一流的，这是关系到自己的商业信誉、关系到自己的事业生命能否绵延久远的问题；二是如何才能克服由于专制皇权的限制、压制，乃至禁止，在社会上形成的商人社会地位低下，就连商人群体做人的自信

---

[1] 《荀子·大略篇》。

心，也受到伤害，从而使商人们能够挺起腰杆，堂堂正正地从事商业活动，特别是宋代以来出现的"天子重英豪，文章教尔曹；万般皆下品，唯有读书（实际上是士人高）高"的社会风尚，使得商人这个群体，必须解决"处财货之场""虽利而不污"，并能像士人那样"修高洁之行"，从而赢得社会的尊敬，成了这个商业群体教育的大问题；如何使这个群体认识到自己从事的事业、提供的服务不仅在人们的社会生活中是必需的，在人们的精神世界里也是高尚的；如何使人们对于商的认识能够恢复到司马迁所说的"商不出则三宝绝"的水平，则是商人群体需要解决的又一个问题；在这种情况下，元明以来，各地的商业世家，都在试图从理论上能给予回答。尤其是明代，这方面的手抄本商业教科书多如牛毛，然而能够经典地解决这一问题的论述，只有平阳府的蒲州商人王现。

王现，生于明代中叶的成化、弘治、正德（1469年—1523年）年间，字文显，号噫庵子，山西平阳府蒲州人。其父王馨是个小官吏，生五子，现为长，应试失败后，改志经商，活跃于西域、四川及江南各地，以此蓄财，抚养幼弟。他把他多年经商实践的感受和心得总结起来，教育子弟。其名言是："夫商与士，异术而同心。故善商者，处财货之场，而修高洁之行，是故虽利而不污；善士者，引先王之经，绝货利之行，是故必名而有成。故利以义制，名以清修，各守其业，天之鉴也。如此，则子孙必昌，身安而家肥也。"[1] 这种把善商和善士，看作是异术而同心，同等并列，不仅是对专制社会"官本位"，"士为最"的一种蔑视，而且为商人群体的做人、做事，提供了强有力的理论依据和精神支柱。这种理论正是荀子的"义利之辩"在商业社会群体中，为争取其自身社会地位的提高而提出和实践的。它不仅对于区域性商人群体的发展有指导意义，对于当时全国的商人群体以及工商业的发展，都具有极其重要的推动作用。明末，著名的思想家黄宗羲在此基础上进

---

[1] 李梦阳：《明故王文显墓志铭》，《空同集》卷44。

一步提出了"工商皆本"① 论，这对于"崇本抑末""贵士贵农"的传统社会风尚的否定，可以说是开了先河。至此，说儒商的发祥地以及儒商地位理论上的确立，是从山西平阳府开始的，则是理所当然了。这是晋商发展史上的第二个阶段的标志，也是晋商在中国商业发展史上所做的又一巨大贡献。不过，这里应当指出的是：这里所说的儒商并不是孔子之"儒"，而是荀子之"儒"。

此外，平阳府的蒲州商帮在明代不仅为中原农耕地区和北方游牧地区的物资交流做出了巨大的贡献，同时也为北方游牧民族和中原农耕民族的和平发展做出了巨大的贡献。在这一巨大贡献中，尤其值得指出的是：晋商发展的第三阶段，晋中商人的崛起，都与之密切相关。

众所周知，中国北方的游牧强族，从秦汉以来就是匈奴、突厥、鞑靼、瓦剌依次为患。如何解决与北方游牧强族的和平共处问题，是历代王朝的大事。由于北方的强族是以畜牧业为主，他们的生活用品一部分是靠其畜牧业自给，一部分则是靠战争掠夺，对于畜牧民族来说，"胡服骑射式"的战争掠夺，就是他们的生产方式。千百年来，农耕区的汉族，就是他们这种生产方式的掠夺对象。为此，历代中原汉族王朝，在其政权确立伊始，就不得不为防止游牧民族的战争掠夺而进行战争，至今留存的万里长城，正是这一历史事实的见证。对于这一矛盾，本来完全可以通过商贸途径得到双赢式的解决，然而，自秦汉以来直至明朝隆庆，中间，除元代大一统之后的 90 多年外，没有一个王朝能通过商贸比较好地解决这一问题。直到明王朝的隆庆年间，由于商业世家出身的官员的参与，才使这一问题得到了比较妥善的解决。其主要参与者正是出生于蒲州的富商张家与王家的大官僚。

张家，系指时任吏部侍郎的张四维家。王家，即前述之王现一家。为叙述方便，先说王家。

王现的父亲王馨是位饱学之士，于明弘治时曾任邓州学正。其弟王瑶迫于生计，于明弘治时，便在今河南邓县、方城、陕县以及今湖北襄

---

① 黄宗羲：《明夷待访录》，财计 3。

樊、甘肃之张掖、酒泉，江苏之淮安、苏州、吴江，浙江之吴兴等地贸易，"往返数年，资乃复丰。"算是个成功的商人。同时由于他生财有道，行货敦义，经商途中，又"手不离简册"，遂被后世称作儒商。其侄王现，本拟读书仕进，失败后"乃出为商。"前述"利以义制"正是他为商 40 余年来的经验总结。王现之侄、王瑶之长子王崇义系盐商，王现之侄、王瑶之三子王崇古，嘉靖二十年（1541 年）进士，隆庆时任宣、大、山西的三边总督，是其时解决蒙汉贸易问题的关键人物。

张四维的父亲张允龄，是个大商人。其叔张遐龄亦曾是足迹半天下的商界人物。然身在商界，但视财利甚轻，笃信重义。尤其是允龄，南北所至，为众商所敬服。允龄妻王瑶之二女、王崇古之姐生四维、四端、四教、四事、四象、四隅、四术、四岳、四臣共九子。长子张四维（1526 年—1585 年），嘉靖卅二年（1553 年）中进士，出任京官时，迎其父居京师。允龄才得以闲适。次子四端，其妻李氏的祖父李季曾从商于"兖（今山东兖州）豫之间"。三子张四教，年 16 便随父经商，在经营长芦盐业时，识量宏达，综计精确，熟悉盐务分布、调度，具有操纵能力，商才崭露。父居京师后，四教执父业，经营大为成功，资产十倍于初。五子原配王氏，续取范氏，其娘家都是商人。范氏之祖父范世逵更是著名盐商。正是由于这样一个商业世家，又是大官僚家族的参与，解决北方游牧民族与中原农耕民族之间的矛盾才有了可能。

事情是这样的。

朱明王朝推翻元蒙统治之后，尽管汉、蒙两族统治集团经常处于对立状态，但汉、蒙间的经贸往来，并没有因此而停止，还是迂回曲折地继续发展着。比如，建文四年（1402 年），燕王朱棣就曾遣使谕兀良哈、鞑靼诸部："商贾往来，一从所便"。永乐三年（1405 年），明朝在开原和广宁开设马市，后虽一度中断，但正统三年（1438 年），又在大同开设马市，次年，由于"土木之变"而再次中断。至天顺年间（1457 年—1465 年）又渐次恢复。后因蒙古达延汗与明朝发生战争，遂废止。这种边境贸易的废止，给蒙民生活造成了极大的困难，致使"爨无釜，衣无帛"，①"饥困易子而食"②。终于酿成了蒙古俺答部于嘉靖二十九年（1550年）长驱直入，逼近北京，威胁朱明朝廷的"庚戌之变"。明政府被迫答应通贡，并于次年开大同镇虎堡、宣府新开口堡和延宁马市。然而这种被动的开口通市，终归使大明天子有失体面。因此不久，于嘉靖三十一年（1552年），明政府又借故停止。这种情况，不仅进一步加剧了蒙民生活的实际困难，同时，对于从事蒙、汉之间沿边贸易的商家，也十分不利。明穆宗隆庆四年（1570年），俺答汗的孙子把汗那吉，由于家庭不和离家出走，直奔大同，归附明廷。这使俺答汗十分着急。于是出身晋商世家，时任宣、大、山西三边总督的王崇古，和大同巡抚方逢时，从国家和民族的长远利益出发，利用有利时机，因势利导，厚遇把汉，以便以把汉为人质，使俺答就范。俺答自思与明朝为仇五十年，其孙既到仇者之手，绝无生还之理。其妻一克屯哈，朝夕啼哭，俺答束手无策。及至其使者到大同，看到把汉"绯袍金带"，当了明朝的指挥使。③ 俺答得知大喜。遂向宣大总督表示，只要放归把汉，他将永远与明修好，并要求与明互市。对此，王崇古上奏朝廷，提出了"封俺答、定朝贡、通互市"等八条奏议。

俺答这种明显的修好表示，并不能消除大明天子的震怒。世宗皇帝在嘉靖三十一年（1552年）处理"庚戌之变"的大将军仇鸾时，曾追戮其尸，传首九边，立制"复言开市者斩。"面对这样的政治形势，谁还敢再言互市。王崇古的条奏，必然引起朝廷的严重争论，甚至于招来杀身之祸。而王崇古敢于提出上述八条，是从当时明、蒙形势实际考虑的。他说："先帝既诛仇鸾，制复言开市者斩，边臣何敢故违禁旨，自陷重辟？但敌势既异昔强，我兵亦非昔怯，不当援以为例，夫先帝禁开马市，未禁北敌之纳款。今敌求贡市，不过如辽东、开原、广宁之规，

---

① 瞿九思：《万历武功录》卷8，《俺答汗列传》下。
② 方逢时：《大隐楼集》卷11，《与工部谢侍郎论边事书》。
③ 《明史·王崇古传》中华标点本，第19册，第5840页。

商人自以有无贸易，非请复开马市也。俺答父子兄弟横行四五十年，震惊宸严，流毒畿辅，莫收遏刘（虏）功者，缘议论太多，文网牵制，使边臣无所措手足耳。昨秋，俺答东行，京师戒严，至倡运砖聚灰，塞门乘城之计。今纳款求贡，又必责以久要，欲保百年无事，否则治首事之罪。岂惟臣等不能逆料，他时，虽俺答亦恐能保其身，不能制诸侯于身后也。夫拒敌甚易，执先帝禁旨，一言可决。但敌既不得请，怀愤而去，纵以把汉之故，不扰宣、大，而土蛮三卫岁窥蓟、辽，吉能、宾兔侵扰西鄙，息警无时，财力殚拙，虽智者无以善其后矣。昔也先以克减马价而称兵，忠顺王以元裔而封哈密，小王子由大同二年三贡，此皆前代封贡故事。夫揆之时势，既当俯从，考之典故，非今创始。堂堂天朝，容荒服之来王，昭圣图之广大，以示东西诸部，传天下万世，诸臣何疑惮而不为耶？"① 这种能在总结历史经验教训的基础上，提出十分理性的治边方略，实在是难能可贵的。并由于王崇古的忠贞体国，侠肝义胆，堂堂正正的条陈理由，终于在两公和三十七位朝臣参与的廷议中，赞成者成为多数。加上阁臣大学士高拱与其外甥张四维的关系，因此得到高拱的有力支持，才使王崇古的条陈得以成功。据《明史·高拱传》载：高拱是明穆宗隆庆皇帝的老师，明穆宗未登基前居裕邸时，高拱做过他九年的侍讲，王曾手书"怀贤忠贞"四字赐高拱。亦受其父皇嘉靖的赏识，到明嘉靖四十五年就由礼部左侍郎、吏部兼学士、礼部尚书进而拜文渊阁大学士。嘉靖去世后穆宗登基，进高拱少保兼太子太保，隆庆三年（1569 年），又召高拱为大学士兼掌吏部事。高拱熟习政体，负经济才，其在吏部时，就搜罗各种人才，特别是对于边事及军事人才更是重视，曾说"兵者专门之学，非素习不可应卒……凡边地有司，其责颇重，不宜付杂流及遣陟者，皆报可，著为令。"② 所以说，高拱是隆庆皇帝的宠臣。高拱的话，隆庆帝是能够听得进去的。而其外甥张四维，是嘉靖三十二年（1553 年）进士，受其舅的影响"习知边

---

① 《明史·王崇古传》中华标点本，第 19 册，第 5841－5842 页。
② 《明史·高拱传》中华标点本，第 19 册，第 5640 页。

务，高拱深器之。拱掌吏部，超擢翰林学士。甫两月，拜吏部右侍郎。俺答封贡议起，朝右持不决，四维交关于（高）拱，款事遂成。"① 这些记载都说明王崇古、张四维、高拱在这次和议中所起的重要作用。和议成，于是，封俺答为顺义王，名所居城曰"归化"，② 即今天的呼和浩特市，是为内蒙古首府之由来矣。"自是边境休息，东起延、永，西抵嘉峪七镇，数千里军民乐业，不用兵革，岁省费什七，诏进（王崇古）太子太保。"③ 可见，晋商平阳帮，在明代为解决千百年来蒙汉之间、草原游牧民族和中原农耕民族之间的矛盾，是起了十分重要的作用。然而，有些研究者一提起这一事件的成功，总喜欢把张思维、王崇古与高拱、张居正的关系说成是商人家族对政府官员行贿受贿，政以贿成的关系，这实际上是一种俗而又俗的议论，他们不仅没有从当时国家、民族的发展状况以及历史发展的使命来考察这一事件，甚至于连基本的人本思想观念都不曾顾及，似乎商人家族出身的官僚，心中只有商业上的利益，而没有国家民族的整体观念，这实在是对先贤忠贞体国的高尚情操的大不敬。

三、汾太商帮的崛起与山西票号的创立

自从封俺答以后，边境贸易繁荣昌盛，边疆居民安居乐业。正如方逢时在万历五年（1577 年）所说："八年以来，九边生齿日繁，守备日固，田野日辟，商贾日通，边民始知有生之乐。"④ 晋中地区以其地理之便，从此肩负起了南北物资交流的中转站，晋中商人由次以兴。他们纷纷到长城沿边参与贸易。一时大同、张家口等沿边地带到处都有晋商活动，而忻、同、汾、太之商贩尤多。从隆庆五年（1571 年）封俺答，通互市后，到天启三年（1623 年），短短五十余年，太谷阳邑一镇，在

① 《明史·张四维传》中华标点本，第 19 册，第 5769 页。
② 《明史·王崇古传》中华标点本，第 19 册，第 5842 页。
③ 《明史王崇古传》中华本，第 19 册，第 5843 页。
④ 《明史》中华标点本，第 19 册，第 5846 页。

长城沿边之保安州（涿州）就有数十户商号，为解决银两运输，已经有商号兼营汇兑了。其中，天启三年（1623年），杜希礼等八位会银纠首，一次由保安州给太谷阳邑寺汇银32两7钱①，就是明显的例证。入清，随着大清王朝的建立，内蒙之六厅并归山西，晋中商人利用地理之便，赴内外蒙古经商，更是前赴后继，不绝如缕。好做的蒙古生意，更使汾太商帮占尽先机。经康熙王朝五六十年的发展，晋中商人在草地经营商业，已经有了相当可观的基础。至雍正五年（1727年），随着中俄中段边界《恰克图条约》的签订，双双在恰克图建立起商场。中俄商人蜂拥而来，贩茶贩烟，呢绒绸缎，牲畜皮毛，日用百货，巨细靡遗。汾太商帮很快崛起。所以说，晋中汾太商帮的兴起，王崇古的封俺答，通互市，解决畜牧区和中原农耕区的贸易，实在是一个关键的契机。它对于晋商在其后的全面发展具有重大意义。首先，国内贸易与国际贸易的发展，长途的货物贩运，需要大量的垫支资本，账局，这样一种能够为长途贩运提供足够资本的金融业，雍乾之际，首先在有相当资本积累的平阳商帮和汾州商帮中应运而生。为了解决银两流通中的安全以及异地结算问题，专营汇兑的金融业也在酝酿之中。1824年雷履泰创立的日昇昌专营汇兑的票号，正是这种国内外贸易频繁发展的必然结果。从此进入近代门槛的晋商，在各个方面为近代中国的经济发展做出积极贡献。在近代中国银行成立的1897年以前，它承担了本应由近代银行业承担的存款，放款，汇兑，贴现，发放银票等一系列近代银行的业务。是不叫银行的私人资本银行业。即使在近代中国通商银行成立以后，乃至大清银行成立后的一段时期内，也仍然享有盛誉，在全国十几个城市，诸如：上海、重庆、天津、汉口、广州、厦门、福州、营口、苏州、长沙、张家口等地左右着市场的金融融通。② 不仅为一般的工商铺户发放贷款，也为近代机器工业提供资金，招收股本。在资产阶级爱

---

① 见史若民编著：《平祁太经济社会史料与研究》，山西古籍出版社2002年版，第390页。

② 见史若民著：《票商兴衰史》，中国经济出版社1992年版，第251－256页。

国运动中，无论保路，还是保矿，无论实业救国，抑或是教育救国，他们都走在前面。当时的报纸《大公报》、《申报》、《新闻报》等都有报导。作为晋商第三阶段标志的山西票号，在饱受屈辱的近代中国，确实尽了它力所能及的，应尽的责任。他们的本意，原是想货通天下，汇通天下，为国谋便，为民谋利，谁知由于帝国主义的侵略和清政府的腐败，他们的部分业务竟成了清政府对外赔款的一个可悲的结算者。这实在是始料不及的。我们绝不能因为其曾经承汇过部分对外赔款，就否定其民族资本银行业的性质。

纵观晋商的历史，两千五百年来，每当关键时刻，极富活力的商人总有点子出来。在他们的带动下，农也活了，工也火了，整个社会，热气腾腾，繁荣昌盛。人民生活得到改善。当然也不可避免地会出现一些富民，这些富民中也有极个别为富不仁，但他往往被那些妒忌心极强的人极度地夸大了，甚至成了一些野心家们用以利用群众打富济贫、改朝换代的口号。打富之"富"是其诱贫之饵，济贫之"贫"是其玩弄的工具。而专制独裁的帝王们，为了其宝座的稳固，对于民间冒出来的任何势力，都不能容忍。于是迁移豪富者有之，贱辱商贾者有之。苛税勒索者有之。一时之摧残尚可忍，法定之贱辱则伤商心。动辄冠以奸商、投机倒把的帽子，致使几代人都难以翻身。自从刘邦抑商以来，以迄明清，各个王朝在抑商方面虽然程度不同，方法有异，有时候，有些君主出于需要，也实行恤商政策，但抑商的基本政策并未改变。正是这种抑商的圣旨、法令、政策，使中国的生产力发展缺少了刺激的活力，停滞不前了。这是晋商的悲剧，也是所有中国工商业者的悲剧。但愿这种悲剧永远不要重演。

（本文发表于临汾地方志办公室主办的《平阳方志》2006 年第三期）

后　记

　　晋商，进入近代，发展到它的巅峰，其标志就是雷公履泰1824年创立了专营银两汇兑的山西票号。在各地银色不一、平砝各异的情况下，通过汇兑使异地买卖双方能够实现公平交易，既方便快捷，又安全可靠，所谓"一纸之符信遥传，万两之白银立集"，其诚信度不仅赢得了国内广大客商的认可，而且也为许多外商所青睐。为此，从19世纪70年代起，就有西方国家的领事对票号的作用进行研究。20世纪初，时称东洋的日本更是对它注意有加。20世纪二三十年代，票号中人自我总结者有之，国内学者开始搜集票号资料进行研究者亦有之。然而，为时不长，日本发动全面侵华战争，这一研究，在出了一些初步成果后，不得不暂时搁浅。直到1961年《光明日报》发表了一篇关于票号的文章，迎来了从学术上研究票号的新声。可惜的是，在那极"左"思潮肆虐的日子里，学者们也都学会了一点护身符。不管其理由是否充分，先把一顶高利贷的帽子给它戴上再说，以便进可以攻，退可以守，这就把许多对其有兴趣的同志，吓了回去。其时，我正在山西大学历史系读书，就报上的观点，向我的讲明清史的老师王守义先生请教，他说："此类文章，大多言不由衷。你有兴趣，可以读一读陈其田的《山西票庄考略》。"我正是从这本书开始了解票号的。1963年毕业后，留校在中国古代史教研室当助教，一次到晋中下乡外调，其间，在老乡家吃派饭，闲谈中，又了解到不少关于票号的传说，再次引起我对票号的兴趣。可惜，两年的社教以及"文革"的狂飙，把我研究票号的梦想化为泡影。"文革"期间，由于要批天才论，《山西日报》给历史系留一整版，要我们写奴隶创造历史。我写了《洪秀全领导的太平天国革命》。其时，几位在榆社下乡锻炼的同志，有历史系的，有校办的，看报议论这件事。有位老师说，他连张大字报都没写过，想不到还能写太平天国！孰知说者无心，听者有意。这话传到学校，其时，在山西大学分管教学的史纪言同志，正在历史系和图书馆进行调研，与我谈话时，就提出可否搞近代史研究？我说，对我来说，古代也好，近代也罢，都是初入门径。于是，我就被学校安排到历史系中国近代史教研室当主任。这实在是太滑稽了。由于在这个教研室里，面对的都是我的老师，所谓的主任，只不过是在学习时，跑腿叫人而已，真正的教研是谈不上的。为时不长，接到《近代中国史稿》编写组召集人苑书义同志来信，我就去了北京师范学院与苑书义、全国华（河北师院）、戴学稷、阮芳纪（内蒙古大学）、陈振江、李喜所（南开）、邱远猷、王才（北京师院）、时伟超、祝瑞珍（河北大学）等一起，开始了编写中国近代史教材的工作。该编写组纯系民间组织。多年来不停气儿的社教、“文革”运动，对于教师这种靠业务吃饭的人，实在荒废得太多太多了。因此，华北五省、市，六院校同仁能够离开运动，集中精力搞业务，甭提心里有多高兴了。就我个人而言，尽管还不能直接从事票号的研究，但能与许多学校的老师一起切磋中国近代史，实在是个难得的机会。头一年共写了三个书稿。即：40 余万字的《近代中国史》书稿、《经典作家论中国近代史》书稿（该书稿可能先由河北师院提供）和《简明中国近代史知识手册》书稿（该书中的条目，原则上是谁写哪一章，同时承担哪一章的条目。至于文化部分，则分到各校，由各校教研室另行安排）。铅印后由参编各校师生讨论并提出修改意见。第二年，在此基础上，各自修改。但由于各校对书稿意见分歧较大，于是重新讨论提纲，在人民出版社林言椒同志的具体指导下，还约请了北京大学、北京师范大学、中国人民大学等高校的部分同仁进一步讨论，结果是子目增加了，章节多了，全书成了 13 章。原有的各章，尽管子目增加，但都有人执笔，唯新增的第 13 章《反对帝国主义的走狗北洋军阀的斗争》，无人负责。我征得苑书义同志的同意，请乔志强同志对该章执笔。从此，山西大学也是两位参编了。我仍然负责写中法战争、中日战争两部分，即 1976 年 12 月由人民出版社出版的《近代中国史稿》第六、七两章约 10 万字。我于 1976 年 6 月底和同仁们一起，将校对好的书稿交人民出版社后，即返校。其时，正是省地质队招工，据称可以解决子女就业。作为七口之家，一位老母，四个孩子，妻子又有病，仅靠我一人五百四十五大毛工资生活的人来说，这个信息，实在是太有诱惑力了。于是打报告，找关系。幸好，时任山大革委主任的是焦国鼐，他曾是山西分管计委的副省长，与地质局关系很深，到山大后，对我也比较了解。因此求他放我到地质局的下属单位工作，由于我的恳切要求，总算是拿上了焦主任的信，事情很快有了眉目。10 月初，办完了调动的一切手续，正式到地质局第二水文队报到了。粉碎"四人帮"后，苑书义同志再次组织各院校同仁对 1976 年人民出版社出版的《近代中国史稿》上下册进行修订，并更名为《中国近代史新编》时，山大方面由于我已调出，就由任茂棠先生接替我修改第六、七两章了。事后，我到山大开会顺便看望任先生时，谈及评定职称，任先生还特意提及此事，说这两章 10 万字的书稿还刚刚达到当时评教授的条件。这当然是任先生的谦词。不过，话虽这么说，责任还是要分清的。因为 1976 年 12 月出版的《近代中国史稿》，其写作时间，如前所述，是在粉碎"四人帮"之前的"文革"期间，其内容难免有时代色彩。而该书出版时，又只署校名，不署具体作者。而 1981 年后，陆续出版的《中国近代史新编》上中下三册，各章节都署有作者姓名，且我们原来又都是山西大学历史系的，又都是在这两种书的编写中，担任第六、七两章，即有关边疆危机、中法、中日战争史的编撰，加之，1992 年由历史系印制的《校友通讯录》中，竟将我离开山大的时间写成 1975 年。这样，1976 年由山西大学参编的、人民出版社出版的《近代中国史稿》，因写成 1975 年已经离开山大历史系的我，在时间上看，当然就不可能参加编撰了。所以很容易被本系学生误以为 1976 年出版的《近代中国史稿》中的第六、七两章，也是出自任先生之手，还有学生误以为是出自江地先生之手的。比如 2002 年 4 月书海出版社出版的由山西大学历史系编的《道德文章寄春秋》一书中，收录有江地先生的研究生孙丽萍编撰的《江地》一文，就说江先生"1976 年参加了六院校编写的人民出版社出版的《近代中国史稿》的编撰。造成这种误会的，我想该不是江先生的口授，而一定是他的弟子的揣测了。这种揣测，对任先生和江先生都是有欠公允的。因为那时任先生和江先生并未参加六院校《近代中国史稿》的编写。其时书稿中之时代色彩，应当由我来承当，与任、江二位先生无涉。在此，顺便予以说明，以免误会。

我到地质局后，一晃就是三年。这期间，毛主席逝世，"四人帮"被粉碎，清查运动，恢复高考。教师队伍一下子感到紧缺了，报上发了省府通知，要求教师归队。地质局也要在太原市的鸣李办学，我这个原系教师的人，先是被归队到运城地质干校，接着又要随干校一起迁到鸣李。考虑到与其这样随干校迁回到太原的鸣李改行，还不如就近找学校轻车熟路教历史。就这样，我才在1979年归队到位于临汾的山西师大历史系。从此，又开始了教授中国近代史的生涯。然而，归队之后，在这学术研究的大好形势下，在近代史领域，我能做些什么？开始，我想在思潮方面做些努力，先后写了《义和团仇洋灭教排外思想探源》、《试论反洋教思潮》、《孔学在近代东西洋社会地位之变迁》等。本想沿着这条思路写下去，然而多年来的票号研究始终魂牵梦绕，挥之不去。加之，极"左"思潮给票号扣的帽子日益严重。如果说20世纪60年代作为集体作者的笔名杨荣晖，在《光明日报》发表文章说它是高利贷，尚在情理之中。那么，到20世纪80年代，随着"四人帮"的垮台，一切正直的学者，正在以"悟已往之不谏，知来者之可追；实迷途其未远，觉今是而昨非"的心理状态，痛斥极"左"思潮，做学术上的自我批判时，居然有人急急忙忙地拣起杨荣晖的观点，并在此基础上，无限上纲，就令人难以理解了。比如1985年中国金融出版社出版的《中国近代金融史》中，由孔祥毅先生执笔所写的山西票号部分，就是这样。他引用马克思的话，说票号这种"高利贷资本，实际上会占有直接生产者的全部剩余劳动，而不改变生产方式……这种高利贷资本，使这种生产方式陷入贫困的境地，不是发展生产力，而是使生产力萎缩，同时使这种悲惨的状态永久化。"接着，还用自己的话，确认"山西票号在它发展的过程中对于中国商品流通的扩大起了一定的作用，但是后来主要参与封建势力吮吸中国广大劳动人民的血汗，使之陷入更加贫困的境地"。这种在20世纪60年代初定性的基础上，进而对山西票号落井下石式的批判，就对票号列举了两大罪状。第一，票号资本占有了直接生产者的全部剩余劳动，使近代中国劳动人民陷入更加贫困的境地。言外之意，有它还不如没它；第二，它不改变生产方式，不发展生产力，或使生产力更加萎缩。言外之意，说白了，就是票号具有反动性（详见本书《从票号资本性质的研究看理论和史实的使用问题》）。事实是否如此，作为近代史学界的一员，应该有责任把它弄清。本书中收入的 15 篇文章，正是我于 1992 年出版《票商兴衰史》前后，在晋商以及晋商发展到它的巅峰——山西票号阶段方面的研究成果。它与《票商兴衰史》一起，对于了解晋商以及晋商在我国历史上的杰出人物及其所作出的杰出贡献，特别是票号的诞生、票号的性质、票商在近代社会转型中的作用、票号组织管理的创新及其理论意义等，提出了一些肤浅的看法。这些看法是否正确，我恳切地希望各位方家给予指正。另外，我的老师乔志强先生在我离开山大之后，他就开始了新的研究领域，进入中国近代社会史的征程。我虽然离开了母校，不能直接聆听他的教诲，但是，每当我到太原出差顺便看望他时，他总要给我说说社会史的重要性，希望我在这方面做些研究。所以我在继"清末金融中心：平遥"的国家社科项目完成后，又进一步承担并主持了国家社科"九五规划"重点项目——平、祁、太经济社会研究。收集了一些有关平、祁、太经济社会的明清碑刻、私家著述、商人笔记、函稿、账册等，写了一些有关平、祁、太区域经济社会研究的文字。准备汇集成册，不料，就在这一项目积极进行的时候，他竟溘然长逝了。所以，在历史系通知我这一沉痛的消息，我在悼念时，无以为报。此次，由于出版公司的约请，我就大胆地将历年来所写的这些东西汇集到一起，以《晋商与近代中国》之名，交出版社付梓，其中，有几篇就是利用我们收集到的平、祁、太经济社会史料，对该区域近代经济社会变迁做的初步研究，以期引起讨论。同时，也是以此寄托对我的老师的怀念。